新时期企业财务管理模式创新策略研究

焦争昌 高 真 肖 何 著

中国纺织出版社有限公司

图书在版编目（CIP）数据

新时期企业财务管理模式创新策略研究 / 焦争昌，高真，肖何著. -- 北京：中国纺织出版社有限公司，2023.7

ISBN 978-7-5229-0757-4

Ⅰ. ①新… Ⅱ. ①焦… ②高… ③肖… Ⅲ. ①企业管理—财务管理—研究 Ⅳ. ① F275

中国国家版本馆 CIP 数据核字（2023）第 135413 号

特约编辑：王兴贵　　　责任编辑：张　宏
责任校对：王惠莹　　　责任印制：储志伟

中国纺织出版社有限公司出版发行
地址：北京市朝阳区百子湾东里 A407 号楼　邮政编码：100124
销售电话：010—67004422　传真：010—87155801
http://www.c-textilep.com
中国纺织出版社天猫旗舰店
官方微博 http://weibo.com/2119887771
三河市宏盛印务有限公司印刷　　各地新华书店经销
2023 年 7 月第 1 版第 1 次印刷
开本：787×1092　1/16　印张：13.5
字数：279 千字　定价：98.00 元

前　言

本书主要是针对当前我国经济发展形势下企业财务管理以及财务会计面临的新问题和挑战，从研究新时期企业财务管理的概念、内容、特点及发展趋势入手，对企业财务管理模式的分类和特点、创新的意义和目标、实践应用以及存在的问题和挑战进行了深入剖析和探讨，并提出了相应的创新策略和未来发展趋势。本书涵盖了企业财务管理和财务会计领域的重要理论和实践问题，对于推进企业财务管理和财务会计的创新和发展具有一定的参考价值。

在本书研究过程中，我们以多角度和多维度的方式探讨了新时期企业财务管理的概念、内容和特点，系统阐述了企业财务管理模式的分类和特点以及现有模式存在的问题和挑战。在分析了新时期企业财务管理模式的创新意义和目标后，我们提出了相应的创新策略和实现路径，并结合实践案例对其进行了具体阐述和评估。最后，我们探讨了新时期企业财务管理模式的未来发展趋势和建议，为企业的财务管理和财务会计发展提供了有益的思路和启示。本书主要面向企业财务管理相关领域的专业人士、学者和研究者，也可供企业管理者和财务人员参考和借鉴。在编写本书的过程中，我们充分调研了国内外的研究成果和实践案例，力求对新时期企业财务管理模式的创新和发展进行全面深入的研究和探讨。同时，我们也意识到本书存在的不足和局限性，仍需进一步完善和深化研究，以推动企业财务管理领域的不断创新和发展。

总之，本书旨在为企业财务管理以及财务会计领域的理论研究和实践提供参考和借鉴，为企业创新和发展提供新的思路和启示。我们希望本书能够得到广大读者的关注和支持，为推动我国企业财务管理的创新和发展贡献一份力量。

著者

2023 年 1 月

目　录

第一章　引言

第一节　研究背景

本研究主要探讨的是新时期企业财务管理模式的创新策略，因此，需要对当前企业财务管理模式的背景和发展趋势进行分析和研究。

首先，随着经济全球化和信息化的发展，企业面临着更加复杂和多样化的市场环境和竞争压力。在这样的背景下，企业财务管理面临着许多挑战和机遇，需要不断进行创新和改进，以适应市场的变化和企业自身的发展需求。

其次，当前企业财务管理模式也面临着一系列的问题和矛盾。传统的财务管理模式注重财务核算和监管，缺乏对企业战略和风险管理的关注，难以满足企业的多元化需求和竞争压力。因此，需要进行创新和转型，建立更加适应市场和企业发展需求的财务管理模式。

同时，新时期企业财务管理也面临着数字化和信息化的趋势。随着科技的发展和普及，企业财务管理需要适应数字化时代的要求，通过数字化技术和数据分析等手段来提高财务管理的效率和质量，这也给企业财务管理模式的创新带来了新的机遇和挑战。

因此，本书旨在探讨新时期企业财务管理模式的创新策略，为企业财务管理的转型和发展提供理论和实践支持，促进企业财务管理模式的优化和升级，以适应新时代的需求和挑战。

第二节　研究综述

一、国外财务管理模式相关文献综述

国外财务管理模式是指国外企业在财务管理方面采用的一些方法和理念。在全球化和信息化的背景下，国际竞争日益激烈，企业不断探索和创新财务管理模式，以提高自身的竞争力和经营效率。下面对国外财务管理模式的相关文献进行综述。

（一）传统财务管理模式

传统财务管理模式是指以财务部门为核心，通过对企业财务数据的管理和分析，为企业提供决策支持的管理模式。这种模式主要关注财务数据的收集、处理和报告，强调

财务数据的精准性和准确性。然而，这种模式在面对快速变化的市场环境和商业模式时，往往无法提供及时和准确的信息，难以满足企业的决策需求。

（二）现代财务管理模式

现代财务管理模式是指将财务管理与企业战略规划和业务管理紧密结合起来，将财务管理作为企业决策的重要组成部分的管理模式。这种模式强调财务管理与业务运营的协同合作，重视前瞻性和预测性的财务分析，关注企业整体绩效的提升。现代财务管理模式的代表是企业绩效管理（EPM）模式。

（三）风险管理模式

风险管理模式是指将风险管理融入财务管理的模式。这种模式将风险管理作为财务管理的重要组成部分，通过对企业风险的评估和分析，制定风险管理策略，降低企业风险水平。风险管理模式的代表是企业风险管理（ERM）模式。

（四）绩效管理模式

绩效管理模式是指将绩效管理融入财务管理的模式。这种模式将绩效管理作为财务管理的核心内容，通过对企业绩效的评估和分析，制定绩效管理策略，提升企业的绩效水平。绩效管理模式的代表是平衡计分卡（BSC）模式。

国外财务管理模式从传统财务管理模式到现代财务管理模式、风险管理模式、绩效管理模式等不断发展和创新，不断为企业提供更为全面和前瞻性的决策支持。

二、国内财务管理模式相关文献综述

财务管理随着日趋激烈的市场竞争逐渐成为企业管理的重中之重，有效良好的绩效管理模式在企业的财务管理模式和运营效率中发挥着关键性的作用，财务管理模式创新和转型迫在眉睫，实现财务管理模式转型使得财务、业务、服务三者实现整合，同时服务走向集中化、标准化、流程化，从而在绩效管理中形成优化方式，创新绩效管理的模式。

2017年，曹越在其论文中提出了一套“相机治理”的全新财务治理结构理论研究体系，该理论研究体系在财务治理关系和财权分配方面进行了充分论证，并以组织结构的相关理论为依托，认为企业财务组织模式的实质就是财权分配，而财权分配程度的高低则直接影响企业财务管理模式的选择，高度集权的企业适合集中型财务管理模式，并且这种模式较适合企业成立初期。适当分权且处于发展阶段的企业需要进行权力分化，因而更适合分权型财务管理模式，而对财权分配和权利支配需求不高的企业而言，在寻求多方合作的发展成熟期则更适合混合型的财务管理模式，这种模式将集权和分权结合起来，是理想化的财务管理模式，在实务中通常不易实现。

杨修在电商企业财务管理模式形成机理中通过实证研究和案例分析提出了电子商务企业新型财务管理模式，该模式在原有财务管理模式诸如会计信息披露模式、财务组织模式、企业绩效评价模式、预算管理模式的基础上，基于电子商务企业对财务信息实时性的较高要求，资本管理的重要性和其在企业资本中占据的比重以及重要程度，强化突出财务信息管理和资本管理并将二者从传统的财务管理模式中独立出来，形成了财务信息管理模式、资本管理模式，从而对原有财务管理模式进行了创新。其研究使得互联网企业在财务信息以及资本运作方面上重视程度得以体现，同时通过电商企业财务管理模式的流程分析其财务管理模式的创新及优化构建对策。大数据使得工作流程趋于电子化，财务管理也随之变革。在互联网背景下，传统的财务管理模式已经不能满足其信息处理的要求，同时局限性较大。

刘颖在 2017 年提出，企业的长足健康发展离不开良好全面的企业管理模式与绩效评价模式，财务绩效管理是企业树立形象，提高利润的基础。企业要想树立健康可持续的方向就必须不断发展完善适合企业自身发展的财务绩效管理模式。因此，企业应在自身发展状况的基础上改进财务绩效管理体系，建立一个优化完善的公司财务绩效管理模式。

徐娜 2018 年在“电子商务环境下财务管理创新研究”中提出，电子商务环境下企业财会工作面临着诸多革新。企业对无形资产和其他资产管理的加强和优化可以通过电子商务中及时掌握最新的全球信息而实现。而电子商务环境下财务管理工作要触及商业活动的各个末端，因而现有的财务软件亟须更新，只有这样才能达到电商发展对财务管理创新的要求，使企业实现资源的优化配置。

丁旭在 2018 年提出，在电子商务背景下企业财务管理模式应该努力实现创新举措，电子商务企业财务管理创新模式呈现出一些新特征：一是逐渐实现业务财务融合；二是财务管理过程逐步实现了实时监控；三是无形资产的重要性提高；四是管理呈现出集中性的特征。与此同时，传统的财务管理模式呈现出诸多不适性，例如，实时风险防控能力薄弱；企业的需求无法满足；财务管理的效率低下等。

翱翔在 2018 年提出的企业传统财务管理模式中，会计处理流程分散、链条长，这使得财务管理效率低下，财务运营成本也随之增加。资本市场对财务信息的准确性及规范性要求较高，在传统分散式财务管理模式下会计信息质量与业务流程的支撑无法响应市场的现实需求。为了电商企业的稳健发展，首先急需进行财务管理相关理论的深入研究，其次革新传统财务管理模式逐步实现财务管理模式创新。其论文最后从内容创新，功能创新，管理理念创新等方面提出了相关建议。

郃子杨于 2019 年在我国“企业财务管理模式探索”中提出传统的财务管理模式主要分为集权型财务管理模式、分权型财务管理模式、混合型财务管理模式。企业在发展中十分重视对科学的财务管理模式的构建。在经济之林中市场竞争异常激烈，优胜劣汰成为企业发展的必然结果，为了保证企业内部更加稳定和更加健康合理地发展，必须及时创新财务管理模式，找到适合自身发展的模式，因此企业必须具备明确的财务管理目标，对企业自身进行准确定位，在组织框架上进行合理构建，对财务管理制度不断进行完善，这样才能适应不断变化的复杂市场环境。

2019 年万丽超在《互联网 + 财务管理模式问题研究》中提出，传统财务管理模式在互联网的背景下面临各种机遇和挑战，比如财务管理制度的不合理和滞后；财务信息流通速度缓慢甚至堵塞；财务管理效率低且财务风险大等等。基于这些方面的问题同时提出一系列解决对策，例如，构建信息共享平台，形成信息网；实施动态财务管理策略，进行动态监测；优化管理制度，提高管理人员专业素质。王广立提出，电子商务背景下企业财务管理创新转型普遍采用网络财务管理模式、集中动态模式和财务工程模式等三种最典型的模式。

2020 年，连俊鑫在《互联网 + 下中小企业财务管理模式创新探究》中提出，互联网下传统的财务管理模式很难适应企业的发展需求，企业应该利用互联网技术建立动态信息管理系统，可以随时更新和丰富对企业行之有效的财务信息，通过加强企业的资金动态评价，使财务资源的信息化和智能化得以实现，另外，网络财务平台可以实时在线管理财务数据，打破传统模式下财务信息在时间和空间上的限制、提高信息的处理效率。

葛达明在《上市公司财务管理模式的改革与探索》中，针对上市公司财务管理模式存在的风险和问题进行了阐述并提出相关优化建议，如构建完善的财务管理体系，完善优化公司的组织框架，以确保财务管理信息的真实性。

第三节　研究方法

研究方法是指在研究过程中，为了达到研究目的而采取的具体方法、技术和手段。在本研究中，为了研究新时期企业财务管理模式创新策略，我们采用了以下研究方法。

一、文献研究法

文献研究法是指通过查阅相关文献、书籍、报告等资料，对研究主题进行搜集、整理、归纳和分析的方法。在本书中，我们通过查阅相关文献，了解了新时期企业财务管理模式的相关背景、理论、实践和发展现状以及已有的研究成果和经验。这为我们进一步深入研究和探讨新时期企业财务管理模式创新策略提供了理论和实证基础。

二、案例研究法

案例研究法是指通过研究具体案例来探索和发现规律和问题的方法。在本研究中，我们选取了一些具有代表性的企业财务管理实践案例，进行了深入的分析和研究。通过对这些案例的梳理和比较，我们可以发现企业财务管理模式的特点、问题和创新点，从而为新时期企业财务管理模式创新策略提供借鉴和启示。

三、问卷调查法

问卷调查法是指通过编制和发放问卷，收集并分析被调查对象的意见、看法和建议的方法。在本研究中，我们通过设计和实施问卷调查，获取了大量的实证数据和信息。问卷调查的对象主要包括企业管理者、财务人员和专业从业者，通过对其对新时期企业财务管理模式的看法和意见的分析和总结，我们可以更全面地了解新时期企业财务管理模式的实践需求和创新方向，从而提出更具体可行的创新策略和建议。

四、专家访谈法

专家访谈法是指通过对相关领域的专家进行深入访谈和交流，获取专业知识和建议的方法。在本研究中，我们邀请了一些在企业财务管理领域内具有丰富经验和专业知识的专家，进行了面对面的访谈和交流。通过对专家的意见和建议的梳理、分析，我们可以更全面、准确地了解新时期企业财务管理模式的创新策略，并为研究提供有力支持。

在选择专家时，我们主要考虑了以下几个因素：第一，专业领域。我们选择的专家都是在企业财务管理领域具有一定知名度和影响力的专家，拥有多年的从业经验和深厚的专业知识；第二，经验和背景。我们选择的专家具有丰富的实践经验和背景，能够对企业财务管理模式创新提出切实可行的建议；第三，专业职称。我们选择的专家大多拥有高级职称或博士学位，具备一定的学术研究能力和经验。在进行专家访谈时，我们主要采用半结构化的访谈方式，即根据研究问题和研究目的，提前准备一些问题作为访谈的主要内容，同时也给专家留有自由发挥的空间，以便他们能够更全面地表达自己的观点和想法。

具体来说，我们采取了以下步骤进行专家访谈：第一，确定访谈对象。根据专家的背景和专业领域，我们选择了一些在企业财务管理领域具有一定知名度和影响力的专家，包括行业协会的专家、大型企业的财务总监等。第二，准备访谈问题。我们根据研究问题和研究目的，准备了一些开放性的问题，涉及企业财务管理模式的现状、问题和发展趋势等方面。第三，面对面访谈。我们采用了面对面访谈的方式，与专家进行了深入的交流和讨论。访谈时间为30~60分钟，记录访谈过程并保存相关资料和信息。第四，数据整理和分析。我们对访谈所得数据进行了整理和分析，包括文字记录和语音转写。同时，我们还通过交叉比较和归纳总结等方法，对访谈结果进行了分析和解释。

通过专家访谈的方式，我们获取了一些有价值的信息和建议，对研究提供了有力支持。同时，我们也意识到专家访谈存在一定的局限性，例如，可能会受到专家个人经验和观点的影响，因此，在研究中还需要结合其他方法加以分析和验证。

第二章　新时期企业财务管理概念和内容

第一节　概念和定义

一、财务管理概念

财务管理（Financial Management）是企业以整体目标为基础，对企业财务活动中的利润分配、融资投资、资产购置、营运资金，如经营现金流等项目进行管理的财务工作流程。财务管理是在财经法规制度的基础上，基于财务管理的原则进而对企业财务活动和财务关系进行组织和处理的一项经济管理工作，是企业管理的重要组成部分。简单地说，财务管理是指通过一个标准化进行企业的控制和监督财务活动的手段的使用的具体方法，措施和程序，以确保实现财务目标，财务管理的概念包括以下几个方面。

（一）财务管理的目标和任务

财务管理的主要目标是保证企业的财务安全，增加企业的利润和价值。为实现这一目标，财务管理需要完成以下任务：资金筹集和管理、资产管理和评估、财务计划和预算、成本控制和利润管理、会计和财务报告等。具体来说，财务管理的目标和任务包括以下几个方面。

1. 资金筹集和管理

财务管理的首要任务是确保企业能够获得足够的资金来支持其经营活动。这包括资金的筹集、配置和管理，以确保企业能够满足其短期和长期的资金需求。

2. 风险管理

财务管理需要识别和管理企业面临的各种风险，包括市场风险、信用风险、利率风险、汇率风险等。通过对风险进行有效的管理，可以降低企业面临的风险和损失。

3. 费用控制和优化

财务管理需要对企业各项费用进行管理和控制，以确保企业能够有效地利用资源并降低成本。通过费用控制和优化，可以提高企业的效益和盈利能力。

4. 资产管理和投资决策

财务管理需要对企业的资产进行管理和决策，包括资产的评估、定价、购买和出售等。同时，财务管理也需要对企业的投资进行决策，包括新项目的投资和资金的配置等。

5. 财务会计报告和分析

财务管理需要对企业的财务状况进行监控和分析，包括编制和分析财务报表、财务指标和财务预测等。通过财务报告和分析，可以帮助企业管理层了解企业的财务状况和趋势，以做出更好的决策。

财务管理的目标和任务是为企业提供全面的财务支持和保障，确保企业能够实现经济效益和利润最大化。同时，财务管理也需要不断适应市场环境和企业发展的变化，不断进行创新和改进，以更好地服务企业的发展。

（二）财务管理的职能和作用

财务管理的主要职能包括：财务规划、预算和控制、资金管理、投资决策、财务分析和报告等。财务管理在企业中的作用主要体现在以下几个方面：保证企业的财务安全、促进企业的经济效益、提高企业的市场竞争力、提高企业的社会形象和声誉等。

1. 财务规划

财务规划是财务管理的首要任务。它包括财务预算、财务计划和财务预测等，是企业决策和经营管理的基础。通过制订合理的财务规划，可以明确企业未来的财务状况和发展方向，为企业提供决策依据和经营指导，有效控制企业的财务风险，提高企业的盈利水平和竞争力。

2. 资金筹集

资金筹集是企业财务管理的重要职能之一，它包括债务融资、股权融资和自有资金筹集等方式。企业通过资金筹集，可以获得足够的资金支持，为企业的发展提供保障。同时，合理的资金筹集方式可以降低企业财务成本，提高企业的资本效率和盈利能力。

3. 投资决策

投资决策是企业财务管理的核心职能。它包括投资项目的筛选、评估、决策和实施等过程。通过投资决策，企业可以选择适合自己的投资项目，减少投资风险，提高投资收益。同时，投资决策还可以引导企业的发展方向和业务布局，为企业的长期发展提供支持。

4. 财务分析

财务分析是企业财务管理的重要职能之一。它包括财务报表分析、财务指标分析和财务比较分析等。通过财务分析，企业可以了解自己的财务状况和经营效益，及时发现问题并进行调整，提高企业的经营管理水平和财务决策能力。

5. 会计核算

会计核算是企业财务管理的基本职能之一，它包括会计账务处理、财务报表编制和审计等。通过会计核算，企业可以了解自己的财务状况和经营效益，为企业的决策提供准确的财务信息和数据支持。同时，会计核算也是企业遵守法律法规和规范经营行为的重要手段。具体来说，会计核算在财务管理中的职能和作用包括以下四个方面。

（1）提供决策依据

通过会计核算，企业可以了解自己的财务状况和经营效益，为企业的决策提供准确的财务信息和数据支持。企业可以根据会计核算结果，制订合理的经营策略和财务计划，提高企业的经营效益和竞争力。

（2）监控经营状况

会计核算可以为企业提供财务监控的功能，帮助企业及时发现经营中的问题和风险，并采取有效的措施进行调整和优化。通过对财务数据的分析和比较，企业可以了解自己在行业中的地位和优劣势，及时进行战略调整和资源配置。

（3）规范经营行为

会计核算是企业遵守法律法规和规范经营行为的重要手段。通过对企业的财务数据进行监督和审计，可以发现企业的经营行为是否符合相关法律法规和规章制度，有助于规范企业的经营行为，提高企业的信誉和形象。

（4）评估企业价值

会计核算可以为企业提供评估企业价值的基础数据。通过对企业的财务数据进行分析和比较，可以计算企业的财务指标和价值，为企业的投资和融资决策提供依据。

总之，会计核算在财务管理中具有重要的职能和作用，是企业财务管理的基础和核心。

（三）财务管理的原则和方法

财务管理需要遵循一系列的原则和方法，以保证其有效性和可持续性，主要包括以下几个方面：稳健性原则、效益性原则、合规性原则、信息化原则、成本控制方法、风险管理方法、财务分析方法等。

1. 稳健性原则

财务管理应该以稳健性为原则，即在保证企业稳定运行的前提下，合理地降低风险和成本，确保财务安全和健康。

2. 效益性原则

财务管理应该以效益性为原则，即通过优化资源配置和经营管理，提高企业的经济效益和社会效益。

3. 合规性原则

财务管理应该以合规性为原则，即遵守法律法规和行业规范，规范财务活动，保证财务合法合规。

4. 信息化原则

财务管理应该以信息化为原则，即通过信息技术手段，实现财务信息的自动化、规范化和实时化，提高财务决策的效率和精度。

5. 成本控制方法

成本控制是财务管理的重要方法之一。通过成本控制，企业可以控制成本，提高效益。具体的成本控制方法包括预算管理、成本分析、成本核算和成本控制等。

6. 风险管理方法

风险管理是财务管理的重要方法之一。通过风险管理，企业可以降低风险，提高稳定性。具体的风险管理方法包括风险评估、风险控制、风险防范和风险转移等。

7. 财务分析方法

财务分析是财务管理的重要方法之一。通过财务分析，企业可以了解自身的财务状况和经营效益，为企业决策提供准确的财务信息和数据支持。具体的财务分析方法包括比较分析、趋势分析、财务比率分析和现金流量分析等。

财务管理的原则和方法是企业实现财务目标的基础和保障，只有依据正确的原则和方法，才能实现财务管理的最大效益。

（四）财务管理的环境和影响因素

财务管理的环境包括宏观环境和微观环境，宏观环境包括政策法规、经济形势、市场环境等因素，微观环境包括企业内部的组织结构、经营模式、管理体系等因素。财务管理的影响因素包括企业规模、行业特性、市场竞争等因素。

1. 企业规模

企业规模是影响财务管理的重要因素之一。通常情况下，企业规模越大，其财务管理的复杂度和难度也越高。大型企业需要处理更多的财务数据和信息，涉及的财务活动也更加复杂，例如，多元化经营、海外投资等。因此，大型企业需要拥有更加完善和专业的财务管理体系和人才，以应对复杂的财务管理挑战。

相比之下，小型企业的财务管理相对简单。但是，小型企业也面临着其他的财务管理问题，例如资金紧张、人力资源不足等。因此，小型企业需要采取更加精细的财务管理方式，尤其是要重视现金流管理，以保证企业的持续发展。

2. 行业特性

不同行业的财务管理具有其特殊性和差异性。例如，制造业的财务管理需要考虑生产成本和库存管理等因素，而服务业的财务管理则更加注重现金流和客户关系的管理。因此，财务管理人员需要根据不同行业的特性和需求，制订相应的财务管理策略和方案，以实现财务目标。

此外，不同行业的财务管理受到政策法规和市场环境等因素的影响也不同。例如，金融业受到银行监管和金融政策等因素的影响较大，而房地产业则受到土地政策和市场波动等因素的影响较大。因此，财务管理人员需要密切关注所在行业的政策法规和市场环境，以制定相应的财务管理策略和应对措施。

3. 市场竞争

市场竞争是影响企业财务管理的另一个重要因素。在竞争激烈的市场环境下，企业需要不断优化财务管理方式，降低成本、提高效率、增强市场竞争力。市场竞争主要对企业财务管理产生以下作用。

（1）成本压力增大

在竞争激烈的市场环境下，企业需要降低成本才能在价格上占据优势。因此，财务管理必须加强成本管理，寻找降低成本的方法和途径。例如，通过优化生产流程、降低物料采购成本等方式降低企业成本。

（2）利润率下降

在市场竞争激烈的情况下，企业往往需要通过价格战来吸引客户，但这可能导致企业的利润率下降。因此，财务管理需要通过其他途径来提高企业利润率，例如通过提高产品质量、降低运营成本等方式来实现。

（3）资金流紧张

市场竞争的激烈程度也会影响企业的资金流动情况。当竞争加剧时，企业需要加大营销投入来吸引客户，这可能导致企业的资金流紧张。因此，财务管理需要优化企业资金运作，加强资金管理和预算控制，以确保企业资金的流动性。

（4）风险增加

市场竞争的激烈程度也会带来各种风险。例如，企业可能面临产品质量问题、价格战带来的利润下降、竞争对手的恶意竞争等。因此，财务管理需要加强风险管理，采取相应的措施降低企业的风险。

市场竞争是企业财务管理的一个重要影响因素。企业需要根据市场竞争的实际情况，采取相应的财务管理措施，以适应市场的变化，提高企业竞争力。

二、财务管理模式概念

财务管理模式是大型集团企业的财务管理体系和机制，是基于企业整体管理框架，为了实现集团公司的总体财务管理目标，以整体管理框架为依托设计建立企业的管理机构、管理模式、财务管理流程、组织框架及劳务分工并将这些要素进行合理有机结合，通常涉及大型集团母子公司之间重大财务决策权的划分，如资金管理、收益分配、资产处置、投资决策、融资决策等。根据企业财权配置的不同程度和不同方式，理论上从宏观角度将传统企业的财务管理模式分为“集权型财务管理模式”“分权型财务管理模式”和“混合型财务管理模式”三大类型。

（一）集权型财务管理模式

集权型财务管理模式具有以下特点。

1. 权力集中

在这种模式下，企业财务管理的权力和决策集中在财务部门或者财务总监的手中，财务部门对企业各项财务活动进行全面的监控和控制，权力分配清晰，决策权明确。

2. 责任分工明确

在集权型财务管理模式中，财务部门和财务总监负责企业财务的规划、组织、实施和控制，各自承担着明确的责任和职责，具有明确的管理层级和责任分工。

3. 稳定性高

集权型财务管理模式通过对企业各项财务活动的全面监控和控制，可以确保企业财务活动的合规和稳定，避免财务风险的发生。

4. 效率较低

由于权力集中、决策集中的特点，集权型财务管理模式的决策效率较低，需要经过多个层级的审批和决策，容易出现耽误时间、拖延进度等问题。

5. 信息闭塞

集权型财务管理模式容易出现信息闭塞的情况，财务部门和财务总监掌握着企业各项财务信息，对其他部门和员工的财务活动缺乏全面的了解和监控。

6. 适用范围广

集权型财务管理模式适用于各类企业，特别是规模较小、层级较少、财务活动相对简单的企业。

集权型财务管理模式在企业财务管理中具有鲜明的优点和缺点。企业应根据自身的情况，结合实际需要和发展目标，选择适合自身的财务管理模式。

（二）分权型财务管理模式

在分权型财务管理模式下，企业的财务管理主要体现在以下几个方面。

1. 部门自负盈亏

在分权型财务管理模式下，企业的各个部门或业务单位都有一定的自主权，可以根据自己的业务情况进行投资和决策，负责自己的经济活动，形成相对独立的财务管理体系。同时，这些部门或业务单位还需要承担相应的财务风险和责任，自负盈亏。

2. 内部计费制度

在分权型财务管理模式下，企业通常会建立内部计费制度，以便对各个部门或业务单位的经济活动进行核算和管理。通过内部计费，企业可以准确地评估各个部门或业务单位的经济效益和贡献，为决策提供相应的依据。

3. 集中监督和管理

虽然各个部门或业务单位有一定的自主权，但在分权型财务管理模式下，企业还会建立一定的监督和管理机制，以保证各个部门或业务单位的财务活动符合企业整体财务管理的目标和要求。

分权型财务管理模式相对于集权型财务管理模式来说，更注重部门间的合作和协调，能够更好地适应企业内部的复杂经营环境和多元化的经营战略。但与此同时，分权型财务管理模式也存在着各个部门或业务单位之间管理不协调、信息不对称等问题，需要通过相应的管理和制度建设来加以解决。

（三）混合型财务管理模式

混合型财务管理模式是介于集权型和分权型财务管理模式之间的一种综合性管理模式。它的基本特征是在保持集权型财务管理模式中财务管理层对企业财务的整体控制权的同时，赋予分权型财务管理模式中各个部门和岗位一定的财务管理权力和职责，可以实现财务管理的分层次管理和分权制衡。

混合型财务管理模式的出现源于企业管理中集权型财务管理模式和分权型财务管理模式各自存在的不足。集权型财务管理模式的主要问题在于，由于财务管理层对企业财务的整体控制权过于集中，导致对企业各部门和岗位的需求不能得到充分的响应和满足，不能灵活地应对市场的变化和竞争的挑战。而分权型财务管理模式虽然能够赋予各个部门和岗位更多的财务管理权力，但由于缺乏整体控制和协调，可能出现分散管理和信息不对称等问题。

混合型财务管理模式的实施需要建立合理的分权和协作机制，明确各部门和岗位的财务管理职责和权力，确保企业财务管理的整体目标和方向。同时，需要建立有效的沟通和协作机制，实现财务管理各部门和岗位之间的信息共享和协调，确保财务管理的高效运作。

混合型财务管理模式的优点在于既能保持集权型财务管理模式中对企业财务的整体控制和协调，又能赋予分权型财务管理模式中各部门和岗位的财务管理权力和职责，实现财务管理的分层管理和分权制衡。因此，在适当的情况下，采用混合型财务管理模式可以更好地适应市场的变化和企业的发展需求。

在实务中，以上三类财务管理模式通常是针对大型传统集团企业，是宏观上的财务管理模式，在一般公司和小企业中比较少见，通常以财务管理体系代替。传统财务管理模式将信息披露、预算管理、资金管理、绩效评价等融合在整个组织模式中，在日常财务管理工作中则只构建信息披露、预算管理、资金管理、绩效评价相关流程而没有独立的整体模式机制的构建。

三、财务管理模式相关理论

（一）财务治理理论

财务治理理论是指一系列关于企业财务管理的理论体系，旨在探讨如何实现企业的财务目标，并保障利益相关者的权益。财务治理理论的核心思想是建立一种合理的、透明的、有效的财务管理机制，以保障企业的财务安全和稳健运营。

财务治理理论的发展历程可以追溯到 20 世纪初，当时主要是针对公司财务管理中的欺诈和舞弊问题的研究。随着时间的推移，财务治理理论逐渐发展成为一个更加综合和复杂的体系，涵盖财务风险管理、内部控制、财务报告透明度、董事会监督等多个方面。

在财务治理理论中，主要有以下四个重要的概念。

1. 信息不对称

信息不对称是指企业内部不同利益相关者在获得信息方面存在不平等的情况。例如，企业管理层可能比股东和投资者更了解企业的内部情况，从而掌握更多信息优势。信息不对称的存在容易导致财务报告不透明、利益冲突等问题。

2. 董事会监督

董事会监督是指企业董事会对企业管理层的监督和指导。董事会监督的目的是确保企业管理层履行其职责，保障企业的长期发展。董事会监督需要强调透明度和独立性，以减少信息不对称和利益冲突。

3. 内部控制

内部控制是指企业内部建立的一套管理措施，以保证企业运作的合法性、合规性和有效性。内部控制涉及企业的各个方面，包括组织结构、制度流程、信息系统等，内部控制是保障企业财务管理的重要手段之一。

4. 财务风险管理

财务风险管理是指企业对财务风险进行识别、评估、控制和应对的过程。财务风险包括市场风险、信用风险、流动性风险等。企业需要建立一套有效的财务风险管理体系，以应对风险挑战。

以上理论的出现，为企业解决层级之间财权分配不均等问题提供了依据，同时在很大程度上避免了权力集中和过度倾斜、企业内部收益分配不够合理等问题。狭义上的财务治理是指企业财务的内部治理结构，可包括董事会、股东大会、独立董事、监事会等在制度和财权配置方面的安排。公司治理的本质就是财权分配问题，而企业的财务组织模式的研究核心正是权责的分配。

（二）利益相关者理论

1984 年，费里曼在《战略管理：利益相关者管理的分析方法》一书中提出，利益相关者理论是指经营管理者为综合平衡各个利益相关者的利益要求而进行的管理活动，任何一个公司的发展都离不开各利益相关者的投入或参与，企业追求的是利益相关者的整体利益而不仅仅是某些主体的利益。在处理企业和其他各利益相关者的关系中引入各利益相关者进行财务管理，同时通过外部监督，更好地对整个企业起到制衡作用。

1. 利益相关者理论的发展和演变

利益相关者理论最早源于 20 世纪 50 年代，由哈佛商学院教授 Bowen 首先提出。随着时间的推移，利益相关者理论逐渐发展成为一种完整的管理理论体系，并广泛应用于企业决策和管理中。当前，利益相关者理论已经成为企业社会责任、可持续发展和企业治理等领域的重要理论基础之一。

2. 利益相关者的类型和特征

利益相关者的类型包括内部利益相关者和外部利益相关者。内部利益相关者包括股东、管理层和员工等，他们对企业的经营决策和业绩表现具有直接影响；外部利益相关者包括客户、供应商、政府和社会大众等，他们对企业的经营环境和社会责任等方面具有很大影响。

利益相关者的特征包括多样性、互动性和相互影响性。不同的利益相关者对企业的关注点和利益诉求有所不同，企业应该通过有效的沟通和互动，了解并满足他们的需要和期望，从而促进企业的长期稳健发展。

3. 利益相关者理论的应用

利益相关者理论的应用主要体现在以下七个方面。

（1）企业社会责任

企业应该以满足利益相关者的需要和期望为基础，积极承担社会责任，推动社会进步和可持续发展。

（2）企业治理

利益相关者理论强调企业治理的多元化和民主化，通过有效的利益相关者的参与，促进企业治理的透明度和公正性。

（3）战略决策

企业的战略决策需要考虑到不同利益相关者的需要和期望，维护利益相关者的权益，从而实现企业的长期发展目标。

（4）风险管理

企业在面对市场竞争和不确定性环境时，需要进行风险管理。利益相关者理论认为，企业的利益相关者可能会对企业的风险产生影响，因此在制定风险管理策略时需要充分考虑利益相关者的立场和意见。

（5）品牌形象和声誉管理

企业的品牌形象和声誉对企业的长期发展至关重要。利益相关者理论认为，企业应该根据不同利益相关者的需要和期望，积极维护品牌形象和声誉，提高企业的社会信任度和声誉。

（6）员工管理

企业的员工是企业最重要的利益相关者之一。利益相关者理论认为，企业应该重视员工的利益和需求，为员工提供合理的工作环境和福利待遇，从而增强员工的归属感和忠诚度。

（7）投资者关系管理

利益相关者理论强调企业与投资者之间的合作关系，建立长期稳定的投资者关系，提高企业的股价和市场价值。

利益相关者理论的应用在企业财务管理中发挥着重要的作用，可以帮助企业更好地理解和满足不同利益相关者的需求和期望，提高企业的可持续发展能力和市场竞争力。

（三）MM 理论

1958 年，美国 Modigliani 和 Miller（简称 MM）教授于发表于《美国经济评论》的“资本结构、公司财务与资本”一文中提出的基本思想。该理论认为，在不考虑公司所得税，且企业经营风险相同而只有资本结构不同时，公司的资本结构与公司的市场价值无关。或者说，当公司的债务比率由零增加到 100% 时，企业的资本总成本及总价值不会发生任何变动，即企业价值与企业是否负债无关，不存在最佳资本结构问题。具体来说，MM 理论提出了以下两个基本命题。

1. 无杠杆效应命题

在完美的资本市场条件下，公司价值与其资本结构无关。也就是说，公司的市值不受其融资方式的影响，只取决于其业务、盈利、成长等基本因素。

2. 资本结构无差别命题

在完美的资本市场条件下，所有企业的成本资本率都是相等的，与其资本结构无关。这是因为，在完美资本市场中，投资者可以根据自己的需求，自由选择投资对象和融资方式，市场利率也能够自我调节，从而实现资本结构无差别的目标。

MM 理论的应用广泛，可以用来解释资本结构的选择、企业价值的创造等问题。它的提出对财务理论的发展和实践具有重要意义。同时，MM 理论也有一些局限性，例如假设市场信息完美，且不存在税收等因素的影响，现实情况下这些因素的存在会对理论的适用性产生一定的影响。因此，在实践中需要根据实际情况进行适当调整和修正。

（四）会计信息披露理论

1973 年，Beaver W 在《What should be the FASB’sobjectives》一文中指出会计信息披露相关假设，即如果会计政策对现金流量不会造成差异化的结果，企业会计政策就不对企业市值产生影响。如果这种假设成立，则企业的会计信息披露效果与披露方式没有关联，仅仅与信息质量和信息数量相关。新古典经济学把会计信息视作商品的一种，商品可在市场交易中投放，那么就必然会产生相应的供给方和需求方，会计信息的需求方则是企业自身、社会机构、政府、债权人、员工、同业组织等利益相关群体，而会计信息的供给方一般来说只有企业。

1. 会计信息披露理论的概念和特点

（1）概念

会计信息披露理论是指企业应该充分披露与财务状况和经营状况有关的财务信息，以便投资者、债权人和其他利益相关者了解企业的真实状况，做出有利于自身利益的决策。

（2）特点

全面性：会计信息披露应该全面、准确地反映企业的财务状况和经营状况，包括财务报表、会计政策、内部控制等方面。

透明性：会计信息披露应该充分透明，让投资者和债权人能够清晰地了解企业的财务状况和经营状况。

时效性：会计信息披露应该及时，保证投资者和债权人能够及时了解企业的最新情况。

可比性：会计信息披露应该具有可比性，即不同企业的财务信息可以进行横向和纵向比较，以便投资者和债权人做出更准确的决策。

合规性：会计信息披露应该符合国家法律法规的要求，保证企业的财务信息真实、准确、完整。

2. 会计信息披露的作用

（1）提高企业透明度和公信力

会计信息披露可以提高企业的透明度和公信力，让投资者和债权人了解企业的真实情况，增加他们对企业的信任度。

（2）促进市场竞争

会计信息披露可以促进市场竞争，提高市场效率，让市场资源完成更优化的配置。

（3）提高投资者保护

会计信息披露可以提高投资者保护度，让投资者更好地了解企业的财务状况和经营状况，以减少投资风险。

（4）支持决策和管理

会计信息披露可以为企业的管理层提供准确的财务信息和数据支持，为企业的决策提供有力的依据。

（5）促进国际投资

会计信息披露可以促进国际投资，提高国际投资者对企业的信任度，吸引更多国际资本进入企业。

3. 会计信息披露的内容

（1）财务报表

财务报表是企业会计信息披露的重要内容，主要包括资产负债表、利润表、现金流量表、股东权益变动表等。

（2）会计政策和估计

会计政策和估计是企业会计信息披露的另一个重要内容，它包括企业采用的会计政策和估计，以及这些政策和估计对企业财务报表的影响。

（3）内部控制和风险管理

企业应当披露其内部控制和风险管理的情况以及相关措施和成效。

（4）企业治理

企业应当披露其治理结构、治理机制和治理成效等情况。

（5）其他信息

企业还应当披露其他与企业经营状况和财务状况相关的信息，例如，企业的投资计划、重要业务合同等。

4. 会计信息披露的原则

（1）真实性原则

会计信息披露应当真实、准确、完整，反映企业的真实情况。

（2）及时性原则

会计信息披露应当做到及时，确保投资者和债权人能在第一时间了解企业的情况。

（3）公平性原则

会计信息披露应当公平公正，不应当歪曲事实或者误导投资者和债权人。

（4）一致性原则

会计信息披露应当符合会计准则和规范，需要保持一致性，以方便投资者和债权人进行比较和分析。

（5）可读性原则

会计信息披露应当具有可读性，使投资者和债权人能够清楚地了解企业的情况。

会计信息披露对于企业的透明度和公信力有着重要的影响，可以提高投资者和债权人的信任度，促进市场良性竞争，提高企业的价值。

（五）绩效评价理论

2001 年，安迪·尼利在《企业绩效评估》中提出，企业绩效评估是指评价主体依照特定评价目的，采用一定的标准、方法和指标量化评测企业既定时间中过去的经营事项和行为。通过对数据进行适当的采集、分类、整理、解释、分析和传播是绩效评估系统的基本过程和方法，主要是量化企业过去经营效率和行为效力，并根据量化结果进行企业决策和未来战略规划。国外绩效评价理论多从企业价值层面进行研究，企业绩效评价是企业价值判断与界定的标准，我国在绩效评价的界定上则主要从财务评价和财务分析角度对企业经营成果和状况进行分析和判定，进而对企业发展趋势和空间进行分析。绩效评价理论对本文绩效评价模式的体系构成及拓展非财务指标评价提供了理论基础。

第二节　企业财务管理的主要内容

随着现代社会的逐步发展，企业财务管理的模式也应当符合现代化社会的发展潮流，以便在激烈的市场竞争中处于稳定地位。也就是说，在当前形势下，财务管理应当遵循科学合理的原则和方式，并与企业运行的实际情况相适应，在此基础上对新时期企业财务管理的内容和任务进行良好的把握，综合内外环境营造出积极的财务管理的工作氛围，调动相关工作人员的积极性，从而有助于促进企业的整体发展。

一、新时期企业管理财务管理的原则

（一）合法性原则与广泛约束性原则

在社会发展的大环境下，受到激烈的市场竞争的影响，新时期企业的财务管理在其设计和实施方面应当充分结合企业自身的实际情况，并与国家相关法律法规相融合，从而有助于促进企业财务管理的科学有效地进行。与此同时，应当充分坚持广泛约束性原则，这就要求整个企业内部的任何人都应当严格遵守企业的财务管理制度，无特殊例外。财务管理制度就是企业内部的法律政策，其制定和实施在企业内部具有一定的法律效力。尤其是企业的领导层，应当起带头作用，不能搞特殊化，要调动企业员工的工作积极性，营造良好的工作氛围，促使企业内部员工能够自觉遵守企业的财务管理制度，进而促进企业财务管理的顺利进行。

1. 合法性原则

新时期企业管理财务管理的合法性原则是指企业在进行财务管理活动时，必须遵守法律法规和道德规范，保证财务管理的合法性和公正性。这个原则的主要内容包括以下四个方面。

（1）遵守法律法规

企业在进行财务管理活动时，必须遵守相关法律法规，包括财务会计法、公司法、税法等。企业要认真学习和贯彻法律法规，建立完善的内部控制制度，确保财务管理活动的合法性。

（2）公开透明

企业要保持财务管理的公开透明，及时披露企业财务信息，让利益相关者了解企业的真实情况，增强对企业的信任。企业要通过披露财务报告、公告、公示等方式，充分保护利益相关者的知情权、参与权和监督权。

（3）保护利益相关者权益

企业在进行财务管理活动时，要保护利益相关者的权益，尊重利益相关者的合法权益，建立健全的利益相关者沟通机制，让利益相关者参与到企业的决策和管理中。

（4）公正合理

企业在进行财务管理活动时，要保证公正合理，不能存在违法违规行为，不能利用财务管理活动谋取个人或企业的私利。企业要通过建立规范的财务管理制度，保证财务管理活动的公正合理性。

新时期企业管理财务管理的合法性原则是企业必须遵循的重要原则，只有在遵守这个原则的基础上，企业的财务管理活动才能得到合法的认可，才能保证企业的长期发展。

2. 广泛约束性原则

广泛约束性原则是指财务管理中的一种基本原则，它是财务管理中的一个重要概念，强调财务管理应当遵循的一系列基本规范和准则。这些规范和准则是由国家、政府和行业等主管部门制定和颁布的，具有广泛的适用性和约束性。具体来说，广泛约束性原则主要包括以下四个方面。

（1）法律法规原则

法律法规原则是财务管理中最基本的约束性原则之一，它要求企业财务管理必须严格遵守国家和地方政府颁布的法律法规和规章制度，确保企业的经济活动合法、公正、透明。

（2）会计准则原则

会计准则原则是财务管理中的另一个重要的约束性原则，要求企业在进行会计核算和财务报表编制时必须按照会计准则进行，确保财务信息的准确、可比、可信性。

（3）行业规范原则

行业规范原则是财务管理中的一种约束性原则，它要求企业在进行经济活动时必须遵循所在行业的相关规范和准则，保证企业在行业内的合法性和规范性。

（4）伦理道德原则

伦理道德原则是财务管理中的一种重要约束性原则，要求企业在经济活动中必须遵循基本的伦理和道德标准，坚持诚信、公正、透明、谨慎等基本原则。

广泛约束性原则在企业财务管理中发挥着重要的作用，可以帮助企业确保经济活动的合法性、规范性和诚信性，促进企业的可持续发展。

（二）成本效益原则

从新时期企业的发展情况来看，成本效益原则在实际的经济活动中占有重要地位。企业应当在实际运行过程中，争取通过最小的控制成本获取尽可能大的经济效益，从而促进企业的优化发展。这就要求企业在对财务管理的设计过程中综合考量多方面的影响因素，同时进行科学的控制，尽可能降低控制所需的耗费成本，从而充分把握好成本效益原则。具体来说，成本效益原则包括以下四个方面。

1. 成本评估

在企业决策中，需要评估每项投资的成本，包括直接成本和间接成本以及投资成本和运营成本等，从而确定该投资是否具有成本效益。

2. 效益评估

企业需要对每项投资或决策的效益进行评估，包括直接效益和间接效益以及短期效益和长期效益等，从而确定该投资或决策是否具有效益。

3. 成本效益分析

企业需要进行成本效益分析，将投资的成本与效益进行比较，确定成本效益比，以便确定是否采取该投资或决策。

4. 风险评估

在进行成本效益分析时，企业需要对投资或决策的风险进行评估，包括市场风险、经济风险和政策风险等，以便更好地把握投资或决策的成本效益。

成本效益原则是企业财务管理中非常重要的原则，可以帮助企业在决策和投资中更好地把握成本效益关系，从而保证企业在资源利用上的最大化和效益最优化。

二、新时期企业财务管理的内容

社会的不断发展对于企业的实际运行也提出了新的要求，新时期企业财务管理的内容也应当满足社会的发展需求，从现代化层面来看主要包括以下四个方面。

（一）筹集资金管理和固定资产管理

新时期企业财务管理的资金筹集，是一项重要任务。在筹集资金过程中，企业应当遵照国家相关规定，通过科学合理的筹资方式和良好的筹资渠道，尽可能地确保资金的完整性，从而达到良好的筹资效果。在新时期企业的运行过程中，固定资产的管理呈现多元化特点，主要包括固定资产分类和计价以及固定资产折旧和再生产等多个方面的综合管理。

1. 筹集资金管理

新时期企业财务管理的资金筹集是企业财务管理的重要职能之一，它主要包括内部资金筹集和外部资金筹集两种方式。

（1）内部资金筹集

内部资金筹集是指企业通过内部运营活动获取资金的方式，主要包括以下三种：

利润留存：企业通过合理的利润分配政策，将一部分利润留存下来，以积累企业内部资金。

资产处置：企业可以通过出售资产、压缩存货、减少应收账款等方式，获取内部资金。

财务管理优化：企业可以通过财务管理的优化，如降低成本、提高效益等方式，降低企业的资金需求。

（2）外部资金筹集

外部资金筹集是指企业通过外部渠道获取资金的方式，主要包括以下三种。

借款：企业可以通过向银行、其他金融机构申请贷款，获取外部资金。

股权融资：企业可以通过向投资者发行股票或其他股权证券，获得外部资金。

债券融资：企业可以通过发行债券或其他固定收益证券，获得外部资金。

总之，新时期企业财务管理的资金筹集需要根据企业的具体情况和资金需求，灵活采用不同的资金筹集方式，以确保企业资金的充足和有效利用。

2. 固定资产管理

固定资产是企业用于长期使用、预期可以取得经济利益的物质资产和非物质资产，如土地、厂房、机器设备、专利、商标等。固定资产管理是指对企业固定资产进行有效管理和运营的一系列活动，包括固定资产投资决策、购置和建造、使用和维修、报废或出售等环节。

（1）固定资产投资决策

固定资产投资决策是指企业根据市场需求和自身发展需求，对固定资产进行投资决策，以选择适合企业经营发展的固定资产项目。固定资产投资决策需要考虑多个方面的因素，如投资额度、回报率、生产效益、安全环保等。企业应该根据自身情况制定适合自己的固定资产投资决策原则，并建立完善的投资决策制度和评估体系，降低投资风险，提高投资收益。

（2）固定资产的购置和建造

固定资产的购置和建造是指企业对固定资产进行购买或自行建造。购置固定资产需要考虑多个方面的因素，如价格、质量、供应商信誉等。建造固定资产需要考虑多个方面的因素，如工程项目的可行性、预算和成本控制等。企业需要制定合理的采购和建造方案，并加强对采购和建造过程的监督和管理，以确保固定资产的质量和安全。

（3）固定资产的使用和维修

固定资产的使用和维修是指企业对固定资产进行日常使用和定期维修的活动。企业应该建立完善的使用和维修制度，对固定资产进行定期检查和保养，及时发现问题并加以处理，以保证固定资产的正常使用寿命和稳定性能。

（4）固定资产的报废或出售

固定资产的报废或出售是指企业对不再需要使用的固定资产进行处置的活动。企业应建立完善的资产处置制度和流程，确定报废或出售的标准和程序，遵守相关法律法规，并将资产处置的情况及时记录和报告。在资产处置过程中，需要考虑到环保和社会责任等因素。

（二）无形资产

无形资产涵盖较为广泛，我们平时所提到的专利、商标、版权、技术、品牌、软件、研发成果、商誉等，都属于无形资产，无形资产的管理就是对这些资产进行计价、转让等多种方式的管理工作。其他资产的管理就是对冻结物资和诉讼中的财产等进行管理。

1. 无形资产的分类

无形资产可以分为两大类：可识别无形资产和不可识别无形资产。

（1）可识别无形资产

可识别无形资产是指能够独立地被识别和计量的无形资产，可以通过市场交易等方式进行转让。包括专利、商标、版权、技术、品牌、软件等。

（2）不可识别无形资产

不可识别无形资产是指不能独立地被识别和计量的无形资产，其价值往往与其他因素相互影响。例如，企业的声誉、员工素质、客户关系等都属于不可识别无形资产。

2. 无形资产管理的内容

无形资产管理的内容主要包括以下四个方面。

（1）无形资产的评估和计量

无形资产的评估和计量是无形资产管理的关键。对于可识别无形资产，可以通过市场交易等方式进行评估和计量；对于不可识别无形资产，往往需要进行专门的评估和计量。

（2）无形资产的保护和维护

无形资产是企业的重要财富，需要得到保护和维护。企业应当采取必要的措施，保护自己的无形资产，防止他人的侵权行为。

（3）无形资产的开发和利用

无形资产的开发和利用是企业获取利益的重要途径。企业应该通过技术创新、品牌建设、营销策略等手段，充分发挥无形资产的价值，为企业的发展提供支持。

（4）无形资产的披露和报告

无形资产是企业的重要财富，应该在财务报告中进行充分披露和报告。这有助于投资者和其他利益相关者了解企业的经营情况和财务状况，为他们的决策提供相应的依据。

3. 无形资产管理的挑战

无形资产管理在实践中也面临一些挑战和问题，主要表现在以下几个方面：第一，价值评估难度大。相对于有形资产，无形资产的价值评估更为困难，需要更加复杂的评估模型和技术手段。同时，由于无形资产的价值受市场变化、技术变革等因素的影响较大，其价值评估更加具有风险性和不确定性。第二，管理难度高，无形资产的管理相对复杂，需要具有一定的专业知识和技能。同时，不同类型的无形资产有不同的管理方式，需要根据具体情况进行科学的管理和运营。第三，法律风险大。无形资产在法律保护方面存在一定的风险和挑战，需要企业制定相应的合法合规的管理和运营策略，避免法律风险和纠纷的产生。第四，技术更新快。随着科技的不断进步，无形资产的技术也在不断更新换代，企业需要及时更新和升级其无形资产，才能保持竞争优势。第五，市场竞争激烈。在市场竞争激烈的环境下，无形资产的保护和管理变得更为重要。企业需要加强创新能力，提高无形资产的竞争力，才能在市场中立于不败之地。

因此，企业需要根据自身的实际情况，制定相应的无形资产管理策略，合理评估无形资产的价值，加强无形资产的保护和管理，提高无形资产的竞争力，为企业的可持续发展提供有力的支持。

（三）流动资产

流动资产是指对应收款、预付款等进行科学有效的管理。流动资产是指企业短期内能够转换为现金或现金等价物的资产，包括现金、银行存款、应收账款、存货、其他应收款等。在新时期企业财务管理中，流动资产的管理显得尤为重要，因为它关系到企业短期内的现金流量和运营能力。

1. 流动资产管理的目标

流动资产管理的目标是通过合理配置流动资产，优化企业的流动资产结构，保证企业的正常运转，并使企业在流动资产管理过程中实现最大的利润。具体来说，流动资产管理的目标包括以下四个方面。

（1）保持适度流动性

流动资产管理的首要目标是保证企业的现金流量和运营能力。因此，企业需要根据经营情况和市场变化，合理配置流动资产，保持适度的流动性。

（2）提高资产利用效率

企业需要通过流动资产管理，提高资产利用效率，降低资产占用成本。这需要企业在存货管理、应收账款管理等方面加强管理，尽可能减少存货滞销和坏账带来的损失。

（3）优化资产结构

企业需要通过流动资产管理，优化资产结构，使资产结构变得更加合理，从而保证企业在短期内的稳健运营，并且能够承受市场风险。

（4）提高经营效益

通过流动资产管理，企业可以提高经营效益，增加企业的利润和市场竞争力。

2. 流动资产管理的内容

流动资产管理的内容包括现金管理、存货管理、应收账款管理、预付账款管理、其他应收款管理等方面。

（1）现金管理

现金是企业最基本的流动资产，因此，现金管理显得尤为重要。企业需要制定现金管理制度，加强现金的预算和监控，防止出现现金的浪费和滥用。

（2）存货管理

存货是企业常规的流动资产，企业需要加强存货管理，制定存货管理制度，控制存货的库存量和周转率，减少存货滞销和损失。

（3）应收账款管理

应收账款是企业的重要资产之一，需要加强应收账款管理，建立应收账款的清单和账龄管理，催收欠款，防止坏账损失。

（4）预付账款管理

预付账款是企业对供应商的预付款，需要加强预付账款管理，防止资金的滥用和浪费，避免因预付款导致的供应商方面的风险。

（5）其他应收款管理

其他应收款包括押金、预付款等，企业需要建立相关管理制度，加强对其他应收款的管理，防止资金的滥用和损失。

在流动资产管理过程中，还需要注意流动资产的流动性和安全性。企业需要根据不同的资产特性，制定相应的管理策略和方法，从而最大限度地提高资产的流动性和安全性。同时，企业还应该关注流动资产与其他财务指标的关系，如资产负债率、经营活动现金流量等，综合考虑企业的财务状况和经营效益，制订合理的流动资产管理计划和措施。

（四）对外投资管理

对外投资有长期和短期之分。长期投资管理就是对股票、债权等投资的管理。

1. 对外投资管理的概念

对外投资是指企业在国内或国外向其他企业或个人投资的行为。在新时期，随着全球化和市场经济的发展，越来越多的企业开始将目光投向了国外市场，通过对外投资来拓展业务、增加收益和扩大影响力。然而，对外投资也存在一定的风险和挑战，需要企业制定科学的对外投资管理策略。

2. 对外投资管理的重要性

拓展业务范围和增加收益：对外投资可以帮助企业在国内外市场开拓新的业务，增加收益，提升企业的竞争力和市场份额。

提高企业影响力和知名度：通过对外投资，企业可以扩大影响力和知名度，提升企业形象和品牌价值。

转移风险和分散投资：对外投资可以帮助企业转移风险，分散投资，降低单一市场风险。

改善资产配置和优化资源利用：通过对外投资，企业可以改善资产配置，优化资源利用，实现对资产负债表的优化。

3. 对外投资管理的内容

（1）投资决策

对外投资需要进行充分的市场研究和投资分析，制定科学合理的投资决策，从而降低投资风险和提高投资回报。

（2）投资组合管理

对外投资应该根据企业的战略目标和投资风险偏好，制定科学的投资组合管理策略，降低风险，实现资产配置的最优化。

（3）资金管理

对外投资需要充分考虑资金的来源和投资的资金量，制定科学的资金管理策略，保障资金的安全性和流动性。

（4）税务管理

对外投资需要遵守国内外税务法规，制定科学的税务管理策略，减少税务风险和税务成本。

（5）风险管理

对外投资需要对投资风险进行有效的管理，制定风险管理策略，减少投资风险，提高投资回报。

4. 对外投资管理的挑战

（1）投资风险

对外投资存在着政治风险、市场风险、经济风险等各种风险因素，因此需要企业进行有效的投资风险评估和控制。企业应该加强对投资目标的尽职调查，了解目标公司的财务状况、市场竞争力等方面的情况，评估投资的风险和收益。

（2）政策法规风险

对外投资需要遵守各种政策法规，包括国际投资法、外汇管理规定等。企业需要了解目标国家和地区的投资环境和政策法规，合法合规地进行对外投资。

（3）文化差异和语言障碍

不同国家和地区的文化和语言存在着很大差异，企业需要克服文化差异和语言障碍，与当地的企业和政府沟通协调，以保障投资项目的顺利进行。

（4）竞争压力

随着全球化的深入，越来越多的企业涉足对外投资，市场竞争压力也越来越大。企业需要制定切实可行的投资策略和计划，提高自身的核心竞争力，抢占市场先机。

（5）汇率风险

对外投资还存在着汇率风险，汇率波动可能会对企业的投资产生影响。企业需要采取相应的汇率风险管理措施，如采用套期保值等方式，规避汇率风险。

三、企业财务管理的任务

（一）筹集资金，平衡调度资金，提高资金利用效果。

从企业的整体发展情况来看，企业的资金筹集对于企业的稳定运行和发展具有重要意义，资金的合理筹集和调度，能够为企业的生产经营提供有力保障。在实际运行过程中，企业应当严格遵守国家相关政策和法律规范，通过正规渠道采用合理方式进行资金的筹集，如国家拨款或银行贷款等，筹资过程中应当对自身所需资金量进行准确的预测，使得资金能够满足生产所需，选择最适合企业实际情况的筹资渠道，从而对资金进行有效调度，努力达到收支平衡，促进资金的合理利用。企业财务部门应当倡导对资金的合理使用，促进资金的灵活周转，因此财务管理部门应当充分做好控制和核算分析等工作，将资金进行良好的应用，提高资金利用效益。

（二）参与企业经营决策，为实现企业经营目标服务

企业的经营决策，关系到企业的总体发展。如果决策正确，企业就能取得较好的经济效益；如果决策错误，就会造成很大损失。企业重大的经营决策，如企业的投资方向

和投资规模、开发新产品、调整产品结构、技术引进和技术改造、横向联合等决策都关系到企业的资金、成本费用、利润等财务指标。企业财务部门要尽量利用所掌握的信息、资料、参与企业的经营决策，要从降低成本费用、增加利润的要求出发，对各项决策的各项方案进行分析评价，在企业的经营决策中，充分发挥参谋作用。

（三）降低成本费用，增加企业盈利

成本费用是指企业在生产经营中发生的成本和各种费用，是企业在生产经营过程中的资金耗费。在产品销售价格和销售税率一定的情况下，降低成本费用就可以增加盈利。企业的总会计师要协助企业领导推行企业内经济核算，将成本费用列入考核指标，使全体职工都来当家理财。企业还要采取各种措施，控制各种物资消耗和费用开支，促使增产节约，改善经营管理，不断提高盈利水平。

第三节　新时期企业财务管理的特点和要求

在实行内部经济核算制的企业、购、产、销各部门及各生产单位（车间）之间，相互提供产品和劳务也要结算，企业与职工之间的经济关系，主要指企业用销售收入支付职工工资和奖金，上述通过资金运动体现的各个方面的经济关系，实质是物质利益关系，它是社会主义生产关系的一种表现。这个过程，从实物形态来看，表现为物资运动；从价值形态看，表现为资金运动。这就要求企业既要从使用价值方面管好物资的运动，如进行设备、物资、生产、技术等方面的专业性管理，又要从价值方面管好资金的运动，也就是要进行财务管理。企业的资金运动决定着财务管理方面的内容，上述管理的内容是不可分割的统一整体。财务管理就是要按照资金运动的规律，通过上述内容的管理活动，达到综合反映、监督行业控制企业再生产过程的顺利进行。可见，企业财务管理不是人们主观意志的产物，而是市场经济条件下商品货币关系存在的客观要求的体现。

一、企业财务管理的特点

财务管理就是对价值流的管理。财务管理及自成体系，又是企业管理总系统中的一个重要组成部分，或者称为分系统。在掌握财务管理的概念时，还有必要弄清“财务”与“会计”的关系。财务与会计都同资金运动相联系，二者互相依赖，又有区别。它们的区别表现在财务主要是从管理的角度讲的，所以又称“资金管理”，通俗地叫作“管钱”（理财）；会计主要是从核算的角度讲的，所以又称“会计核算”，通俗地叫作“管账”。它们的依赖关系表现在：一切财务活动或资金运动，必须依赖会计进行反映和监督，财务管理的职能才能得以存在；如果离开财务活动或资金运动，会计就将失去其反映和监督的对象，因而也就没有存在的必要。正确处理财务管理与会计核算的关系，使二者之间既有分工，又密切协作，才能提高资金管理水平。

（一）企业财务管理的综合性

企业财务管理是企业管理的一个重要方面，它涵盖了多个领域，包括财务战略、投资管理、资金筹集、资产管理、成本管理、风险管理、利润管理、财务报告、财务分析等等。因此，企业财务管理具有以下六个综合性特征。

1. 全局性特征

企业财务管理是企业整体经营管理的一个重要组成部分，它需要从整体上考虑企业的财务状况和经营状况，制定相应的财务管理策略和计划，为企业的长远发展提供支持和保障。

2. 综合性特征

企业财务管理需要涉及多个领域，如投资、融资、资产管理、成本管理、风险管理等等，需要从多个角度来考虑企业的财务管理问题，制定综合性的财务管理方案。

3. 策略性特征

企业财务管理需要制订财务战略计划，明确企业的财务目标和发展方向，制定相应的财务计划和措施，从而实现企业的长远发展目标。

4. 科学性特征

企业财务管理需要建立科学的财务管理体系和制度，通过财务分析和财务决策，科学地管理企业的财务资源和资产，提高财务运作效率，降低成本，增强企业的盈利能力和竞争力。

5. 信息化特征

随着信息技术的不断发展，企业财务管理逐渐实现了信息化和数字化，各种财务信息系统和软件得到广泛应用，提高了财务管理的效率和精度，使企业能更好地掌握财务状况和经营情况。

6. 实践性特征

企业财务管理是一个实践性的工作，需要根据不同的企业特点和市场环境，制定相应的财务管理方案和策略，不断实践和总结经验，不断完善和提高企业的财务管理水平。

企业财务管理是一个涉及面广、内容复杂、需要多方面考虑的综合性工作，需要企业财务管理人员具备广泛的知识和技能，能够综合运用各种财务管理工具和方法，为企业的长远发展提供支持和保障。

（二）企业财务管理的专业性

我们说成本、利润、资金占用是反映企业经营管理水平的综合指标。而财务状况的好坏和财务的管理水平，也制约着企业各个环节、各个部门的工作。企业财务管理作为一项专业性较强的管理活动，其专业性特征主要表现在以下七个方面。

1. 财务知识和技能要求高

财务人员需要掌握财务管理、会计、审计、投资、风险管理等方面的知识和技能，以便能够完成各项财务工作。同时，随着信息技术的快速发展，财务人员还需要具备信息技术方面的知识和技能，如数据分析、信息系统应用等。这些专业知识和技能的掌握，对于财务人员来说是必不可少的。

（1）财务法律法规的要求高

企业财务管理的专业性特征之一是对财务法律法规的要求较高。在企业的财务管理过程中，财务人员需要遵守相关的财务法律法规，如税收法、会计法等。此外，企业还需要遵守公司法、证券法等其他法律法规，这些法律法规对企业的财务管理也有着重要的影响。因此，财务人员需要熟悉各种法律法规的要求，并确保企业在财务管理中的合法性和合规性。

（2）财务决策的科学性要求高

企业财务管理的专业性特征之二是对财务决策的科学性要求较高。财务决策是企业财务管理的重要组成部分，对企业的长远发展和盈利能力具有重要影响。因此，在财务决策过程中，财务人员需要运用专业知识和技能，采用科学的方法和分析工具，对各种财务数据进行分析和评估，从而做出合理的财务决策。同时，财务人员还需要根据企业的战略和目标，制订相应的财务计划和预算，确保企业的财务管理具有科学性和可操作性。

（3）财务信息的准确性和及时性要求高

企业财务管理的专业性特征之三是对财务信息的准确性和及时性要求较高。财务信息是企业财务管理的重要输出结果，对于企业的决策和运营具有重要影响。因此，财务人员需要确保财务信息的准确性和及时性，及时更新和发布财务报表，向企业领导和相关利益相关者提供准确的财务信息。此外，财务人员还需要积极开展内部控制和审计工作，确保财务信息的真实性和可靠性。

财务信息的准确性要求财务人员在会计核算和报表编制过程中，严格按照财务会计准则和法律法规的规定，对企业的各项财务数据进行准确的记录和汇总。对于财务信息的计算和分析也需要严格遵循规范，防止出现错误和偏差。此外，财务人员还需要对企业的财务数据进行合理的分类和归纳，确保财务信息的清晰明了，易于理解和分析。

财务信息的及时性要求财务人员在财务信息的发布和传递中，保证信息的及时性和准确性。及时发布财务报表，能够让企业领导和相关利益相关者及时了解企业的财务状况和经营情况，有助于他们做出正确的决策。此外，财务人员还需要积极参与企业的战略决策，及时反馈财务信息，为企业的发展提供决策支持。

总之，企业财务管理的专业性特征要求财务人员具备丰富的财务知识和技能，对企业的财务状况和经营情况有深入的了解，能够对财务信息进行准确和及时地记录、汇总、分析和发布，确保企业财务信息的准确性和及时性，为企业的决策和运营提供有效支持。

2. 对数据的精确性要求高

财务管理的决策需要依赖于准确的数据，因此财务人员需要对数据的精确性要求较高，需要进行精细化的数据管理和质量控制。具体来说，对数据的精确性要求主要表现在以下四个方面。

（1）数据的采集和处理

财务人员需要采集各类财务数据，并进行处理和整合，以获得准确的财务信息和数据支持。在数据采集和处理过程中，需要注意数据的准确性和完整性，以避免数据误差和漏洞。

（2）内部控制和审计

为了确保数据的精确性，企业需要开展内部控制和审计工作。内部控制是通过一系列制度和措施，对企业各项工作进行监督和管理，防止数据的误差和篡改。审计是对企业财务信息和数据的核查和验证，确保数据的真实性和准确性。

（3）数据的存储和保护

为了保障数据的安全性和可靠性，企业需要对数据进行妥善的存储和保护，这包括数据备份、数据加密、数据权限管理等方面，以避免数据泄露和损坏。

（4）数据的分析和应用

财务人员需要通过对数据的分析和应用，获取有效的信息和数据支持，为企业的决策提供准确的财务分析和预测。在数据分析和应用过程中，需要注意数据的精确性和可靠性，以确保分析结果的准确性和有效性。

企业财务管理对数据的精确性要求非常高。只有确保数据的准确性和可靠性，才能提高财务管理的决策效果和管理水平，为企业的可持续发展提供有力的支持和保障。

3. 经济环境和法律法规的影响

企业财务管理的实践需要考虑到经济环境和法律法规的影响，对于财务人员来说需要时刻关注相关政策和法规的变化，及时调整财务管理策略。

在面对不同的经济环境和法律法规时，财务人员需要具备不同的应对策略和方法。例如，在经济环境下行情不好的时候，财务人员需要采取有效的成本控制措施，保证企业的财务稳定性和持续性。而在法律法规更新的情况下，财务人员需要熟悉相关法规，及时调整企业的财务管理流程和制度，避免出现违规行为。

此外，财务人员还需要根据经济环境和法律法规的变化，不断优化企业财务管理模式，提高管理效率和精细化程度。例如，随着数字化和信息化的发展，财务人员需要加强对财务信息系统的建设和应用，实现财务信息的自动化和智能化，提高数据的准确性和精确性。在新的法律法规出台时，财务人员还需要加强内部控制和风险管理，建立健全相关的法律风险管理制度，确保企业的财务活动合法、规范和安全。

4. 经验积累和专业化培训的重要性

企业财务管理需要长期的经验积累和专业化培训，财务人员需要通过实践不断积累经验，同时参加培训、认证等活动，提升自身专业水平。具体来说，经验积累和专业化培训的重要性体现在以下三个方面。

（1）提高解决问题的能力

通过不断地实践和经验积累，财务人员可以积累各种解决问题的方法和技能，能够更快地找到问题的根本原因并采取有效措施加以解决。

（2）提高专业素养

财务人员需要不断参加专业化的培训和学习，掌握最新的财务管理理论和实践，以提高自身的专业素养和技能水平。

（3）保持敏锐的市场洞察力

财务人员需要时刻关注市场环境的变化和趋势，通过对市场的敏锐洞察，能够更好地把握企业的发展机会和挑战，制定相应的财务管理策略。

财务人员需要不断地积累经验和接受专业化的培训，以提高自身的综合素质和能力水平，更好地适应企业财务管理的发展需要。

5. 责任和信任的双重压力

财务人员在企业财务管理中扮演着重要的角色，其工作涉及企业的经济利益和声誉等方面。因此，他们需要承担一定的责任和压力。具体来说，财务人员需要保证财务信息的准确性和及时性，确保企业遵守相关法律法规，防范企业风险，维护企业的声誉和信用。同时，他们还需要协调企业内部不同职能部门之间的工作，提供决策支持和服务，确保企业的正常运营和发展。

在这种责任和压力下，财务人员还需要建立信任关系，维护企业的声誉和信用。财务人员需要与企业领导和相关利益相关者保持沟通和联系，建立起良好的信任关系，加强信息披露和透明度，增加对企业的信任度。同时，财务人员还需要建立内部控制机制，确保财务信息的保密性和安全性，避免信息发生泄露和滥用，从而保障企业的利益和声誉。

为了更好地承担责任和压力，并建立信任关系，财务人员需要具备高度的专业素养和敬业精神。他们需要不断学习和更新财务管理知识，积极参加培训和认证等活动，提升自身专业水平，以适应企业发展和市场变化的需求。同时，财务人员还需要具备高度的敬业精神，以客户为中心，关注企业的经济效益和社会责任，为企业的可持续发展做出贡献。

6. 风险管理和控制的重要性

企业财务管理需要注重风险管理和控制，对于风险进行有效的评估和控制，以避免财务损失和法律风险。财务人员需要具备相关的风险管理和控制知识和技能，进行有效的风险管理。具体来说，财务人员需要了解风险管理和控制的基本概念和原则，熟悉相关法律法规和规范，能够识别和分析不同类型的风险，并制定相应的风险管理和控制策略。同时，财务人员需要定期进行风险评估和监测，及时发现和处理风险隐患，减少或避免损失的发生。

为了更好地进行风险管理和控制，财务人员还需要加强内部控制建设，确保财务信息的准确性、及时性和完整性，防止财务信息被篡改或滥用。此外，财务人员还需要积极开展内部审计工作，发现和纠正财务管理中的问题，提高企业风险管理和控制的水平。

风险管理和控制是企业财务管理中非常重要的一部分，财务人员需要具备相关的知识和技能，加强内部控制建设和内部审计工作，确保企业的财务安全和稳定。

7. 多领域协作和沟通的能力要求高

财务人员在企业中需要协调和配合其他部门，例如，营销部门、采购部门、生产部门等，以达到更好的绩效和效益。因此，财务人员需要具备良好的沟通和协调能力，与其他部门的人员进行沟通和交流，解决各种问题和难题，同时也需要具备在多领域协作中的技巧和策略。在这个过程中，财务人员还需要保持灵活性和适应性，及时调整自己的行动计划，以适应企业不断变化的需求和环境。此外，财务人员还需要具备与外部利益相关者沟通的能力，例如，投资者、银行等，与他们建立合作关系，促进企业的发展。

二、新时期企业财务管理的重要性及作用

企业财务管理地位及作用财务管理在企业科学化管理中的中心地位的确立，在相当程度上取决于企业领导人对财务管理的认识和重视程度。

（一）财务管理在企业管理中的地位

财务管理在企业科学化管理中的中心地位的确立，在相当程度上取决于企业领导人对财务管理的认识和重视。从实际情况来看，无论是国有企业，还是民营企业或其他经济类型企业，凡是企业财务管理作用发挥得好的，都有一个共同的特点，这就是企业领导人对财务管理工作高度重视，企业整体管理水平也比较高。因此，对企业财务管理与企业管理关系的认识，特别是企业领导人对财务管理在企业管理中的作用的认同是实现企业管理以财务管理为中心的关键性因素。为什么说财务管理是企业管理的中心环节呢？这并不是从事财务管理工作的同人自封的，而是财务管理自身的地位、作用所决定的，是在社会主义市场经济体制下企业改革和发展的必然要求。

1. 财务管理深入企业生产经营的各个环节

从学科理论上讲，财务学产生于经济学之前，有关资本、资金循环周转，货币、计价、利息、收入、成本、费用、利润等，表面上表现为财务学和经济学共有的内容，但其实质是财务学的形成和发展促进了经济学的形成和发展。从实际情况看，虽然我们不能把财务学与经济学关系和企业财务管理与企业管理的关系进行简单的对比，但财务管理是企业管理的基础、财务管理的内容是企业管理的核心内容是不容置疑的。财务管理是基于企业在生产过程中客观存在的财务活动和财务关系而产生的，是组织企业资金活

动、处理企业同各方面的财务关系的一项经济管理工作，企业生产经营的过程就是资金运动增值的过程，财务管理深入企业生产经营的各个环节。然而确立财务管理在企业管理中的中心地位，却是社会主义市场经济规律的客观要求，所以企业科学化管理必须遵循这一客观规律才行。

2. 财务管理是企业经营的综合性反映

企业各方面生产经营活动的质量和效果，大都可以从资金运动中综合反映出来，而通过合理地组织资金运动，又可以对企业各方面的生产经营活动起到积极的促进作用。财务管理的各项价值指标，是企业经济决策的主要依据，将企业生产情况与财务情况及时、客观地反映出来，并确立财务管理在企业科学化管理中的中心地位，在相当程度上取决于企业领导人对财务管理的认识和重视程度。所以财务管理又是企业科学管理中一项综合性的管理工作。面临着激烈的竞争，企业只有在发展中求生存，取得利润才能实现其存在的价值。企业为实现其生存发展的目的而实施各种各样的如生产、质量、销售等管理工作，而这些管理工作的轴心是财务管理，它们的最终结果都会反映到企业的财务成果上来。

3. 企业财务管理贯穿企业经营全过程

企业财务管理贯穿企业经营全过程，覆盖经营全方位。搞好财务管理对于改善企业经营管理、提高经济效益具有十分重要的作用。特别是企业资金运动过程贯穿于企业生产经营过程，无论是资金筹集、资金运用，还是资金的补偿，经营成果分配都离不开财务管理。也就是说，财务管理可以把劳动、资本、技术等生产要素纳入管理范围，它融于企业管理的各个环节，这种管理上的优势，同样是企业其他任何一项管理无法替代的。

（二）企业管理中财务管理的作用

1. 管理资金的运作

资金是企业赖以生存、发展的前提，是企业从事生产经营的血液，资金管理是企业财务管理的核心内容。合理筹集资金，确保资金占用和资金成本最低。资产管理包括流动资产管理、固定资产管理和无形资产以及递延资产管理。在资产管理中要破除只讲满足需要，不讲采购成本和资金占用的观念。要树立低价少储的观念，使得储备的物资既能满足生产的需要，又要节约占用资金；要抓好固定资产的管理，避免资产的闲置与流失，同时盘活闲置资产，使其保值增值，给企业带来效益；要重视企业的无形资产，企业的形象与信誉，这是给企业带来效益的重要保障；要树立极强的经济意识，让企业的资产活起来，流动起来。另外，还要考虑银行贷款利率的变动趋势，合理安排短期借款和长期借款之间的结构，以确保资金占用和资金成本最低。

2. 建立科学的运行机制

财务管理是一个循环过程，一般来说它应与本企业生产周期相吻合，它应包括财务预测、财务计划、财务控制、财务分析、财务检查五个环节。这些管理环节互相配合，紧密联系，形成周而复始的财务管理循环过程，构成完整的财务管理工作体系。

3. 实施全面的预算管理

要以实行全面预算管理为纽带，严格控制各项支出。实行严格、全面的预算管理是规范企业财务行为、控制成本费用、减少损失浪费的重要手段。把预算管理延伸到企业经济活动的各个环节：第一，处理好全面预算和财务预算的关系。既可以成为控制支出、降低成本费用的工具，也可以成为企业实现经营目标、提高资源利用效益的有效管理模式。第二，扩大预算管理的触角，把全面预算管理作为企业日常管理过程相渗透的行为规范和标准体系，成为企业日常管理的行为准则和自我约束的机制。第三，防止预算执行的软化，特别是对“有权”人员和职能部门的预算执行应有刚性。

第三章　新时期企业财务管理模式的分类和特点

第一节　新时期企业财务管理模式的基本特点

企业财务管理模式是指企业在不同的经济环境下，根据其战略目标和经营需要，采取的财务管理组织形式、管理方法和实践活动的总和。新时期企业财务管理模式相比传统模式，具有以下五个基本特点。

一、数字化和信息化

新时期企业财务管理模式要求综合考虑企业财务管理各方面的问题，将财务预算、资产负债表、现金流量表、损益表等财务报表的全面管理，同时还需要考虑到税务管理、投资管理、风险管理等方面的综合管理。此外，企业财务管理也需要系统化，包括财务软件的选用和应用、财务管理流程的标准化、财务数据的集成和分析等方面。

（一）数字化财务数据处理

企业财务管理需要处理大量的财务数据，数字化可以提高数据处理的效率和准确性。数字化财务数据处理包括会计核算、财务报表编制、财务分析和预测等方面。

（二）信息化财务管理平台建设

企业需要建设信息化财务管理平台，实现财务信息的集中管理和共享。这样可以提高财务信息的可靠性和及时性，加强财务信息的安全性和保密性。

（三）数字化风险管理

数字化风险管理是新时期企业财务管理的重要任务之一，企业需要对财务风险进行精准评估，建立数字化风险管理体系，制定数字化风险管理策略，加强数字化风险监测和预警。

（四）数字化审计

数字化审计是企业财务管理的重要组成部分，企业需要建立数字化审计体系，实现数字化审计的全流程覆盖和全面性分析，提高审计效率和准确性。

（五）数字化财务风控

数字化财务风控是企业财务管理的重要手段之一，企业需要建立数字化财务风控体系，通过数字化技术监测财务风险，提高财务风险管理的有效性和可靠性。

（六）数字化智能决策

数字化智能决策是企业财务管理的未来趋势，企业需要建立数字化智能决策体系，通过数据分析和人工智能技术实现财务智能决策，提高财务决策的准确性和效率。

数字化和信息化已经成为企业财务管理的不可忽视的趋势，企业需要根据实际情况，不断提升数字化信息化的水平，实现数字化转型和智能化升级。

二、全面化和系统化

新时期企业财务管理模式需要越来越数字化和信息化。企业需要建立完善的财务信息系统，实现财务数据的数字化管理，提高数据的准确性和及时性，同时也需要利用现代信息技术，加强财务信息的收集、处理、分析和传递。

（一）全面化

新时期企业财务管理需要全面化，既要考虑到企业各个方面的财务需求，实现全方位的财务管理。这包括对财务预算、资产负债表、现金流量表、损益表等财务报表的全面管理，同时还需要考虑到税务管理、投资管理、风险管理等方面的综合管理。新时期企业财务管理对全面化的要求主要体现在以下七个方面。

1. 财务预算的全面管理

财务预算是企业财务管理的重要组成部分，涉及企业的各项经济活动。因此，新时期企业财务管理需要对财务预算进行全面管理，确保预算的科学性和合理性，为企业的决策提供有力支持。

2. 资产负债表的全面管理

资产负债表是企业财务状况的重要反映，需要对其进行全面管理。企业需要加强资产负债表的编制和审计，确保资产负债表的准确性和真实性，为企业的经营决策提供科学的依据。

3. 现金流量表的全面管理

现金流量表是企业财务状况的另一个重要反映，需要对其进行全面管理。企业需要加强现金流量表的编制和审计，确保现金流量表的准确性和真实性，为企业的资金管理和投资决策提供科学依据。

4. 损益表的全面管理

损益表是企业经营成果的重要反映，需要对其进行全面管理。企业需要加强损益表的编制和审计，确保损益表的准确性和真实性，为企业的经营决策提供科学的依据。

5. 税务管理的全面管理

税务管理是企业财务管理的重要组成部分，需要对其进行全面管理。企业需要加强税务管理的规范化和标准化，确保企业的税收合规性，避免因税务问题带来的财务风险。

6. 投资管理的全面管理

投资管理是企业财务管理的重要组成部分，需要对其进行全面管理。企业需要加强投资管理的规范化和标准化，确保投资的科学性和合理性，降低投资风险，提高投资回报率。

7. 风险管理的全面管理

风险管理是企业财务管理的重要组成部分，需要对其进行全面管理。企业需要加强风险管理的规范化和标准化，建立科学的风险管理体系，提高企业的风险管理能力，降低风险发生的概率和影响。

（二）系统化

新时期企业财务管理需要系统化，即需要通过建立完善的财务管理系统，实现财务管理的全流程自动化。这包括财务软件的选用和应用、财务管理流程的标准化、财务数据的集成和分析等方面。只有建立系统化的财务管理体系，才能实现财务管理的高效性和准确性。

1. 财务软件的选用和应用

随着科技的不断进步，企业财务管理的软件工具也不断更新和完善。新时期企业需要选择合适的财务软件，根据企业的实际需求进行定制和应用，提高财务管理的效率和准确性。

2. 财务管理流程的标准化

财务管理涉及的流程较多，包括预算编制、成本控制、财务报表编制、内部审计等。新时期企业需要制定标准化的财务管理流程，规范各个流程的操作和管理，确保财务管理的效率和准确性。

3. 财务数据的集成和分析

企业需要将各个财务数据源整合起来，实现财务数据的集成和分析，从而为企业的决策提供支持和参考。同时，企业还需要利用大数据和人工智能等技术手段，对财务数据进行分析和预测，帮助企业更好地把握市场变化和发展趋势。

新时期企业财务管理需要全面化和系统化，以应对日益复杂的商业环境和竞争压力，提高财务管理的效率和准确性，为企业的长期发展提供支持和保障。

三、国际化和法律化

企业在发展过程中需要更多地考虑国际化和法律化的要求，因此，新时期企业财务管理模式需要更加注重国际财务管理的规范和实践，遵守国际财务准则和标准，同时也需要遵守相关财务法律法规，以规范企业财务行为，提高财务管理的透明度和合法性。

（一）国际化

1. 国际财务管理规范

国际财务管理规范是国际上普遍认可的一些财务管理原则和规范，它们涉及财务报告的准确性、透明度、及时性等方面。企业需要遵守这些规范，以提高财务报告的质量和可信度，增加投资者和债权人的信任。

2. 外汇管理

企业进行国际贸易和跨境投资时，需要处理外汇交易。因此，企业需要掌握外汇管理知识，了解汇率变化对企业财务的影响，并采取相应的风险管理措施。

3. 国际税务管理

国际税务管理是企业进行跨境投资和贸易时面临的重要问题之一。企业需要了解不同国家的税收政策和税务规定，制定相应的税务策略，以减少税收负担。

4. 跨国融资

企业进行国际化经营时需要跨国融资，如何寻找合适的融资渠道，如何管理债务风险，都需要企业具备一定的国际化经营和融资知识。

（二）法律化

1. 法律法规的遵守

企业需要遵守相关的财务法律法规，如公司法、证券法、会计法等，以规范企业财务行为，提高财务管理的透明度和合法性。

2. 风险管理和合规性

企业需要加强风险管理和合规性，避免违反法律法规和行业规范，防止因违法违规行为所带来的不良后果。

3. 法律纠纷解决

企业财务管理涉及众多的合同和交易，因此，企业需要具备解决法律纠纷的能力，了解诉讼程序和法律程序，制定应对策略，以保障企业利益和声誉。

4. 知识产权保护

企业在经营过程中可能涉及知识产权的保护，如商标、专利、著作权等。因此，企业需要了解相关法律法规，加强知识产权的保护和管理，防止知识产权被侵犯。

5. 税务合规性

企业需要遵守税务法律法规，如企业所得税法、增值税法等，确保税务合规性，避免因税务问题带来的经济风险和声誉损失。

6. 诚信经营

法律化的要求还包括企业的诚信经营。企业需要遵守商业道德和法律法规，坚持诚信经营，保障企业声誉和信用。

对于企业财务管理人员来说，需要了解相关法律法规，熟悉企业合规性要求，确保财务管理活动的合法性和合规性，降低企业风险，保障企业在法律法规下可持续发展。同时，也需要加强法律风险管理和解决能力的培养，以应对可能出现的法律问题。

四、风险管理和控制

新时期企业财务管理模式需要高度重视风险管理和控制。企业需要对风险进行科学评估和规划，建立有效的风险管理和控制机制，防范各种可能的风险和危机。

（一）风险管理与控制的概念和原则

风险管理是指对企业面临的各种风险进行预测、评估、规划、实施和监控的一系列管理活动。风险控制是指通过各种手段和措施，减少、避免、转移、接受或处理风险的过程。风险管理和控制的目的是降低企业的风险暴露和损失，并提高企业的风险抵御能力和业绩表现。

风险管理和控制的原则主要包括：第一，综合性原则。风险管理和控制需要全面考虑企业的各种风险，并进行综合评估和规划；第二，科学性原则。风险管理和控制需要科学分析、预测和评估企业面临的各种风险，制订科学的风险管理和控制方案；第三，风险导向原则：风险管理和控制需要以风险为导向，优先考虑防范和避免风险，同时做好应急处理和应对措施；第四，系统性原则。风险管理和控制需要系统化、标准化的进行，形成规范的管理流程和操作规范；第五，主动性原则。风险管理和控制需要具有主动性，及时发现和处理风险问题，以避免后果扩大化。

（二）风险管理和控制的要求

1. 风险管理和控制意识要求高

企业财务管理人员需要具备较强的风险管理和控制意识，认识到风险管理和控制对企业经营和发展的重要性，并能够在日常工作中时刻关注和预防各种风险。

2. 风险评估和规划要求科学

企业财务管理人员需要具备科学的风险评估和规划能力，能够系统地分析、评估和预测企业面临的各种风险，制定相应的风险规划和管理措施，减少风险对企业经营和发展的不利影响。

3. 内部控制要求严格

企业财务管理人员需要建立和实施严格的内部控制制度，包括风险管理和控制方面的内部控制措施，确保企业财务管理的合法性、规范性和有效性。

4. 风险管理和控制工具要求精准

企业财务管理人员需要了解和掌握各种风险管理和控制工具，如保险、衍生品、合同等，能够根据企业实际情况选择合适的风险管理和控制工具，并在实践中应用。

5. 风险管理和控制要求全员参与

企业财务管理人员需要意识到风险管理和控制是全员参与的事业，需要与企业其他部门密切合作，共同推进风险管理和控制工作。

6. 风险管理和控制要求持续改进

企业财务管理人员需要不断对风险管理和控制工作进行评估和监控，及时调整和改进风险管理和控制措施，以确保风险管理和控制工作的持续有效性。同时，需要及时吸取风险管理和控制经验，加强学习和培训，提高风险管理和控制能力。

五、效益和价值导向

新时期企业财务管理模式需要更加注重效益和价值导向。企业需要通过财务管理，实现经济效益和社会效益的统一，提高企业的市场竞争力和社会价值。

（一）效益导向

新时期企业财务管理模式的效益导向特征主要表现在以下五个方面。

1. 以企业经济效益为核心

新时期企业财务管理模式以企业经济效益为核心，强调财务管理的主要目标是提高企业的盈利能力和市场竞争力。企业需要通过有效地财务管理手段，实现成本控制、效率提升、风险管理等方面的效益提升，从而提高企业的经济效益。

2. 以科学决策为基础

新时期企业财务管理模式强调科学决策的重要性，要求财务管理人员具备科学的决策能力和分析能力。在决策过程中，需要充分考虑各种因素的影响，制订科学合理的财务决策方案，确保决策的科学性和有效性。

3. 以信息化手段为支撑

新时期企业财务管理模式注重信息化手段的支撑，需要财务管理人员熟练掌握各种财务软件，建立高效的财务信息化系统，实现财务信息的高效管理和运用。通过信息化手段，能够更加精准、快速地进行财务数据分析和决策支持。

4. 以市场化运作为导向

新时期企业财务管理模式注重市场化运作，要求财务管理人员具备市场意识和市场运作能力，能够根据市场需求制定财务管理方案，提高企业的市场竞争力。同时，在市场化运作的过程中，需要注重风险控制和合规经营，确保企业稳健发展。

5. 以创新和改进为动力

新时期企业财务管理模式强调创新和改进的重要性，要求财务管理人员不断创新和改进财务管理方式和手段，适应市场和企业的变化和发展，提高财务管理的效率和质量。同时，还需要注重知识管理和人才培养，为企业财务管理的创新和改进提供人才支持和智力支持。

以上就是新时期企业财务管理模式的效益导向特征的详细分析，这些特征不仅是新时期企业财务管理模式的重要组成部分，也是企业财务管理工作的重要指导原则和方向。

（二）价值导向

在新时期企业财务管理中，价值导向特征是不可忽视的重要方面，主要包括以下四个方面。

1. 以利益相关者价值为导向

新时期企业财务管理注重以利益相关者价值为导向，即将利益相关者的利益置于核心地位，以满足他们的需求和期望为基础，以实现企业的可持续发展和社会价值为目标。

在这一过程中，企业财务管理人员需要更加注重与利益相关者的沟通与合作，了解他们的需求和期望，并根据实际情况进行调整和优化，以达到最优效益。

2. 着重财务信息的价值

新时期企业财务管理注重财务信息的价值，将其作为企业管理和决策的基础，通过合理、精准的财务数据分析，为企业的战略决策和运营提供有力的支撑和保障。企业财务管理人员需要具备深入理解企业财务数据的能力和方法，把握财务信息的价值和意义，并将其转化为企业的战略和行动计划。

3. 强调财务效益和社会价值的统一

新时期企业财务管理强调财务效益和社会价值的统一，即在追求企业财务效益的同时，兼顾企业的社会责任和环保要求，实现财务效益与社会价值的良性互动。企业财务管理人员需要具备综合思考和判断的能力，平衡企业财务效益和社会责任，推动企业可持续发展。

4. 鼓励创新和发展的价值观

新时期企业财务管理鼓励创新和发展的价值观，即积极推动企业创新，优化财务管理流程和方法，提高财务管理的效率和质量，以不断提升企业的核心竞争力。企业财务管理人员需要具备开放的思维和创新的意识，不断探索新的财务管理模式和方法，以适应市场和企业发展的需求。同时，企业财务管理人员需要具备持续学习和不断进步的态度，不断提高自身的能力和素质，以适应新时期企业财务管理模式的要求。

（三）效益和价值导向的统一

新时期企业财务管理模式中，效益和价值导向并不是矛盾的对立，而是相互促进、统一的关系。在实践中，企业应该注重经济效益的实现，同时也要考虑到社会责任和可持续发展的因素，以实现效益和价值导向的统一。

1. 强调企业的社会责任

新时期企业财务管理模式强调企业的社会责任，企业需要通过财务管理来实现自身的社会责任和可持续发展。企业应该将社会责任融入财务管理中，通过经营活动的合理规划和管理，实现社会效益和经济效益的统一。

2. 注重企业的价值创造

新时期企业财务管理模式注重企业的价值创造，企业应该通过财务管理来提高企业的价值和竞争力。企业应该注重财务数据的分析和评估，寻求创新的财务管理模式和方法，提高企业的价值创造能力。

3. 促进企业的可持续发展

新时期企业财务管理模式强调企业的可持续发展，企业应该通过财务管理来促进企业的可持续发展。企业需要注重财务管理与环境、社会、治理等方面的协调，实现经济效益、社会效益和环境效益的统一，为企业的可持续发展提供支持。

4. 维护企业的良好声誉

新时期企业财务管理模式注重维护企业的良好声誉，企业应该通过财务管理来维护自身的信誉和声誉。企业需要遵守相关法律法规和行业规范，加强内部控制和风险管理，减少财务造假等不良行为，保证财务信息的真实、准确、完整。同时，企业还应该积极履行社会责任，为社会做出贡献，提升、抬高企业的社会形象和声誉。

新时期企业财务管理模式中，效益和价值导向是相互促进、统一的关系。企业需要在实践中注重社会责任、价值创造、可持续发展和声誉维护等方面的统一，以实现企业的长期发展。

第二节　新时期企业财务管理模式的发展和特点

一、提高财务管理效率和精度

新时期企业财务管理模式的发展使得企业财务管理流程更加标准化、规范化和自动化，有效提高了财务管理的效率和精度。通过信息化手段，企业能够快速准确地获取财务数据，提高了财务决策的准确性和及时性，以下是详细的分析。

（一）标准化流程

新时期企业财务管理模式将财务管理流程标准化，从而降低了工作难度和出错率。通过对各项财务流程进行规范和标准化，确保财务操作符合财务法规和会计准则，从而提高了财务管理的精度和效率。例如，企业可以建立标准的财务报表模板，制订财务审核流程等，减少了人为干预和误操作的可能性，提高了财务管理的准确性和效率。

1. 规范财务流程，提高管理效率

标准化流程可以帮助企业规范财务流程，确保每个环节都按照既定的标准进行操作。这样可以避免财务操作的漏洞和错误，减少了出现差错的风险。同时，标准化流程可以提高管理效率，减少重复工作，降低人工成本和时间成本。企业可以将流程标准化后，通过信息化手段自动化实现，进一步提高管理效率。

2. 确保财务操作符合法规和准则

标准化流程可以确保财务操作符合财务法规和会计准则。对于企业而言，遵守法规和准则是财务管理的基本要求，也是保证企业合法运营和经营风险控制的重要手段。标准化流程可以将法规和准则的要求纳入流程中，从而保证每个环节都符合标准和要求，避免因违规行为所带来的不良后果。

3. 提高决策的精度和及时性

标准化流程可以提高财务信息的准确性和及时性。标准化流程对数据的采集、处理和报告进行了规范和标准化，可以确保财务信息的准确性和可靠性。同时，标准化流程可以提高数据处理的效率和速度，使企业在决策时能够获得更加准确和及时的财务信息，从而提高决策的精度和及时性。

4. 降低管理风险，提升企业信誉

标准化流程可以降低管理风险，提升企业信誉。通过标准化流程，企业可以避免由于财务操作失误、信息泄露、违反法规等问题而带来的管理风险。同时，标准化流程可以提高财务管理的透明度和合法性，增强了企业的公信力和信誉度。

（二）自动化系统

新时期企业财务管理模式的发展，推动了企业财务管理系统自动化程度的提高。企业可以使用各种财务软件，实现财务数据的自动处理、自动校对、自动记录和自动生成财务报表等。这种自动化的财务管理系统，可以大大减少手工处理财务数据的时间和工作量，同时也减少了人为错误的可能性，提高了财务管理的精度和效率。

1. 自动化系统的优势

企业财务管理涉及大量的数据和处理工作，如果完全靠人工处理，不仅效率低下，而且容易出现错误，导致财务报表不准确。自动化系统的使用可以解决这些问题，它可以帮助企业完成各种财务操作，自动记录和处理财务数据，从而提高财务管理的效率和精度。

2. 自动化系统的应用

目前，市场上存在着许多财务软件，可以满足企业不同的财务管理需求。这些软件可以自动化处理企业的账务、报表、资金流等各种财务管理任务。同时，它们还可以提供实时数据分析、数据挖掘等功能，帮助企业更好地了解自己的财务状况和市场变化，从而更好地制定财务管理策略。

3. 自动化系统的特点

自动化系统的特点包括：第一，高效性。自动化系统能够快速处理大量的财务数据，提高财务管理的效率；第二，准确性。自动化系统可以自动记录和处理财务数据，减少了人为因素的干扰，提高了财务报表的准确性；第三，可靠性。自动化系统可以自动备份和存储数据，避免数据丢失或损坏，保证了财务管理的可靠性；第四，安全性。自动化系统可以对财务数据进行加密和权限控制，防止财务数据泄露和非法使用。

4. 自动化系统的实际应用

在实际应用中，自动化系统可以应用于企业的各个财务管理领域。例如，第一，会计核算。自动化系统可以自动记录和处理企业的财务数据，包括账务、报表等，提高会计核算的效率和精度。第二，资金管理。自动化系统可以自动跟踪企业的资金流动，实时监控资金余额，帮助企业更好地管理资金。第三，预算管理。自动化系统可以帮助企业制订预算计划，并对预算执行情况进行监控和分析，及时调整预算计划，提高预算管理的效率和准确性。第四，风险管理。自动化系统可以帮助企业建立风险管理框架和流程，提供风险评估和分析工具，帮助企业识别和管理风险，从而降低风险带来的损失和影响。第五，税务管理。自动化系统可以帮助企业自动计算税务，及时申报纳税，提高税务管理的准确性和效率。第六，报表生成和分析。自动化系统可以自动生成各种财务报表，如资产负债表、现金流量表、损益表等，并提供数据分析和决策支持功能，帮助企业更好地理解财务数据，做出正确的决策。第七，供应链金融管理。自动化系统可以实现企业与供应商、客户之间的财务信息共享，加速资金流动，提高供应链金融效率和透明度。第八，数字化转型。自动化系统可以帮助企业实现数字化转型，促进企业信息化建设和管理创新，提高企业核心竞争力。

总之，自动化系统在新时期企业财务管理中的应用已经成为其不可或缺的一部分，对提高财务管理效率、精度和质量具有重要意义。

（三）信息化管理

新时期企业财务管理模式的发展，大力推动了企业信息化管理的发展。企业可以采用各种信息化手段，如云计算、大数据分析等，对企业财务数据进行分析和管理。通过信息化手段的应用，企业可以更加清晰地了解自己的财务状况和经营情况，及时发现问题并采取相应的措施，提高财务管理的效率和精度。

1. 信息化管理的基本概念

信息化管理是指企业利用信息技术对企业财务数据进行管理和分析，实现财务管理数字化、网络化和智能化的过程。信息化管理强调的是将信息技术与企业财务管理相结合，将财务数据转化为数字化的信息资源，为企业管理和决策提供相应的依据和支持。

2. 信息化管理的主要特点

（1）数字化处理

信息化管理实现了企业财务数据的数字化处理，将财务数据转化为数字化的信息资源，便于企业进行分析、查询和管理。

（2）网络化应用

信息化管理将财务数据应用于网络平台上，实现了远程管理和交流，增加了企业财务管理的效率和便捷性。

（3）智能化分析

信息化管理通过采用大数据分析技术和人工智能等技术手段，对财务数据进行深度分析和挖掘，为企业决策提供更加准确的依据。

3. 信息化管理在财务管理中的应用

（1）会计核算

信息化管理在会计核算中的应用主要体现在会计账务的自动处理、报表的自动生成和自动化核对等方面，提高了会计核算的效率和精度。

（2）资金管理

信息化管理在资金管理中的应用主要体现在资金流水的实时监控和管理、资金调拨的自动化处理、财务风险预警等方面，提高了企业资金管理的效率和准确性。

（3）预算管理

信息化管理在预算管理中的应用主要体现在预算的自动生成和自动化核对、预算执行情况的实时监控和分析等方面，提高了企业预算管理的效率和准确性。

（4）风险管理

信息化管理在风险管理中的应用主要体现在财务数据的风险评估和风险预警、财务数据的深度分析和挖掘等方面，帮助企业更好地管理风险和提高风险管理的效果。

4. 信息化管理在财务管理中的优势

（1）提高财务管理的效率和精度

信息化管理通过数字化、网络化和智能化的手段，实现财务管理流程的自动化和标准化，从而大大提高了财务管理的效率和精度。通过自动化系统和信息化手段，企业可以更加快速、准确地处理财务数据和信息，减少了人为干预和发生错误的可能性，同时也减少了重复工作和时间成本。

（2）提升财务决策的科学性和准确性

信息化管理可以通过大数据分析和人工智能技术，对海量的财务数据进行挖掘和分析，提供科学的决策支持和数据参考，帮助企业财务管理人员制定更加科学、准确的财务决策。

（3）加强财务管理的监督和控制

信息化管理可以实现对财务数据的实时监控和追溯，通过审计和内部控制等手段，对企业财务管理过程进行监督和控制，防范风险和避免违规行为的发生，保证财务管理的合规性和透明度。

（4）增强企业竞争力和创新能力

信息化管理可以为企业提供更加精准的市场和竞争信息，为企业的决策和创新提供更加科学的支持和指导，同时也可以促进企业各项业务的协同和互通，提升企业的竞争力和创新能力。

总之，信息化管理已经成为新时期企业财务管理的必备手段和发展趋势，对提升财务管理效率和精度、提升财务决策科学性和准确性、加强财务监督和控制、增强企业竞争力和创新能力等方面都具有很大的优势。

（四）智能化技术

新时期企业财务管理模式的发展，引入了各种智能化技术，如人工智能、机器学习等。通过这些智能化技术的应用，企业可以更加准确地预测未来的财务状况，及时调整经营策略，从而提高了财务管理的效率和精度。智能化技术在新时期企业财务管理中的应用越来越广泛，其中包括以下内容。

1. 人工智能技术在会计核算中的应用

人工智能技术可以通过学习、推理和识别等能力，自动识别、分类、核算和处理财务数据，提高财务处理的效率和准确性。

2. 机器学习技术在预算管理中的应用

机器学习技术可以通过对历史数据的分析和学习，预测未来的财务状况，帮助企业制定更为准确的预算计划。

3. 自然语言处理技术在财务报告中的应用

自然语言处理技术可以将财务报表的数据转化为易于理解的文字描述，帮助企业领导和非财务人员更好地理解财务报表的内容。

4. 区块链技术在资金管理中的应用

区块链技术可以实现去中心化、安全可靠的交易和资金管理，提高企业资金管理的效率和安全性。

5. 大数据分析技术在风险管理中的应用

大数据分析技术可以对海量的数据进行分析和挖掘，帮助企业发现潜在的风险因素，并及时采取相应的措施。

总体来说，智能化技术可以帮助企业实现财务管理的数字化、智能化和自动化，提高财务管理的效率和精度，从而为企业的发展提供更加坚实的支持。

二、促进企业转型升级和可持续发展

新时期企业财务管理模式注重企业的长远发展规划和可持续性，通过财务管理手段支持企业的转型升级和创新发展，提高企业的核心竞争力和市场地位。

（一）通过财务管理手段支持企业的转型升级

随着市场经济的不断发展和竞争的加剧，企业的发展也面临着越来越大的压力。为了适应市场变化，企业需要不断进行转型升级，提高核心竞争力。在这个过程中，财务管理作为企业的核心管理之一，也需要通过相应的手段支持企业的转型升级。

1. 财务预算管理

财务预算管理是财务管理中的重要环节，通过对企业的财务预算进行制定和管理，可以帮助企业更好地规划和管理财务资源，实现企业的战略目标。在企业转型升级的过程中，财务预算管理可以帮助企业规划未来发展的财务需求，同时也可以通过对财务预算的监控和调整，及时发现和解决财务问题，保证企业顺利实现转型升级目标。

2. 风险管理

在企业转型升级的过程中，面临着各种风险和挑战，如市场风险、技术风险、政策风险等。财务管理作为企业的核心管理之一，需要通过风险管理手段，及时发现和应对各种风险，保障企业的资金安全和财务健康。财务风险管理包括对企业的财务状况进行分析和评估，对风险进行识别和评估，建立相应的风险管理机制，及时监控和调整风险管理策略等。

3. 投资管理

企业转型升级需要大量的资金支持，而投资管理作为企业财务管理的重要领域之一，可以帮助企业更好地管理和利用资金，促进企业的转型升级。投资管理包括资本预算和资产配置等方面，通过对企业的投资计划和资产配置进行合理规划和管理，可以帮助企业更好地利用资金，提高资金的效益和价值，推动企业的转型升级。

4. 成本管理

在企业转型升级的过程中，成本管理也是一个非常重要的方面。通过对企业成本的精细化管理和控制，可以降低企业的经营成本，提高企业的盈利能力。成本管理包括成本核算、成本控制和成本优化等方面，通过对各个环节的成本进行精细化管理和控制，可以提高企业的成本效益，使企业更具竞争力。

（1）成本核算

成本核算是成本管理的基础，企业需要对各项成本进行准确、完整的核算和记录。成本核算可以分为直接成本和间接成本两个方面，直接成本是指与产品或服务直接相关的成本，如原材料、人工工资等；间接成本是指与产品或服务间接相关的成本，如租金、水电费等。通过对成本的精确核算，企业可以了解各个环节的成本构成和变化趋势，为成本控制和优化提供依据。

（2）成本控制

成本控制是对成本的管理和监控，通过对成本的实时监控和分析，企业可以及时发现成本异常波动和变化趋势，采取相应的措施进行调整和优化。成本控制可以采用多种手段，如制定预算、设置成本指标、建立成本控制流程等，有效地控制成本，提高企业盈利能力。

（3）成本优化

成本优化是指通过各种手段对企业的成本进行调整和优化，以实现成本降低、效益提高的目标。成本优化可以采用多种方式，如寻找更优的供应商、优化生产流程、控制库存成本等，通过降低成本和提高效率，提高企业的盈利能力。

在实际应用中，成本管理可以通过财务软件等工具实现自动化管理和控制。企业可以采用各种成本管理软件，如 SAP、ORACLE 等，对成本进行精确核算、实时监控和分析，从而实现成本控制和优化的目标。

（二）通过财务管理手段促进企业可持续性发展

随着人们对环境和社会责任的重视以及企业可持续发展的呼吁，企业财务管理也面临着越来越多的挑战和需求。企业财务管理需要考虑企业的可持续性发展，积极探索和应用可持续发展的财务管理模式和手段。

1. 企业可持续性发展

企业可持续性发展是指企业在实现自身经济利益的同时，也充分考虑环境、社会和未来发展的需要，追求长期稳健的发展。企业的可持续性发展包括三个方面：第一，经济可持续性。企业需要追求经济效益，实现长期的盈利和增长；第二，环境可持续性。企业需要保护环境，减少对环境的破坏和污染，实现环境可持续性发展；第三，社会可持续性。企业需要承担社会责任，促进社会和谐发展，实现社会的可持续性发展。

2. 可持续发展的财务管理模式

可持续发展的财务管理模式是指企业在财务管理中积极关注环境和社会责任，将可持续发展的要求融入财务管理中，实现企业的可持续性发展。可持续发展的财务管理模式包括：

（1）环境成本管理

企业需要对环境成本进行精细化管理，通过精确核算企业的环境成本，从而更好地评估企业的环境效益，制定更加科学的环境保护措施。

（2）社会责任管理

企业需要对社会责任进行管理，加强对员工、消费者、供应商等利益相关者的关注，实现企业和社会的共同发展。

（3）生命周期成本管理

企业需要从产品设计、生产、销售到废弃等全生命周期的角度考虑成本，制定全面、系统的成本管理计划，从而实现产品可持续性发展。

（4）绩效评估

企业需要建立可持续发展的绩效评估体系，评估企业在环境、社会和经济三个方面的表现，并根据评估结果进行调整和优化。

3. 可持续发展的财务管理手段

（1）环境会计

环境会计是一种能够将企业环境成本计入企业成本核算的会计方法。通过环境会计，企业可以更准确地评估环境成本的影响，并为环保投资做出决策。

（2）社会责任报告

社会责任报告是一种将企业社会责任信息公开披露的报告。通过社会责任报告，企业可以向外界展示其可持续发展的成果，加强企业与社会的沟通和互动。

（3）碳足迹管理

碳足迹管理是一种将企业的碳排放量计算和管理的方法。通过对企业碳排放量的精细化管理，企业可以降低碳排放量，减少对环境的影响。

（4）投资评估

企业在进行投资决策时，需要考虑到可持续性发展的因素，如环保、社会责任等。因此，企业需要进行可持续性评估，评估投资项目对环境和社会的影响，从而做出更为准确和负责任的投资决策。

（5）绿色金融

绿色金融是一种将资金投向环保和可持续发展领域的金融方式。通过绿色金融，企业可以获得低成本、长期性的资金支持，同时也可以促进环保和可持续发展事业的发展。

以上这些财务管理手段可以有效地促进企业可持续发展，同时也可以为企业带来长期的经济效益。

三、提升企业形象和信誉

新时期企业财务管理模式注重公平公正、透明度和合法性，通过加强内部控制、审计和法律合规，提升了企业的形象和信誉，增强了企业的社会责任感和公信力。

（一）内部控制的加强

新时期企业财务管理模式强调内部控制的加强，通过规范和标准化企业的财务管理流程和操作，避免人为因素和操作失误带来的错误和漏洞，提高企业的财务管理效率和准确性。这样可以提高企业的形象和信誉，表现出企业的专业化、规范化和可信赖性。

（二）审计的加强

企业财务管理模式手段还强调加强审计工作，对企业的财务数据进行全面、细致的审计，发现并及时解决财务管理中存在的问题和漏洞，从而提高企业财务管理的透明度和规范性。这样可以增强企业的形象和信誉，表现出企业的诚信、透明和可信赖性。

（三）法律合规的落实

新时期企业财务管理模式强调企业要遵守相关法律法规，规范企业财务管理行为，防止违法违规行为带来的不良后果，从而提高企业的合规性和合法性。这样可以增强企业的形象和信誉，表现出企业的诚信、守法和可信赖性。

（四）社会责任的履行

新时期企业财务管理模式强调企业要履行社会责任，积极参与公益事业，关注环境保护和社会发展，从而赢得社会的认可和尊重。这样可以提高企业的形象和信誉，表现出企业的社会责任感和公信力。

企业财务管理模式手段对企业形象和信誉有着重要的影响，通过加强内部控制、审计和法律合规的落实以及履行社会责任，可以提高企业的形象和信誉，树立企业的品牌形象和公信力。

第三节　企业财务管理模式的创新和特点

随着市场竞争的不断加剧，企业对于财务管理的需求越来越高。传统的财务管理模式已经无法满足企业的需求，需要不断进行创新。在这个背景下，新时期企业财务管理模式的创新显得尤为重要。

（一）企业财务管理面临的挑战

随着经济环境的不断变化和企业竞争的加剧，新时期企业财务管理也面临着一系列挑战，以下是其中的一些挑战。

1. 全球化竞争的挑战

全球化竞争是企业面临的一个重要挑战。随着经济全球化的加速，企业的市场竞争也越来越激烈。在这种情况下，企业需要通过不断创新和提高财务管理水平来提高自身竞争力，以保证在全球市场中获得更大的市场份额和更高的利润。

2. 技术创新的挑战

随着科技的不断进步，企业财务管理也面临技术创新的挑战。新的技术不断涌现，企业需要通过不断更新技术，优化管理流程，提高管理效率，实现数字化、智能化和自动化，才能更好地适应市场变化和提高自身竞争力。

3. 法律法规的挑战

企业财务管理也面临着法律法规的挑战。随着财务管理的复杂化和国家法律法规的不断完善，企业需要不断更新自身的法律法规意识，遵守相关法律法规，防范财务风险，保障企业发展。

4. 人才缺口的挑战

随着企业财务管理的不断发展，企业也面临人才缺口的挑战。企业需要拥有一批高素质、专业化的财务管理人才，来推动企业财务管理的创新和发展。

5. 风险管理的挑战

随着经济全球化和市场竞争的加剧，企业也面临着风险管理的挑战。企业需要建立科学的风险管理体系，识别和分析各种风险，采取有效的风险防范措施，减少财务风险，保障企业健康发展。

6. 可持续发展的挑战

随着社会经济的不断发展和人们环保意识的不断增强，企业也面临着可持续发展的挑战。企业需要更加注重环境保护，实现绿色经济的发展，同时还需要承担社会责任。具体如下。

（1）环境保护压力增大

在全球范围内，对环境污染的担忧不断增加，相关政策法规也越来越严格。企业需要不断加强环境保护，控制排放，减少资源浪费，转型升级向绿色发展。

（2）社会责任压力增大

随着社会责任意识的提高，企业也需要承担更多的社会责任，包括员工福利、公益事业等方面。企业需要通过财务管理手段，对社会责任进行评估和管理。

（3）国际化经营面临挑战

随着全球化的进程不断加快，企业面临的国际化挑战也越来越多。企业需要关注国际市场的变化，了解国际财务法规和税务政策，遵守国际标准，确保企业在国际市场上的竞争力。

（4）技术变革的挑战

随着科技的不断发展，各种新技术的应用也带来了新的挑战。企业需要不断更新技术，采用新的财务管理技术手段，提高财务管理效率和精度，同时也需要面对新技术所带来的风险。

（5）风险管理面临挑战

企业面临的各种风险越来越复杂和多样化，如市场风险、信用风险、政策风险等。企业需要加强风险管理和控制，确保企业的健康发展。

（二）企业财务管理模式创新的框架

企业财务管理模式创新的框架可以分为以下八个方面。

1. 数字化、信息化和智能化技术的应用

随着信息技术的发展，企业财务管理模式的创新越来越依赖于数字化、信息化和智能化技术的应用。企业可以通过采用各种财务软件和信息化手段，实现财务数据的自动处理、自动校对、自动记录和自动生成财务报表等，提高财务管理的效率和精度。同时，通过应用人工智能、大数据分析等智能化技术，提高企业的决策能力和风险管理能力，增强企业竞争优势。

2. 风险管理和控制的完善

企业财务管理模式创新的另一个重要方面是风险管理和控制的完善。企业需要加强对各种风险的识别、评估和控制，建立科学的风险管理体系，提高企业的风险管理水平。同时，企业还需要加强内部控制、审计和法律合规，避免违法违规行为，维护企业的声誉和信誉。

3. 可持续发展和社会责任的重视

随着社会的发展，企业不仅需要追求经济效益，还需要注重可持续发展和社会责任。企业财务管理模式创新的框架也需要考虑到这些因素。企业可以采用环境会计和社会会计等方法，将环境成本和社会责任成本纳入财务管理体系，更好地实现可持续发展和社会责任。

4. 多元化金融产品和服务的提供

企业财务管理模式创新还需要注重金融产品和服务的创新与提供。企业可以通过引入多元化的金融产品和服务，如股权融资、债券融资、信贷融资、保险等，满足不同企业的融资需求，促进企业的快速发展。

5. 人才培养和管理的创新

企业财务管理模式创新还需要注重人才培养和管理的创新。企业需要加强对财务人员的培训和职业发展，提高财务人员的专业水平和创新能力。同时，企业还需要建立科学的绩效考核和激励机制，激发财务人员的工作积极性和创造力。

6. 利用新技术的创新

随着信息技术、人工智能等新技术的不断发展，企业可以利用这些新技术进行财务管理模式的创新。例如，可以利用大数据分析技术对财务数据进行分析，帮助企业制定更科学的财务决策；可以利用区块链技术实现财务数据的安全存储和传输，提高财务数据的可信度和安全性。

7. 借鉴国际经验的创新

企业财务管理模式创新还需要借鉴国际经验。通过了解和学习国际上先进的财务管理模式和理念，可以帮助企业更好地把握市场变化和行业发展趋势，推进财务管理模式的创新和优化。

8. 注重生态环境保护的创新

随着社会对生态环境保护的重视程度不断提高，企业在财务管理模式创新中也需要注重生态环境保护的创新。企业需要将生态环境保护纳入财务管理体系中，加强对环保投资的核算和管理，推动企业的可持续发展。

总之，企业财务管理模式的创新是企业持续发展的重要保证。通过不断创新和优化财务管理模式，企业可以适应市场变化，提高经营效率和盈利能力，增强企业的核心竞争力，实现可持续发展。

第四章　企业财务管理模式创新的意义和目标

第一节　企业财务管理模式创新的意义和价值

一、新时期企业财务管理模式创新的意义

（一）提升企业竞争力

企业财务管理模式创新可以有效提升企业竞争力。通过引入先进的财务管理手段和技术，提高财务管理效率和精度，降低成本，提高利润水平，从而增强企业的竞争力。

1. 引入先进的财务管理手段和技术

企业财务管理模式创新需要引入先进的财务管理手段和技术，以提高财务管理的效率和精度。这些手段和技术包括：第一，财务软件应用。企业可以采用各种财务软件，实现财务数据的自动处理、自动校对、自动记录和自动生成财务报表等。财务软件可以实现财务数据的数字化，大大提高了财务管理的效率和精度。第二，大数据分析。企业可以利用大数据分析技术，对海量的财务数据进行分析和挖掘，帮助企业更好地了解市场和竞争对手的情况，从而制定更加科学的财务决策，提高企业的竞争力。第三，人工智能。人工智能技术可以帮助企业实现财务管理的自动化和智能化。例如，企业可以使用人工智能技术进行财务数据分析和预测，提高财务决策的准确性和科学性。

2. 降低成本和提高利润水平

企业财务管理模式创新可以通过降低成本和提高利润水平，增强企业的竞争力。通过提高财务管理的效率和精度，降低企业的经营成本；通过加强成本管理和风险管理，控制企业的经营成本；通过提高资金利用率，提高企业的盈利水平。这些措施可以为企业的可持续发展提供更好的支持。

例如，企业可以通过以下四个方面实现降低成本和提高利润水平：第一，优化供应链管理。通过优化供应链管理，可以降低采购成本和库存成本，提高资金利用效率。企业可以采用物流信息化管理系统，对供应链进行全面管控，从而实现成本的降低和利润的提高。第二，提高生产效率。通过提高生产效率，可以降低人力成本和生产成本。企业可以采用先进的生产设备和管理模式，实现生产自动化和信息化管理，提高生产效率和产品质量，从而降低生产成本。第三，加强成本管理和风险管理。通过加强成本管理和风险管理，可以控制企业的经营成本。企业可以采用成本核算和预算管理等手段，对

企业各项成本进行精细化管理和控制。同时，企业还应加强风险管理，对各项风险进行评估和控制，从而减少经营风险带来的成本。第四，提高资金利用效率。企业可以通过提高资金利用效率，实现利润水平的提高。例如，通过优化资金结构，降低资金成本；通过加强资金管理，实现资金的快速周转和最大化利用等。

企业财务管理模式创新可以通过降低成本和提高利润水平，增强企业的竞争力，为企业的可持续发展提供更好的支持。

（二）满足市场需求

企业财务管理模式创新可以满足市场需求。随着市场的不断变化和发展，企业需要根据市场需求不断调整和完善财务管理模式，以适应市场的实际要求。

1. 适应市场变化

市场需求的变化是企业不可避免的挑战。如果企业财务管理模式不能适应市场的变化，就很容易面临市场淘汰的风险。而企业财务管理模式创新可以通过引入新技术、新方法，提高财务管理效率，优化财务管理流程，降低企业成本，提高企业的盈利能力，更好地适应市场的变化，提高企业竞争力。

（1）强化市场预测和风险管理

企业需要通过财务管理手段，加强对市场变化的预测和风险管理。通过市场调研和数据分析等手段，了解市场变化趋势和竞争格局，从而制定适应市场需求的财务管理策略和措施，降低企业面对市场变化的风险。

（2）灵活调整财务管理策略

企业需要根据市场变化灵活调整财务管理策略。当市场发生变化时，企业需要及时调整财务管理策略，如调整产品定价、调整销售渠道等，以适应市场需求。

2. 满足消费者的需求

企业财务管理模式创新可以满足消费者的需求。通过优化财务管理流程，提高产品质量和服务质量，降低产品价格，增加产品附加值等措施，可以更好地满足消费者的需求，提高消费者的满意度和忠诚度，从而增加企业的市场份额和收益。

（1）提高产品质量和服务质量

企业可以通过提高产品质量和服务质量，满足消费者对高品质产品和服务的需求。通过引入先进的生产技术和管理模式，提高产品的品质和性能；通过加强员工培训和服务质量管理，提高服务质量和用户满意度。

（2）降低产品价格

企业可以通过优化供应链管理、控制成本等措施降低产品价格，满足消费者对价格敏感的需求。同时，降低产品价格也可以提高产品的市场竞争力，增加销量和市场份额，进一步提高企业的盈利水平。

（3）增加产品附加值

企业可以通过增加产品附加值，满足消费者对个性化、定制化产品的需求。通过开发新产品、提供增值服务等措施，增加产品的附加值，提高产品的市场竞争力和吸引力，满足消费者不同的需求和偏好。

企业财务管理模式创新可以通过上述措施满足消费者的需求，提高企业的市场竞争力和盈利水平，同时也可以为企业可持续发展提供更好的支持。

（三）提高企业治理水平

财务管理目标随着企业治理结构的不断发展而进行改变，企业治理结构是企业制度的核心基础。企业通过财务管理活动来持续增长企业价值，从而满足一些相关人员的利益，这是促进企业可持续发展的根本。

1. 企业治理结构的含义

企业治理结构是一系列法律、文化、习惯和制度的统称，它的主要用途是调整企业单位内部不同利害关系者之间存在的行为和利益差别。企业治理结构，是一种将股东（财产所有者）、董事会、高级管理人员以及与之相关的聘选和监督等问题的权利和义务联系起来，并加以规范的制度框架。从表面意义上分析，就是利用企业治理结构给企业管理带来的优势，规划好企业内部人员权利与义务的分配，从而加快企业的运转速度，这对提升企业的整体竞争力，起到了关键性作用。我国企业治理结构采用的主要模式是将决策权、经营管理权、监督权分别赋予不同的部门，通过部门之间的权力制衡，保证企业的顺利运行。

2. 企业治理结构与财务管理的三个层次

财务管理在企业治理结构中占据着非常关键的核心地位。在完善企业治理结构的过程当中，企业财务会涉及出资者、经营者和财务经理三个层次，这三者在企业治理结构中都发挥着巨大的作用。出资者指的是资本的主要提供方，在承担资本投入的义务同时，相对应地得到以资本为保障的收益安全。在我国企业发展过程中，必须产权关系明确，这是现代企业制度中的基本特点。经营者财务在财务管理当中占据着核心地位，它拥有法人的所有权，在出资者的监督中它对企业的运行资金具有决策权，可以直接进行控制管理，在这个基础上，出资者与经营者两方之间存在的内在联系，就形成了企业财务中的第一个层次——出资者财务。

经营者转变为企业财务主体的前提是，其通过合法程序取得法人所有权，而根据我国《公司法》的相关规定，也就享有了财务自主权的身份。出资者财务管理体系所扮演的角色是监督者，没有决策的权力，而经营者实际控制着企业资金的运转，是资本效益保值和增值的重要途径。经营者与企业内部管理人员建立委托关系，通过利用各种可行方式控制并协调它们之间的利益关系，最后，保障实现企业价值最大化的经营目标。所以，这又形成一个相对独立的企业财务层次——经营者财务。

出资者的主要作用是为企业提供资本，由于他没有企业的决策权，所以他如果要实现资本的最终保值或增值目标，就必须通过经营者的决策与协调功能来完成，而经营者财务在决策与协调的具体落实过程中，又必须通过财务经理以及财务人员的具体操作来完成，所以，作为经营者财务的操作性财务——专业财务，也是企业中必不或缺的一部分。

3. 财务管理三个层次在企业治理结构中的作用

（1）出资者财务在企业治理结构中具有约束与激励的作用

在市场经济完善的基础之上，可以通过出资者的财务制约以及资本市场、经理市场、银行机构等多方面体系的共同作用，对企业经营者进行约束管理，最终在两权分离的基础上对经营者的行为进行控制，从而充分保障出资者的根本利益。出资者财务的作用是保障出资者资金的安全与增值，但凡经营者的行为对资本权益有一点的损害或不利，就将会受到相应的约束；反之，如果经营者行为对企业维护资本增加权益是有利的时候，也应得到必要的激励。

（2）经营者财务在企业治理结构中具有纽带作用

在两权分离的基础上，经营者财务在企业财务中占据着非常关键的位置，经营者可以直接控制拥有资金的运行状况且具有决策权。它可以有效地将出资者财务与专业财务相融合，起到纽带作用。

（3）专业财务是企业治理结构的基础性工作

专业财务作为经营者财务的操作性财务，其管理的主要对象是关于现金的流转问题，它的最终目的是实现现金性收益最大，是企业财务管理中必不可少的一项基础性工作。财务管理可以直接反映出理财环境的变化，在企业治理结构中占据着非常重要的地位，它可以根据环境的改变而进行适当的调整。

财务管理的运行体系与财务管理目标之间存在着密切的联系，深度认识企业治理结构这一企业制度的核心，既可以建立科学的财务管理体系，又可以优化企业财务管理行为，无论在理论还是实践当中，都将产生深远的意义。

二、新时期企业财务管理模式创新的价值

（一）推动财务管理现代化

随着时代的发展和经济全球化的加速，企业面临着日益激烈的市场竞争，如何提高企业的财务管理效率和精度，成为企业面临的一个重要问题。在这样的背景下，新时期企业财务管理模式创新应运而生，成为企业转型升级的重要手段。

财务管理是企业经营管理的一个重要方面，是企业管理的灵魂。财务管理的现代化不仅是财务管理自身发展的需要，也是企业全面发展的需要。企业财务管理模式创新可以推动财务管理现代化，提高财务管理效率和精度，促进财务管理的数字化和自动化，使企业财务管理更加科学化、规范化和现代化。

（二）提高企业盈利水平

企业财务管理模式创新可以提高企业盈利水平。通过降低成本、提高利润率等方面的管理，增加企业的盈利水平，为企业的可持续发展提供更好的支持。

（三）增强企业品牌价值

企业财务管理模式创新可以增强企业品牌价值。通过加强内部控制、环境保护和社会责任等方面的管理，提高企业的品牌形象和公信力，增强企业的品牌价值和竞争力。

（四）提高企业竞争力

企业财务管理模式创新可以提高企业竞争力。通过提高企业管理水平、减少成本、提高效率等方面的管理，增强企业的竞争力，使企业在市场竞争中处于更加有力的地位。

（五）促进经济发展

企业财务管理模式创新可以促进经济发展。通过提高企业盈利水平、增加就业机会、带动相关产业的发展等方面的管理，促进经济发展，为社会经济的长期繁荣和稳定作出贡献。

企业财务管理模式创新具有重要的意义和价值，可以推动财务管理现代化、提高企业盈利水平、增强企业品牌价值、提高企业风险管理能力、促进企业可持续发展、提高企业竞争力和促进经济发展。

第二节 企业财务管理模式创新的目标和策略

一、财务管理目标与企业财务核心能力

财务管理工作贯穿于企业生产经营的各个环节，能否高效地开展财务管理工作，关系到企业能否取得可持续发展。而在企业转型升级发展过程中，不仅要求提出科学的财务管理目标，还要求不断提升财务核心能力，才能使财务管理效果得到保证。现阶段在财务管理方面，企业普遍在管理目标与核心能力方面存在问题，不利于企业的健康发展。

（一）财务管理目标与财务核心能力的关联分析

1. 核心概念解读

对于企业来讲，需要将盈利当成是根本目标。开展财务管理工作，同样遵循这一目标，需要将是否盈利当成是评判财务活动的标准。在市场经济体制日渐成熟的背景下，企业面临各种选择，只有结合自身发展需求制定相应的管理目标，才能为财务活动开展提供科学指导。从企业发展角度进行思考，财务管理目标还应具有相对稳定性。具体来讲，就是在不同发展阶段制定对应目标。在市场环境、国家政策有所变化时，企业经营发展也将有所改变，所以目标也将随之调整。而宏观环境变化具有一定规律，使得企业目标也应当为客观规律总结。为保证目标能够为实践工作提供指导，需要从操作量化角

度进行不同层次的目标制定，保证目标能够发挥引导作用。因此从总体来看，合理的财务管理目标能够指明企业经营方向，调动企业内部各种力量，使企业各项工作得以高效开展，继而为企业带来更多的经济收益。

企业财务核心能力主要展现在运营、盈利和偿债方面，能够使企业实力得到体现。从广义角度来看，需要完成企业财务数据指标的系统化评价，确定财务管理能否为企业经营决策制定提供可靠依据。盈利依然为关键指标，是企业运营能力、偿债能力形成的基础条件。从企业发展角度来看，保证企业拥有财务核心能力，关系到企业能否获得发展动力。从狭义角度来讲，财务核心能力是企业核心竞争力的重要组成部分，融合了企业财务管理、表现和活动能力，用于反映企业是否具有增值和盈利能力。通过对企业财务核心能力的提升，能够使企业内部资本结构得到优化。从特点上来看，该项能力具有一定价值性。因为作为以盈利为目标的组织，企业需要不断实现价值增值，确保企业拥有足够能力可以维持运营和扩张，能够偿还各种债务。得到财务核心竞争力的提升，能够使企业取得可持续发展。

2. 二者关系分析

结合两个概念的内涵与特点可以发现，二者具有统一性，均为重要的财务管理任务。如期达成目标，是为了保证企业经营活动得到不断推进，确保企业能够获得收益，得到盈利能力提升。在企业能力有所发展的情况下，其财务核心能力将有所提高，使企业整体实力增强。在拥有更强实力后，企业需要进一步发展，制定相应的目标。因此在财务管理方面，需要实现二者的整合，保证企业能够取得持续发展。除了拥有统一性，二者也具有一致性。一般来讲，核心竞争力的提升要求企业获得更强实力。在对财务核心能力展开评估时，需要对企业发展和盈利水平展开评价，因此需要确定能否达到财务管理目标。持续达成目标，意味着企业拥有较强能力，能够为未来发展奠定扎实基础。此外，无论是提出目标还是提升能力，都是从根本上都是追求为企业发展服务。提出明确的目标，能够为企业运营提供指导。结合目标对各种资金进行调配，能够确保企业实现盈利。为提升能力，需要对企业内部管理进行完善。加强财务运用管理，可以使企业保持效益增长。因此企业在开展财务管理工作时，应明确二者拥有紧密关联，促使二者起到相互促进和推动作用，使企业管理水平得到整体性提升。

（二）基于企业财务管理目标与核心能力的改进

1. 明确风险管控目标

结合企业财务管理问题，还应实现管理目标改进。具体来讲，就是将风险管控纳入财务管理工作中，设置明确目标，为各项工作开展提供指导。如在企业财务风险控制方面，风险本身具有一定不确定性，需要从企业经济状况上体现。加强大数据运用，对企业财务状况展开系统分析，能够加强风险预测，制订科学风险管控计划。结合分析得到的风险规律，加强企业资金周转等经济活动管理，能够有效预防风险发生。在实践活动中，根据预测值设定目标，确定目标与实际情况的差异，能够加强风险带来的损失预测。根据风险性质、等级等，加强来源追溯和制定防范方案，能够将风险控制在可控范围内。制定多层次的风险管理目标，采取精确的应对策略，能够使应收账款风险、存货风险等各种资金风险得到有效控制，为企业资金管理提供科学指导，促使财务管理效率得到提升。建立预警机制，结合管理目标分析财务管理不足，能够实现管理工作改进，继而使企业核心能力得到提升。

2. 健全企业经济体制

从提高企业财务核心能力角度改进工作，应对企业经济体制进行健全。结合企业财务风险预测和控制目标，还应以资金管理为核心完善经济体制。具体来讲，就是建立科学财务决策制度，在企业投融资前加强多方论证，聘请专人提供指导，以使内部管理得到统一。针对提出的管理方案，应加强内部论证，通过比较不同投融资方式提出风险管控措施，加强企业内部资金和资产结构调整。在确定管理方案后，需要对管理责任进行落实，将管理目标和责任划分到各部门和人员头上，确保目标得到落实。为此，需要建立责任会计制度，在企业内部实施分权管理，明确横向组织和纵向组织制度，提高人员责任意识，使企业财务管理效率得到提高。

在制度层层建立和落实的基础上，企业内部资金审批将得到强化，对不同的分级设定不同额度和审批权限加强资金管理。由专人进行定期和不定期抽查，能够使企业资金流向得到有效跟踪管理，继而减少坏账产生，为企业获取经营效益提供保障。

3. 创新企业财务管理

在现代企业财务管理方面，应实现管理理念创新，加强管理目标与核心能力关联，形成相互促进的管理体系。为此，需要增强企业内部联系，加强各部门信息交互和共享，以便在管理目标设定上共同制定决策。在目标落实方面，还要加强员工激励，建立相应评价和奖惩机制，营造内部良好氛围，使企业员工工作积极性得到有效调动。加强财务信息披露，使财务数据指标透明度得到提升，能够为企业各项财务管理流程链接提供支撑。在此基础上，财务管理者能够立足全局开展财务管理工作，将目标当成是实现制度创新和方法创新的指引，使目标与能力相协调。加强内部联系，也能使管理人员根据实际情况完成管理目标优化，在提高基础财务管理能力的同时，形成创新能力，及时发现企业内部隐藏风险，采取有效解决对策，继而使企业各项财务工作得以高效运行。

综上所述，企业财务管理目标与核心能力具有相互促进与相互依存关系，只有二者共同推动才能促进企业财务管理水平提升。针对企业目前存在的忽视经营风险、缺乏完善经济体制等问题，还应采取有针对性的措施完善企业财务管理目标，并促使企业财务核心能力得到提升。在确保目标落实的过程中，企业通过主动加强财务管理，不断实现创新发展，继而为企业运营提供源源不断的资金动力。

二、财务管理目标与企业资金管理

企业资金管理和财务管理的目标是密切相关的，两者在企业管理中都具有重要地位。

（一）企业资金管理与财务管理目标的关系

企业资金管理是企业财务管理的重要组成部分，它的目标是在保障企业正常经营的前提下，最大限度地提高资金利用效率，实现资金的安全、流动和增值。企业资金管理的目标包括以下六个方面。

1. 确保资金的安全性

资金是企业正常经营的重要基础，保障资金的安全性是企业资金管理的首要目标。企业需要建立健全的资金管理体系，加强资金监管和控制，防范资金风险，保障资金的安全性。

2. 提高资金利用效率

企业需要优化资金结构，合理配置资金，提高资金利用效率，实现资金的最大化增值。企业可以通过各种资金管理手段，如资金调剂、理财投资等，提高资金利用效率，增加资金收益。

3. 保证流动性

企业需要保证资金的流动性，确保资金能够及时、灵活地调配和使用，满足企业的经营需求。企业可以通过建立健全的资金流动体系，加强现金管理和预测，提高资金的流动性。

4. 降低成本

企业需要降低资金成本，通过优化资金结构、降低资金利息等方式，降低资金使用成本，提高企业盈利能力。

5. 管理风险

企业需要管理资金风险，避免资金损失和财务风险。企业可以通过建立健全的风险管理体系，加强风险监测和控制，预防和应对各种资金风险。

6. 合规经营

企业需要依法合规经营，遵守相关法律法规和规范性文件，确保资金管理合规。企业可以通过建立健全的内部控制体系，加强财务监管和审计，确保资金管理合规。

以上是企业资金管理的主要目标，企业可以根据自身的实际情况和经营特点，制定具体的资金管理目标和策略，提高资金利用效率和管理水平，增强企业的盈利能力和竞争力。

（二）企业资金管理

企业资金管理是指企业在经营活动中，对资金流动过程进行有效监督和控制的过程，目的是保证企业经营活动正常开展，合理运用和配置资金，保持企业的流动性和稳定性，下面详细分析企业资金管理的作用。

1. 保证企业流动性

资金是企业经营活动的重要保障，企业需要在保持一定流动性的同时，避免资金过度占用或过度闲置。资金管理可以通过对企业资金流动过程进行有效的监督和控制，保证企业流动性的合理性和稳定性，避免因资金不足导致企业经营活动的中断或无法开展。

2. 提高资金利用效率

资金管理可以通过优化资金配置和运营，提高资金利用效率，降低企业的成本。例如，合理运用短期资金和长期资金，利用外部融资和内部资金优化企业的资金结构和运营方式，实现资金的最大化利用和优化。

3. 控制企业风险

资金管理可以帮助企业识别和控制风险，避免企业资金的损失或流失。通过加强对企业内部资金流动过程的监督和控制，实现风险的有效管理和控制。例如，建立有效的资金管理制度和内部控制机制，保证企业资金流动的安全性和合法性，防止企业资金被挪用或流失。

4. 提高企业经营水平

资金管理可以通过提高企业的经营水平，提升企业的竞争力和盈利水平。例如，通过优化资金结构和运营方式，提高企业的资金利用效率，降低企业的成本，增强企业的盈利能力和市场竞争力。

企业资金管理的作用是多方面的，既能保证企业流动性，又能提高资金利用效率，控制企业风险，还能提高企业的经营水平和竞争力，是企业经营活动不可或缺的重要环节。

（三）企业资金管理下的财务管理目标分析

企业资金管理是企业财务管理的一个重要组成部分，其作用是确保企业的资金充足、安全、合理的利用，提高企业的盈利能力和市场竞争力。在企业资金管理下，财务管理的目标主要有以下四点。

1. 资金的充足性

资金的充足性是企业财务管理的首要目标。只有资金充足，企业才能顺利开展经营活动，满足生产和运营所需的各项费用和支出。因此，企业需要通过资金筹集、储备和管理等措施，确保企业资金充足性。

（1）资金充足性的意义

资金充足性的意义在于保证企业正常运营和发展。企业的生产、经营和管理等各个方面都需要资金的支持，只有当企业的资金充足时，企业才能够正常地完成各项经营活动，实现盈利和稳定发展。

另外，资金充足性还可以提高企业的应对风险的能力。面对市场波动、政策变化等风险，企业如果有足够的资金储备，就可以更好地抵御风险的影响，保证企业的稳定运营和发展。

（2）资金充足性的保障

保障资金充足性的主要手段包括以下四个方面：第一，制订有效的资金计划和预算。企业需要制定全面的资金计划和预算，明确企业的收入和支出情况，合理规划资金的使用，从而确保资金的充足性。第二，加强资金管理。企业需要加强对资金的管理，确保资金的流动性和安全性。同时，加强风险管理，防范各种可能影响资金充足性的风险，如市场风险、信用风险、汇率风险等。第三，优化资金运营。企业可以通过优化资金运营，增加资金的收益，提高资金的使用效率。例如，通过合理配置现金流，增加资金的投资收益；通过优化应收账款和应付账款的管理，提高资金使用效率。第四，加强资金来源的多元化。企业需要加强资金来源的多元化，避免过度依赖某一种资金来源，从而确保资金的稳定性和充足性。例如，企业可以通过股权融资、债权融资、银行贷款、企业债券等多种方式融资。

（3）资金充足性的影响因素

资金充足性的影响因素主要包括以下五个方面。第一，企业经营规模。企业经营规模是影响资金充足性的重要因素之一。通常来说，企业经营规模越大，需要的资金也越多，因此资金充足性也越容易受到影响。大型企业通常需要更多的资金来支持其日常经营活动、扩大业务规模等，而小型企业则相对较少。因此，企业经营规模对资金充足性有着直接的影响。第二，经营周期。企业经营周期也是影响资金充足性的因素之一。不同行业、不同企业的经营周期差异较大，一些行业如房地产、大型工程建设等需要大量资金来支持，而一些消费品行业、服务行业等则相对较少。企业在规划资金使用时，需要充分考虑其经营周期，以确保资金充足性。第三，经营风险。企业的经营风险也会影响资金充足性。不同行业、不同企业面临的经营风险不同，如市场竞争、经济形势、政策环境等因素都可能对企业的资金充足性产生影响。面对这些风险，企业需要制定有效的风险控制策略，以确保资金充足性。第四，财务管理水平。企业的财务管理水平也是影响资金充足性的关键因素。企业需要建立科学的财务管理体系，加强财务预算、成本控制、风险管理等方面的管理，以确保资金的有效利用和充足性。同时，企业需要加强内部审计和监管，防范资金管理中的违规行为和损失。第五，外部融资环境。外部融资环境也会对企业资金充足性产生影响。市场经济环境、政策环境等因素都会对企业融资能力产生影响，从而影响企业资金充足性。因此，企业需要密切关注外部融资环境的变化，及时制定相应的融资策略，以确保资金充足性。

企业资金充足性受多方面因素影响，企业需要全面考虑这些因素，制定科学合理的财务管理策略，以确保资金充足性和经营的可持续性。

2. 资金的安全性

资金的安全性也是企业财务管理的重要目标。企业需要通过加强内部控制、风险管理和防范外部风险等措施，保障企业资金的安全性。同时，企业还需要加强对银行和金融机构的监督和管理，降低资金风险。资金安全性的重要性在于，资金的损失或被挪用可能会导致企业无法按时支付债务、无法正常经营、声誉受损等问题，进而影响企业的可持续发展和竞争力。因此，企业需要采取措施，保障资金的安全性。

（1）建立健全的内部控制制度

企业可以通过建立健全的内部控制制度，提高资金管理的安全性。内部控制制度包括审计、风险管理、预算控制、准确的账务记录、审批和授权制度等方面。这些控制措施可以有效地避免资金被挪用、盗窃等情况的发生，确保企业资金的安全。

（2）合理的资金流动规划

企业需要建立合理的资金流动规划，将资金流动的时间、规模、方式等方面进行合理的规划和控制，避免资金流动的过程中出现资金挪用、损失等情况。同时，企业需要合理管理资金流动的风险，通过控制资金流动的规模和周期，降低资金流动的风险。

（3）投资安全的理财渠道

企业可以选择一些投资安全的理财渠道，提高企业的资金安全性。例如，选择具有良好信誉的银行、证券、基金等理财机构进行投资，降低投资风险；选择具有高信誉和稳定收益的理财产品，降低投资风险等。

（4）加强对资金的监督和管理

企业需要加强对资金的监督和管理，建立健全的资金监管机制。企业可以通过设立专门的资金监管部门，对资金的流动和使用进行监督和管理；加强对银行账户的管理和监督，避免资金被挪用；加强对财务人员的监督和管理，规范财务管理行为，避免财务人员利用职权进行挪用、盗窃等行为。

3. 资金的合理利用

资金的合理利用也是企业财务管理的重要目标。企业需要通过资金预算、成本管理和效益评估等措施，确保资金的合理利用，最大限度地提高资金的利用效益。同时，企业还需要优化资金结构，提高资金利用效率。

（1）资金的合理利用可以提高企业的盈利水平

资金的合理利用可以帮助企业提高盈利水平。企业在进行投资决策时，需要根据风险和回报的平衡原则，选择合适的投资项目。通过对投资项目进行精细化管理和风险控制，可以降低投资风险，提高投资回报率，从而帮助企业提高盈利水平。

（2）资金的合理利用可以降低企业的财务成本

资金的合理利用可以帮助企业降低财务成本。企业在进行融资决策时，需要根据自身的融资需求和市场融资条件选择最优的融资方案。通过优化融资结构和降低融资成本，可以降低企业的财务成本，提高企业的盈利能力。

（3）资金的合理利用可以促进企业的发展和转型升级

资金的合理利用可以促进企业的发展和转型升级。企业在进行资金投入时，需要根据市场需求和自身发展战略，选择合适的投资项目。通过合理利用资金，可以促进企业的创新和发展，提高企业的市场竞争力和盈利能力。

（4）资金的合理利用可以增强企业的风险管理能力

资金的合理利用可以帮助企业增强风险管理能力。企业在进行资金运作时，需要根据风险控制原则，合理分散投资风险，降低资金运作风险。通过建立科学的风险管理机制和控制措施，可以增强企业的风险管理能力，提高企业的盈利水平和竞争力。

（5）资金的合理利用可以提高企业的社会责任感

资金的合理利用可以帮助企业提高社会责任感。企业在进行投资和融资决策时，需要考虑到社会和环境的影响，选择合适的投资项目和融资方案。通过合理利用资金，可以降低企业对环境的影响，提高企业的社会责任感。

此外，合理利用资金还可以支持企业的可持续发展。企业在进行资金运作时，需要将资金用于符合企业长期发展规划的项目上，如新技术研发、产品创新和市场拓展等方面，以实现企业的可持续发展。

另外，合理利用资金还可以帮助企业增强品牌竞争力。通过将资金用于提高产品质量、服务水平、研发能力和市场营销等方面的投资，可以提高企业的品牌形象和市场竞争力，从而取得更大的市场份额和更好的经济效益。

因此，在企业财务管理的目标选择中，合理利用资金不仅有助于提高企业的经济效益和竞争力，也能促进企业的可持续性发展和社会责任感。

4. 财务稳健

财务稳健也是企业财务管理的重要目标。企业需要通过财务分析、财务预警和财务风险管理等措施，确保企业财务的稳健，降低财务风险。同时，企业还需要加强财务透明度和合规性，提高企业的信誉度和形象。财务稳健的目标选择主要包括以下三个方面。

（1）稳健的财务结构

稳健的财务结构是企业财务稳健的基础。企业需要合理配置资产和负债，控制资本结构，使企业的财务结构更加稳健。例如，企业可以通过适当增加长期债务和股本比例，降低财务风险和成本。

（2）稳健的财务状况

稳健的财务状况是企业财务稳健的重要保障。企业需要确保资产负债表和利润表等财务报表真实可靠，资产负债表平衡，现金流量充足，利润稳定可靠。通过合理管理资金流动和财务风险，确保企业的财务状况稳健。

（3）稳健的财务风险控制

稳健的财务风险控制是企业财务稳健的重要保障。企业需要建立完善的财务风险管理体系，包括预测、识别、评估、控制、监测和反馈等环节。通过科学有效的风险管理，确保企业的财务风险控制稳健。

财务稳健对企业财务管理目标选择具有重要作用。企业在选择财务管理目标时，需要考虑到财务结构、财务状况和财务风险控制等方面，确保财务稳健，只有保持财务稳健，企业才能更好地应对外部环境变化，实现可持续发展。

三、财务管理目标与企业治理结构

在公司运营过程中，治理结构是不可忽视的，其对公司发展能够起到决定性作用。企业若想保证经济活动顺利展开，必须要将财务管理所要达成的目标予以明确，而当治理结构发生变化时，财务管理目标也必须随之改变，因而当下必须要针对治理结构展开全面分析，在此基础上确定财务管理目标，使各方利益真正得到满足，进而促使公司实现稳健发展。

（一）企业治理架构与财务管理目标的关系

对于企业来说，想要确保自身保持良好的运行状态，实现经济效益最大化，必须要对治理结构加以重视，而这也是保证利益目标顺利达成的关键所在。企业在进行财务管理的过程中，要从自身的利益出发，将管理目标予以确定，同时要保证治理框架是最为合适的。众所周知，财务管理目标会对财务运行方式产生直接影响，一旦内部治理结构发生改变，必须在第一时间做好内部调节工作，否则财务运行机制的合理性就会受到影响，内部治理的实际效果也达不到预期。从当下的公司治理模式来看，财务管理遵循的宗旨是通过内部合理经营使股东获得的利润能够实现最大化。而在展开财务风险管理的过程中，则要选择可行的措施来保证拥有的资产大幅增加，财富收益也能够有明显的提升。我们国家的市场经济是较为成熟的，对股东拥有的资产、财富能够起到决定作用的是股权数量、交易价格等，如果股权数量没有发生变化，股权市场价格也能够保持一定，一旦实际股权价格处于最低点时，其拥有的实际资产、财富可以得到保持，可以使股东资产以及财富价值实现最大化，此时的股票市场交易就会呈现出价格规模化特征。

在 20 世纪 50 年代，西方不少国家的股东利润规模、财产规模已经能够实现最大化，这是因为其对财产风险是较为关注的，而且股东的资金使用也更加合理。具体来说，首先是额外风险应该要将预测收益作为关注的重点，进而保证做出的判断、决策不会出现失误；其次是相同类型的投资能够带来一定的回报，但是现金能够及早流入，回报会大幅增加，如果现金流入的时间未能做出精准判断，则决策必然会受到影响；再次是公司通过新项目投资来增加盈利，一旦经营者将相同的资金投入另外的项目中，并带来更高收益时，则要将其他股东的利益作为出发点，管理者将投资带来的经济效益投入收益率更高的项目当中。

（二）公司治理结构的作用

对于现代企业来说，要对公司治理结构的作用有清晰的认知，简单来说就是通过其可以对投资者、利益相关者之间存在的关系予以协调。和传统企业制度进行比较可知，现代企业制度的最大不同就是对所有权、经营权予以分割，这样可以使企业的管控更具实效性，当然，企业也必须要从所有者、经营者的实际情况出发，建立起平衡结构，确保相互间能够真正实现制约。可以说，通过公司治理结构能够对不同合约关系进行处理。在域外发达国家中，公司治理结构和企业战略定位是紧密相关的，不同国家的经济、文化等是存在明显差异的，这就使公司治理结构表现出很大区别。国内外不少的专家、学者针对一些大型公司展开深入研究，从所得结果来看，若想保证企业发展更为稳健，必须要将公司治理结构切实构建起来，而如何进行建立则是关注的重点所在。对公司治理结构予以分析可知，企业在对财务管理目标予以确定时，应该要将投资者利益、企业利益、相关者利益均纳入考虑范围中。

（三）不同公司治理结构下的财务管理目标

1. 投资者利益最大化

财务管理目标即是要选择可行的措施展开财务管理，确保投资者拥有的财富能够大幅增加。从投资者的角度来说，能对其利益起到决定作用的是股票数量、市场价格，如果股票数量能够保持稳定，而且股价处于最高值，投资者利益可以实现最大化，市场股价也能最大化。由此，财务管理目标对于上市公司来说是较为适宜的，然而尚未上市的公司则并不具有实用性。

另外，管理目标关注的只是投资者利益，而利益相关者则并未得到重视，而且对公司股价能够起到影响的因素是较多的，公司也无法对其进行完全控制。况且，国家经济市场呈现出的发展状态同样会对财务管理目标产生直接影响。

2. 企业利益最大化

从我们国家的企业发展现状来看，其必须要对利益相关者的需求加以关注，针对公司治理结构进行创新，如此方可使得企业发展更加稳定。当下的财务管理目标将投资者权益作为关注的重点，对其他利益相关者则明显忽视，这和社会主义制度是相违背的。因此说，财务管理目标应该要做出改变，也就是将财务运营做到位，确保企业总价值能够有明显提升。而最为关键的是要保证利益相关者应该享有的权益能够得到重视，如此方可使得企业发展速度持续加快。

另外，公司运营时应该要针对贴现值予以准确统计，选择可行措施来保证公司经营、收益间能够保持平衡关系，这样才能保证企业利益最大化真正实现。

（四）基于企业治理的大背景下财务管理目标的选择

1. 企业财务管理目标的影响因素

公司在将财务管理目标予以确定后，并非不能改变的，当公司治理结构发生变化后，财务管理目标也必须要随之改变。从公司财务运营的角度来说，财务管理目标会起到一定的制约作用，因而要对公司治理结构、国家政策变化等加以考虑，在此基础上对财务管理目标加以适当调整，如果这点没有做到位，财务运营机制的作用是难以发挥出来的，公司发展效率也必然受到影响。在对企业财务管理目标予以选择的过程中，必须要将公司利益作为关注的重点，也就是要保证企业经济效益能够有明显提升，否则企业利润就难以实现最大化，自身的可持续发展也就无从谈起。对于公司来说，应该要对企业财务目标加以完善，确保运营能力有大幅提升，方可使获得的利益明显增加，偿还债务的能力切实增强。当外部市场环境出现明显变化时，公司运作能力带来的影响是较大的，其对利益增长率、债务偿还能力能起到决定性作用。

另外，公司拥有的获取利润能力是非常重要的，这是保证到期债务能够及时偿还的基础所在，这就要求相关人员寻找到可行的途径来对运营、盈利以及偿债予以提升，如此方可使企业发展更加稳定，财务关系的处理也可顺利完成，利益相关者拥有的合法权益得到切实维护。所以说，财务管理目标应该要和公司治理模式相匹配，当内外环境出现变化时也可进行灵活调整，选择可行的方法来对各方利益关系予以协调，如此就能让矛盾可以切实消除。从公司发展的角度来说，投资者利益最大化能够促使发展速度进一步加快，然而经过一段时间的发展后，公司能否拥有较强的竞争力，其自身拥有的创造力，以及员工态度等能够起到决定作用。从当下的现状来看，公司的利益相关者之间呈现出较为复杂的关系，而利益相关者利益最大化则可使财务管理的整体效率大幅提升，只有广大员工的利益能够真正得到保证才能促使其更为积极地投入本职工作中。所以说，企业价值最大化能够使企业保持稳定发展，而且均衡性也可得到切实保证，而利益相关者利益最大化则可确保其利益需求能够切实满足。

2. 企业财务管理目标的实现

在现阶段，企业所要面对的市场竞争越发激烈，而要在市场保持优势的话，一定要将经营、发展做到位，如此方可保证带来的利益能够实现最大化。企业想要达成生存、发展目标，最为关键的是要提升经济效益，从基本生存条件来说，首先是要确保营业收入能够真正实现抵支；其次是在贷款到期之后能够在第一时间偿还。从事财务管理的相关人员必须履行好职责，对存在的不确定因素有清晰的认识，重点关注的是未来的实际影响，在此基础上对资产负债、固定资产进行合理安排，确保分配比最为合理，这是保证公司稳健发展的关键所在。企业必须要拥有持续发展动力，也就是要对利润规模予以扩大，进而使得收入水平大幅提高，而要达成这个目标，财务管理人员必须要对筹集到的社会资金加以充分利用，方可使企业拥有的市场竞争力大幅增强。企业想要保持稳定发展，资金获利是不可忽视的，通过其可以使企业的经济实力大幅提升，当然，财务管理人员必须要寻找到可行的管理方法，确保短期资金能够顺利周转，盈利能力大幅提升，同时将资金流动成本控制在合理的范围内，对资金进行合理分配，如此一来，每股资本盈余将会有明显提升。

由此可知，财务管理目标能够对企业资产价值效益产生极大影响，确保其能够真正实现效益最大化。

3. 企业财务管理目标的制定

在过去很长一段时间内，我们国家的生产力较为落后，而且市场中的商品非常少，为了使广大群众的生活需求得到满足，集权经营模式成为首选，这就使企业的财产所有权呈现出高度集中特征，可以使既定目标顺利达成。企业在进行绩效评估的过程中，总产值是关注的重点，因为其对领导晋升、员工利益等均会产生直接影响，只有原定的产值规划指标能够顺利达成，方可保证以上目标顺利实现。从当下的现状来看，现代股份制企业已经较为常见，然而在财务管理方面存在的问题依然较多，如专业知识不足，实践经验较为低下，而且企业在进行财务管理时将筹资金额看作是主要目标。我们国家的市场经济发展速度持续加快，对外开放的程度也进一步加大，企业的固定资产所有权与经营者的财产被适当地分离，企业的所有者和经营商之间的共同利益被确认，这样才能够促使他们更加了解和关心自己的市场和经济收益。企业的绩效考核评价指标从以总产值为主逐渐转向以利润为主，企业的利润与其他人之间的利益紧密联系在一起，因此，利润的最大化也就成为当时我国企业财务管理的最终目标。随着社会主义现代化市场经济的逐渐确立和国有企业体制改革的进一步推广，股份制下的企业大批量增多，由于股东本身就是这些股份制下的企业所有人，其需要承担的成本和风险可能性相应较高，因此，考虑到股东自身的利益，上市公司把实现股东的财富分配最大化作为财务管理中的最优目标。

第三节　企业财务管理模式创新的实现路径和方法

新时期企业财务管理模式创新的实现路径和方法主要包括以下四个方面。

一、关注社会责任

企业可以关注社会责任，实现绿色经济的发展，加强环境保护和社会责任管理，提高企业的品牌形象和公信力，增强企业的竞争力。例如，企业可以制定环保政策和社会责任报告，加强环保投入和公益活动。

（一）社会责任环境下的企业价值创造模式

1. 企业与环境的关系

环境问题日渐受到全社会的关注，而以环境作为载体的企业，其财务收益以及经济效益很大程度上受到环境问题的影响。传统观念认为，企业承担保护自然环境的社会责任必然要舍弃一定的经济效益。

然而，面对日益加强的环境保护法律以及社会道德谴责，企业必须转变以牺牲环境为代价的发展方式，以谋求经济效益与社会环境效益的共同发展。企业只有提高资源利用率，减少浪费，才能获得长远的可持续发展，更好地赢得市场与消费者的青睐，有助于企业形成更优的财务管理模式。

2. 企业与社区的关系

企业与社区良性互动、和谐共存的发展关系，是企业社会责任的一个重要方面，不仅有利于企业树立良好的公共形象，更有利于企业借助社区环境形成推动企业长期发展的外部机制。企业为打造良好社区关系而支付的一些成本，看似短期内并不会为企业财务带来收益，但从长远的角度看，企业的上述行为不仅有助其树立良好的公共形象，也间接地使社区成员自愿地为企业发展做出贡献。可见，打造和谐的企业—社区关系不仅是一种长期投资，更是企业宝贵的无形财富。

3. 企业与政府的关系

在企业社会责任日渐被重视的今天，企业与政府的关系似乎从直接、简单的税收关系转变为良性的互利共赢关系。对于不积极承担社会责任的企业，如生产行为影响环境与居民健康的企业，政府将采取法律规制、行政处罚的方式予以惩罚。而对于自觉承担社会责任的企业，政府不仅为其提供一系列如减税、技术支持、提高贷款额度等激励政策，更在一定范围内放宽审查力度，为企业价值创造以及自由发展提供支持。

4. 企业与消费者的关系

不难发现，长期来看消费者更偏爱那些品牌形象好、具有强烈社会责任感的企业，因为自觉承担社会责任的企业往往能提供更好的消费服务与产品质量，更能给消费者一种值得信赖的亲切感，进而提升销售业绩，降低销售成本。相关调查表明，一旦企业做出不道德的行为，消费者会减少甚至抵制该企业的产品及服务。

5. 企业与员工的关系

企业的可持续发展越来越依赖员工这一重要的人力资源作用的发挥。企业若积极主动地保障员工的既定利益，同时给予合理的福利与津贴，并定期地提供技术培训，有助于员工增强工作主动性与积极性，为企业的长足发展提供动力。此外，当企业自觉承担社会责任、对外有良好形象，员工会产生强烈的归属感与忠诚效应，为企业发展添砖加瓦。

（二）面对企业社会责任的财务管理模式创新

面对社会对企业社会责任要求的日益增强，为了实现更优的经济效益，企业必须对财务管理模式的转变进行创新与探索。要实现“股东权益至上”到“利益相关者共赢”的财务管理模式的历史转变，必须对企业财务目标、财务治理、财务政策以及财务战略等内容增添符合时代要求的内涵。

1. 企业财务目标的转变

传统观念普遍认为，企业财务目标为“股东财富最大化”或者“利润最大化”，即在资源有限的条件下，凡是有助于企业达成经济效益最大化的行为才是企业的最优决策。然而，在此过程中，企业往往容易忽视其他利益相关者的利益，甚至不惜忽略社会责任，损害社会公共利益以谋求更高的经济利润。然而，现实中并不存在完美的法规制度以及零风险的市场活动，为获得更稳定、长远的发展，企业更应承担社会责任，以规避隐形、非契约式的社会风险，将“股东利益最大化”的财务目标变革为“企业价值最大化与分配公平化”。因此，要使企业价值在利益相关者中得到最大程度地体现，还需考虑企业价值与相关利益在社会、环境以及经济效益之间的统一与平衡。当然，如前文所述，这与实现传统的“股东利益最大化”目标并不冲突。此外，要达成这一目标，还需建立起相应的财务治理机制。

2. 企业财务治理机制的变革

企业财务治理机制是服务于治理主体维护经营活动高效运行及管理组织有效控制的一套制度安排，它与企业以及利益相关者之间的利益分配的公平与效率息息相关。受“股东至上”的传统治理理念影响，企业倾向于采用“资本雇佣劳动”的治理模式，而忽略了利益相关者的利益。若要打破这种传统的“股东至上”治理逻辑以及摆脱这种财务治理模式带来的限制困境，企业就必须建立一套完善的、有效的共同治理机制。相关领域的著作已十分强调利益相关者对企业共同治理的重要作用，如美国的《公司治理声明》、韩国的《公司治理最佳实务准则》以及日本的《公司治理原则》都将共同治理机制作为企业财务管理的最优选择（李维安，2001）。借鉴这些国家的有益探索与实践经验，可以对我国财务治理机制做出以下变革与创新：

首先，建立共同的财务收益分享机制。为了使企业经营者与员工充分调动积极性与主动性，最大程度地防止逆向选择与道德风险，可以实施人力资本股权化的措施，让经营者与员工共享企业经营成果，促进企业的长足发展（坦尼夫等，2002）。

其次，实施共同的财务决策机制。企业一方面可以通过实施股东投诉制度、股东互议、表决权行使制度增大中小股东以及其他利益相关者的话语权，更可以通过这种决策机制防止股东的“掏空”行为，最大程度地维护与平衡利益关系。

最后，还需完善共同的财务监督机制。可建立一系列监督组织制度，如股东监事、银行监事、员工监事以及政府代表监事等制度对股东行为以及企业财务行为进行强有力的监督与控制，保护利益相关者的切身利益。

3. 企业财务政策的创新

企业的财务政策是指为了实现特定的财富目标而制定的有关规定或采取的相关行为。长期以来，企业为了特定的价值取向，往往会采取与股东利益最大化相关的财务政策。然而，这种财务政策的风险较大，因为只关注了与特定利益集团相关的投资项目，而忽视了承担企业社会责任的重要性。因此，对企业财务政策的创新就显得尤为必要。企业的长足发展，不仅需要服从于“企业价值最大化与分配公平化”的财务目标，结合共同治理的财务治理机制，更需要构建一套稳健的、可持续的财务政策。这种观点与张兆国（2008）的研究结果不谋而合，历年来经营时间较长、经济效益较高的企业，公司往往会采取稳健的财务政策，如选择风险较小的投资项目、及时调整债务水平以及平衡各项资产的结构等。此外，企业还需时刻关注经营行为与社会责任的关系，即在追求经济效益的同时，必须承担社会责任。例如在投资政策方面，除了对与股东利益相关的项目进行投资的同时，还需支付与其相关的生产环节、监督质量、环境保护、慈善事业等项目的成本；在利润分配政策方面，不仅要考虑股东的既定利益，更要保障企业未来持续发展的条件以及相关中小债务人、员工的福利与权益；在融资政策方面，不能只关注融资成本的高低，还需注意融资环节的风险与融资行为涉及的相关权益者的利益。否则，企业的可持续发展只能是纸上谈兵。

4. 企业财务管理战略的升华

面对企业社会责任要求的强烈挑战，企业在进行财务治理时日益重视利益相关者的利益与权益。随着“股东利益最大化”的传统财务管理目标缺陷的显露，“企业价值最大化与分配公平化”的价值取向以及共同财务治理机制的建立成为企业未来经营的现实选择。不仅如此，包含了上述重要内容的企业财务管理战略还被时代赋予了新的内涵，不断在实践中被充实和得到升华。第一，无形资产将成为企业投资决策的重点。无形资产作为企业软实力的体现，不仅能为企业储备技术要素，更有可能帮助企业转变经济发展方式，为企业带来更高的利润空间及经济效益。第二，将资本经营纳入财务管理。企业通过优化资本结构、调整债务水平以及合理分配利润，能更高效地进行财务治理，并通过有效的资本运作实现资本增值，为企业经营注入活力。第三，建立利益相关者的财务管理体系。关注利益相关者对企业财务管理的要求，研究企业社会责任的履行为相关利益产生与分配的影响机理，以实现经济、社会、环境的良性统一，推动企业乃至整个社会的可持续发展。

二、优化成本管理

企业可以优化成本管理，降低经营成本，提高利润水平。例如，企业可以加强成本核算和控制、优化生产流程、降低物流成本等。

（一）优化成本管理

优化成本管理是企业降低成本的重要措施，主要包括以下三个方面。

1. 优化采购管理

企业可以通过优化采购管理来降低成本。具体措施包括优化采购流程、降低采购成本、建立供应商管理制度等。通过精细化采购管理，企业可以获得更高质量的产品和更具竞争力的价格。

2. 精益生产

精益生产是企业优化成本管理的重要手段。企业可以通过精益生产来降低生产成本，提高生产效率。具体措施包括优化生产流程、精细化生产管理、提高员工素质等。通过精益生产，企业可以实现高质量、高效率的生产，提高产品的市场竞争力。

3. 降低物流成本

物流成本是企业成本管理的一个重要组成部分。企业可以通过优化物流管理来降低物流成本。具体措施包括优化物流流程、提高物流管理水平、降低物流费用等。通过降低物流成本，企业可以提高物流效率，降低物流成本，提高产品市场竞争力。

（二）优化生产流程

优化生产流程是企业提高生产效率、降低生产成本的重要手段，主要包括以下三个方面。

1. 精益生产

精益生产是企业优化生产流程的重要手段。企业可以通过精益生产来提高生产效率、降低生产成本。具体措施包括精细化生产管理、优化生产流程、提高员工素质等。通过精益生产，企业可以实现高质量、高效率的生产。

2. 引进先进设备

企业可以通过引进先进设备来优化生产流程。先进设备可以提高生产效率、降低生产成本。具体措施包括引进先进生产设备、提高设备自动化水平等。

3. 加强人员培训

企业可以通过加强人员培训来优化生产流程。加强人员培训可以提高员工素质、提高生产技能水平、降低生产故障率。具体措施包括加强员工技能培训、提高员工岗位责任感等。

（三）降低物流成本

物流成本是企业生产经营成本中的重要组成部分，降低物流成本可以有效地提高企业的盈利水平。下面介绍四个降低物流成本的方式。

1. 优化物流网络

企业可以通过优化物流网络，降低物流成本。优化物流网络可以包括物流路线的优化、仓储物流的优化、运输模式的优化等。例如，企业可以采用智能调度系统，根据货物的实际情况和运输成本，优化物流路线和运输模式，实现物流成本的最优化。

2. 提高物流效率

企业可以通过提高物流效率来降低物流成本。提高物流效率可以包括加快物流速度、降低物流损耗等。例如，企业可以采用先进的物流技术，实现物流信息化和智能化，提高物流效率和准确度，从而降低物流成本。

3. 优化库存管理

企业可以通过优化库存管理来降低物流成本。优化库存管理可以包括库存的优化、库存成本的控制等。例如，企业可以采用先进的库存管理系统，实现库存信息化和智能化，根据销售预测和货源情况，合理规划库存，降低库存成本和物流成本。

4. 合理利用物流资源

企业可以通过合理利用物流资源来降低物流成本。合理利用物流资源可以包括货源的合理组织、运输工具的合理利用等。例如，企业可以与相关物流公司合作，共享物流资源，实现物流成本的共享和降低。

总之，通过优化物流网络、提高物流效率、优化库存管理和合理利用物流资源等方式，可以有效地降低物流成本，提高企业的盈利水平。

三、建立内部控制机制

建立内部控制机制是企业加强内部控制的首要方法。内部控制机制是企业管理体系的重要组成部分，其目的是保证企业内部的正常运转，防范和控制各种经营风险和内部控制风险，保障企业财务安全和可持续发展。建立内部控制机制需要遵循以下几个原则：

（一）明确职责和权限

企业应该建立明确的职责和权限制度，明确每个人的职责和权限，避免职责重叠和权限交叉，确保企业内部的运转顺畅。具体方法如下：第一，建立职责和权限清单。企业应该建立职责和权限清单，明确每个人的职责和权限。职责和权限清单可以根据不同岗位的职责和工作内容进行分类，具体列出每个员工的职责和权限内容；第二，明确授权程序。企业应该明确授权程序，确保授权过程的规范和有效。授权程序应该明确授权的范围、方式、程序和权限等内容，避免授权过程中出现问题；第三，加强授权审批。企业应该加强授权审批，避免未经授权的行为发生。企业可以通过制定明确的审批流程，加强对授权行为的监督和审查，确保授权行为符合规定和标准；第四，加强培训和教育。企业应该加强培训和教育，提高员工对职责和权限制度的认识和理解。企业可以通过定期的内部培训、考试和奖惩机制，加强对员工职责和权限制度的培训和教育，提高员工的职责和权限意识；第五，建立监控机制。企业应该建立监控机制，对职责和权限制度进行监控和评估。企业可以通过定期的内部审计和监督，对职责和权限制度进行评估和监控，及时发现和解决问题。

总之，建立明确的职责和权限制度，是企业加强内部控制的重要手段之一。企业应该根据自身的情况，制定合适的职责和权限制度，并不断优化和完善，确保内部控制的有效性和精确性。

（二）建立制度和规范

企业应该建立健全的制度和规范，确保企业的各项活动符合法律法规和企业内部规定，避免违法违规行为的发生。

1. 建立健全制度和规范的重要性

第一，遵守法律法规。建立健全制度和规范可以帮助企业遵守法律法规，避免违法违规行为的发生，保证企业经营合法、有序、稳定；第二，规范企业行为。制度和规范的建立可以规范企业行为，明确企业各部门、各职能的职责和权责，保证企业各项工作的有效运转和协调；第三，提高企业管理效率。制度和规范的建立可以提高企业的管理效率，减少人为因素的干扰，使企业管理更加科学化、规范化、精细化；第四，防范经营风险。制度和规范的建立可以帮助企业发现和防范经营风险，保障企业的安全和稳定，维护企业利益和形象。

2. 建立健全制度和规范的具体方法

第一，确定企业管理层的决策权。企业管理层应明确各自的决策权，并将职权分配给各部门、各人员，明确各自的责任和义务；第二，制定规范化管理制度。企业应根据实际情况，制定规范化管理制度，规范各项管理活动，确保企业的各项管理工作有效开展；第三，建立完善的内部管理制度。企业应建立完善的内部管理制度，包括人事管理、财务管理、合规管理、风险管理等方面，确保企业的管理全面、科学和规范；第四，加强培训和教育。企业应加强员工培训和教育，提高员工的法律意识和管理水平，增强员工对企业制度和规范的理解和遵守意识；第五，建立监督和检查机制。企业应建立监督和检查机制，对企业制度和规范的执行情况进行监督和检查，及时发现和解决问题。

（三）建立风险评估机制

企业应该建立风险评估机制，及时发现和评估企业内部的各种风险，采取相应的措施进行控制和防范。

1. 风险评估机制的建立

企业应该建立完善的风险评估机制，包括建立风险识别、风险评估、风险应对和风险监控等环节。这些环节的具体内容如下：第一，风险识别。风险识别是指在企业各个方面开展风险识别，包括市场风险、财务风险、生产风险、法律风险等各种方面。企业可以采用多种途径进行风险识别，例如，通过分析市场变化和企业财务状况等方式，及时识别和发现风险点；第二，风险评估。风险评估是指对风险进行评估，确定风险的严重程度和影响范围。企业可以采用多种评估方法，例如风险评估矩阵法、风险评估标准法等，评估风险的严重程度和优先级；第三，风险应对。风险应对是指针对评估结果，采取相应的措施进行风险防控和应对。企业可以采取多种措施，例如，采取保险措施、加强内部控制、采取风险转移等方式，防止风险的发生和影响；第四，风险监控。风险监控是指对风险应对措施的实施进行监控，及时发现风险的漏洞和不足，及时调整应对措施，确保风险的有效控制。

2. 风险评估机制的实现方法

为建立完善的风险评估机制，企业可以采取以下方法：第一，建立专门的风险管理部门。企业可以建立专门的风险管理部门，负责风险管理的相关工作，包括风险识别、风险评估、风险应对和风险监控等环节，为企业的风险管理提供更加专业和有效的支持。第二，采用专业的风险评估工具。企业可以采用专业的风险评估工具来帮助评估和分析风险。这些工具包括风险评估模型、风险管理软件和风险评估工具箱等。通过采用这些工具，企业可以更加科学地识别和评估各种风险。第三，建立风险评估流程和标准。企业可以建立风险评估的流程和标准，规范风险评估的流程和步骤，使得风险评估的结果更加准确和可靠。第四，加强对风险的监控和跟踪。企业还需要加强对风险的监控和跟踪，及时掌握风险的变化情况，采取相应的措施进行调整和应对，以保证企业的风险管理工作得到有效的落实。第五，加强风险管理文化建设。企业还应该加强风险管理文化建设，让员工从思想上认识到风险管理的重要性和必要性，培养员工的风险管理意识和能力，提高企业整体的风险管理水平。

通过上述方法，企业可以建立更加完善和有效的风险评估机制，提高风险管理的水平，保障企业的安全促使企业稳健发展。

四、优化财务管理流程

优化财务管理流程是企业加强内部控制的另一个重要方法。企业需要建立科学的财务管理体系，通过流程优化和规范化来提高内部控制的效率和精度。具体实施方法如下。

（一）建立财务管理流程图

企业应该建立完整的财务管理流程图，明确各个环节的职责和工作流程，避免财务管理环节的重复和遗漏。

1. 财务管理流程图的意义

财务管理流程图是财务管理体系的重要组成部分，它可以帮助企业明确财务管理的职责和流程，确保财务管理环节的规范化和高效化。具体来说，财务管理流程图的意义包括：第一，明确财务管理的职责和流程。财务管理流程图可以清晰地描述财务管理的职责和流程，帮助企业员工理解各个环节的工作职责和流程，避免职责不明、流程混乱等问题的发生。第二，提高财务管理效率和精度。财务管理流程图可以指导企业员工按照规定的流程进行工作，避免财务管理环节的重复和遗漏，提高财务管理效率和精度。第三，降低财务管理风险。财务管理流程图可以帮助企业发现和纠正财务管理环节的问题，降低财务管理风险，保证企业财务管理的合规性和稳定性。

2. 建立财务管理流程图的方法

建立财务管理流程图需要遵循以下方法：第一，确定财务管理的范围和目标。企业应该明确财务管理的范围和目标，包括会计核算、财务分析、资金管理、成本控制等各个环节的管理目标。第二，确定财务管理的职责和流程。企业应该根据财务管理的范围和目标，确定各个环节的职责和流程，包括财务报表编制、审核和审批、成本控制、资金管理等环节。第三，绘制财务管理流程图。企业应该根据财务管理的职责和流程，绘制财务管理流程图。财务管理流程图应该包括各个环节的工作内容、工作职责、工作流程和所需时间等信息；第四，制定财务管理制度和标准。企业应该根据财务管理流程图制定相应的财务管理制度和标准，明确各个环节的要求和标准，保证财务管理的规范化和高效化。第五，实施财务管理流程监控。企业应该建立财务管理流程监控机制，及时发现和纠正流程中的问题和漏洞，确保财务管理流程的顺利运转和高效执行。第六，持续完善财务管理流程。企业应该持续完善财务管理流程，随着企业发展和环境变化，不断调整和优化财务管理流程，确保财务管理的适应性和灵活性。

以上是建立财务管理流程图的主要方法，通过明确各个环节的职责和工作流程，企业可以有效规范财务管理流程，提高财务管理效率和精度，降低风险，为企业的可持续发展提供有力的支持。

（二）建立财务核算制度

企业应该建立完善的财务核算制度，明确各项财务指标的计算方法和准确度要求，规范财务核算的流程，确保财务数据的准确性和及时性。

建立财务核算制度的方法

第一，确定财务核算范围和标准。企业应该确定财务核算的范围和标准，明确财务核算的基本原则和方法，包括会计核算、财务分析、成本控制、资金管理等方面的标准和要求。第二，明确财务核算的职责和流程。企业应该明确财务核算的职责和流程，建立完整的财务管理流程图，明确各个环节的职责和工作流程，避免财务核算环节的重复和遗漏。第三，制定财务核算制度和标准。企业应该根据财务核算的范围和标准，制定相应的财务核算制度和标准，明确各个环节的要求和标准，保证财务核算的规范化和高效化。第四，建立财务核算流程和制度的监督管理机制。企业应该建立财务核算流程和制度的监督管理机制，明确各个部门的监督职责和监督流程，定期进行内部审计和外部审计，及时发现和纠正存在的问题，保障财务数据的准确性和完整性。

（三）建立财务核算制度的作用

建立完善的财务核算制度对企业的财务管理具有重要的作用，主要包括以下四个方面。

1. 提高财务管理的效率和精度

建立财务核算制度可以规范财务核算流程，明确各项财务指标的计算方法和准确度要求，保证财务数据的准确性和及时性，提高财务管理的效率和精度。

2. 提高内部控制的效果

财务核算制度的建立可以帮助企业建立科学的内部控制体系，规范财务核算流程，防范和控制内部控制风险，提高内部控制的效果。

3. 加强企业财务监督和管理

财务核算制度的建立可以加强企业的财务监督和管理，通过对财务数据的准确记录和分析，为企业的决策提供准确的财务信息和数据支持，促进企业健康发展。

4. 便于外部监管和审计

建立财务核算制度可以便于外部监管和审计的工作顺利开展，为企业与监管部门和审计机构之间的沟通和合作提供基础。

建立完善的财务核算制度对企业财务管理具有重要的作用，可以提高财务管理的效率和精度，加强企业内部控制，提高企业的信誉度和形象，便于外部监管和审计等方面的工作。

第五章　企业财务管理模式的实践应用

第一节　基于财务会计的企业财务管理模式实践应用基本情况

企业财务管理模式的实践应用范围涉及企业内部的所有财务管理环节，包括会计核算、财务分析、资金管理、成本控制等方面。

一、会计核算

会计核算是企业财务管理中的一个重要环节，对于企业的经营决策、投资决策和融资决策等具有重要的影响。企业财务管理模式的实践应用在会计核算方面可以帮助企业提高财务信息的准确性和及时性，实现财务数据的科学管理和规范化运作。以下是企业财务管理模式在会计核算方面的应用案例和具体实践。

（一）利用信息技术优化会计核算流程

企业可以利用信息技术优化会计核算流程，实现会计核算的自动化、数字化和规范化。企业可以采用财务管理软件或ERP系统等工具，实现财务信息的快速录入、分析和生成，避免了人工干预的环节，提高了财务信息的准确性和及时性。

例如，招商银行在会计核算方面采用了“一网通”财务管理系统，通过整合银行内部的财务数据，实现了财务数据的快速分析和统计，提高了财务信息的准确性和及时性。

1. 系统特点

（1）全面集成化

“一网通”系统集会计核算、现金管理、固定资产管理、成本管理等多种功能于一体，实现了财务管理流程的一体化和自动化。

（2）实时监控

“一网通”系统实时监控财务信息和资金流动情况，及时反馈企业财务状况，帮助企业做出更加准确和及时的经营决策。

（3）多维度分析

“一网通”系统具有多维度分析的功能，可以对企业的财务信息进行多方位的分析和比较，帮助企业发现问题、优化经营决策。

（4）灵活性和可扩展性

“一网通”系统具有灵活性和可扩展性，可以根据企业的需要进行定制化扩展，满足企业日益增长的财务管理需求。

2. 系统应用

（1）会计核算

“一网通”系统可以实现企业的会计核算工作，包括财务报表编制、科目余额调整、凭证管理、会计期结等功能，同时还支持外部报表和财务信息的查询和分析。

（2）资金管理

“一网通”系统可以实现企业的资金管理，包括现金流预测、资金汇划、票据管理等功能，实现了资金的安全、高效和便捷管理。

（3）成本管理

“一网通”系统可以实现企业的成本管理，包括成本核算、成本分析、成本控制等功能，帮助企业降低成本、提高利润。

（4）固定资产管理

“一网通”系统可以实现企业的固定资产管理，包括固定资产采购、入库、使用、折旧、报废等功能，实现了固定资产的科学管理。

3. 应用成效

招商银行采用“一网通”财务管理系统，实现了财务管理流程的自动化和信息化，提高了财务管理的效率和准确性。具体成效简要如下。

（1）优化财务管理流程，提高管理效率

“一网通”系统可以实现财务管理流程的自动化，减少了人工干预的环节，提高了财务管理的效率和准确性。招商银行通过“一网通”系统实现了财务信息的实时采集、处理和分析，大大缩短了财务处理时间，提高了财务管理效率。

（2）提高数据准确性和财务决策水平

“一网通”系统可以实现数据的实时采集和处理，减少了数据传输和处理的错误率，提高了数据准确性。招商银行通过数据的全面分析和综合评估，做出更加准确和合理的财务决策，提高了企业的竞争力。

（3）降低财务成本，提高企业效益

“一网通”系统可以实现财务流程的自动化，减少了人力成本和时间成本，降低了企业的财务成本。招商银行通过优化财务管理流程和提高财务管理效率，提高了企业效益。

（4）加强内部控制，提高风险管理水平

“一网通”系统可以实现内部控制和风险管理的全面监控，及时发现和解决内部控制和风险管理的问题，提高了企业的风险管理水平和内部控制效能。招商银行通过“一网通”系统，实现了内部控制和风险管理的有效监控和控制，确保了企业财务管理的稳健性和可持续性。

“一网通”财务管理系统的应用，为招商银行的财务管理提供了全面的支持和保障，提高了企业的财务管理效率和准确性，降低了财务成本，同时也加强了企业的内部控制和风险管理，提高了企业的风险管理水平和可持续发展能力。

（二）建立科学的会计核算制度和流程

企业应该建立科学的会计核算制度和流程，明确各项财务指标的计算方法和准确度要求，规范会计核算的流程，确保财务数据的准确性和及时性。对此，三一重工就是一个很好的范例。

1. 三一重工会计核算制度建立的背景

三一重工是中国领先的工程机械制造企业之一，拥有全球最完备的产品线，包括挖掘机、起重机、推土机、混凝土机械等，产品广泛应用于工程建设、矿山、港口、冶金、水利等领域。作为一家上市公司，三一重工需要建立健全的会计核算制度，以确保财务数据的准确性和及时性，为企业的发展提供有力的支持。

2. 三一重工会计核算制度的建立和实践

为建立完善的会计核算制度和流程，三一重工采取了以下措施。

（1）建立完善的会计核算制度

三一重工建立了完善的会计核算制度，明确了各项财务指标的计算方法和准确度要求，规范了会计核算的流程，确保财务数据的准确性和及时性。该制度包括财务管理制度、财务流程制度等多个方面，详细规定了企业财务管理的各个环节的职责、流程和标准。

（2）建立全面的财务管理流程图

为了明确各个环节的职责和工作流程，避免财务管理环节的重复和遗漏，三一重工建立了全面的财务管理流程图。该流程图详细描述了财务管理的各个环节的职责、流程和时间要求，使财务管理流程更加规范、高效和精准。

（3）实施财务管理系统的信息化建设

为了提高财务管理的效率和准确性，三一重工实施了财务管理系统的信息化建设。该系统采用先进的信息技术，实现财务流程自动化和信息化，减少了人工干预的环节，提高了财务管理的效率和准确性。

（4）建立内部审计机制

为了确保会计核算制度深度贯彻执行，三一重工建立了内部审计机制。该机制由专业的内部审计人员负责，通过内部审计和监督，发现财务管理流程中的漏洞和问题，及时采取相应的措施，提高了财务管理的精确度和透明度。

3. 三一重工会计核算制度建立的成效

通过建立完善的会计核算制度和流程，三一重工取得了以下成效。

（1）提高了财务管理水平和效率

三一重工建立了完善的会计核算制度和流程，明确了各项财务指标的计算方法和准确度要求，规范了会计核算的流程，确保了财务数据的准确性和及时性。这些措施使财务管理流程更加高效和规范化，提高了财务管理的水平和效率。

（2）增强了对公司经营情况的监控和分析能力

通过建立完善的会计核算制度和流程，三一重工可以更准确地获取和分析公司财务数据，进一步增强了对公司经营情况的监控和分析能力。这有助于公司制定更科学的经营战略和财务决策，提高企业的盈利能力和市场竞争力。

（3）加强了对内部控制的监督和管理

通过建立完善的会计核算制度和流程，三一重工可以更加有效地监督和管理内部控制，规范公司财务行为。这有助于避免财务风险和违规行为的发生，提高企业的内部控制水平和可持续发展能力。

（4）增强了公司形象和信誉度

通过建立完善的会计核算制度和流程，三一重工可以更准确地披露公司财务状况和经营成果，提高了公司的透明度和信誉度。这有助于增强投资者、合作伙伴和客户对公司的信任和支持，提高公司的声誉和形象。

三一重工建立完善的会计核算制度和流程，对提高企业的财务管理水平和效率、增强对公司经营情况的监控和分析能力、加强对内部控制的监督和管理以及增强公司形象和信誉度等方面都产生了积极影响。

（三）加强财务报表的公开透明度

企业应该加强财务报表的公开透明度，及时公布财务报告和财务指标，为股东和投资者提供准确的财务信息，增强企业的公信力和形象。

例如，中国移动每年都会公布财务报告和社会责任报告，详细介绍企业财务状况和经营成果，同时加强与投资者和社会公众的沟通和交流，提高了企业的公信力和形象。

1. 财务公开透明

（1）财务报告公开披露

中国移动每年都会公布财务报告，详细介绍企业的财务状况和经营成果。财务报告包括资产负债表、利润表、现金流量表等财务指标，全面展示企业的财务状况和经营情况。

（2）社会责任报告公开披露

除了财务报告外，中国移动还每年公布社会责任报告，详细介绍企业在经济、社会和环境方面的表现。社会责任报告包括企业社会责任政策、企业社会责任管理体系、企业社会责任成果等方面的内容。

（3）审计公正性

中国移动的财务报告经过独立审计，审计机构对企业财务报告的真实性和合规性进行审计和验证，保障了财务信息的准确性和公正性。

2. 与投资者和社会公众的沟通交流

（1）投资者关系管理

中国移动积极开展投资者关系管理，与投资者保持定期沟通和交流，及时回应投资者关切的问题。中国移动还在其官网上发布了投资者关心的信息，包括财务报告、投资者演示文稿、股东大会资料等，为投资者提供及时、准确的信息。

（2）社会公众沟通交流

中国移动积极开展与社会公众的沟通交流，通过多种渠道向公众传递企业信息和社会责任信息。中国移动还积极参与公益事业，通过公益活动向社会传递企业的责任和担当意识。

中国移动非常重视财务公开透明和与投资者、社会公众的沟通交流，以提高企业的公信力和形象。通过这些措施，中国移动在行业内取得了良好的声誉和口碑。

（四）强化会计准则的遵循和执行力度

企业应该强化会计准则的遵循和执行力度，确保会计核算的合规性和准确性。企业可以采用外部审计或内部审计等方式，对企业财务信息进行审计和检查，确保符合会计准则和相关法规要求。同时，企业还可以建立内部控制体系，对财务报表编制、审核和披露等环节进行监控，防范和发现财务风险和违规行为。另外，企业还应该持续关注国家和行业对会计准则的更新和修订，及时调整会计核算方法和流程，确保符合最新的会计准则和要求。此外，企业还应该加强会计人员的培训和管理，提高其遵守会计准则和法规的意识和水平。

1. 新会计准则对财务管理的影响

（1）影响财务管理的内容

新会计准则是建立在传统会计制度的基础上，对国内企业财务管理工作和财务管理工作中出现的问题进行改良，而形成的新型制度。因此，国企内部的财务人员在应用新会计准则时，要着重对比与传统会计制度之间的区别和差异，保证新会计准则的会计科目可以与公司内部的会计账目相匹配。在实行新会计准则过程中，为了促进公司内部会计工作与新准则的结合，需要调整公司内部的部分会计科目内容，来提高财务管理工作的适应性。将公司内部相应业务板块的经营者与公司的对赌投入分解为内部经营性固定资产管理投资，并增加相应明细专项的累计折旧等财务会计科目。会计人员可以根据公司的不同经营业务来合理区分会计账目中的科目，提高公司财务管理工作与新会计准则的适应性。应用新会计准则后，公司的财务管理工作效率就会得到明显的提升。公司还需要结合国家所颁布的新会计准则标准和账目设置具体细则，来对当前的财务管理工作进行合理优化，以使公司内部的会计工作更符合国家对于国企财务工作的要求。

（2）防范企业财务风险

新会计准则有利于降低企业财务风险，公司的风险管理部门需要应用新型的管理方法，对公司财务管理机制进行创新。公司需结合公司项目的原材料采购、生产制造、仓储等各个作业环节中的工作内容，来梳理工作环境中的风险，以此来为公司建立适合业务经营的风险管理机制，推动企业实现稳健经营，提高企业的风险防控能力。会计报表对于企业的财务管理工作具有重要的作用，在企业内部的财务管理工作中，会计人员会根据公司的具体状况，在每年度末出具会计报表，将会计报表提报至上级单位，以此来完成公司会计信息的汇报工作。在实行新会计准则后，新准则的部分条款要求会计报表部分科目如资产管理、存货知识产权等无形资产的内容产生一部分改变。因而，公司内部的会计人员需要认真地研读新准则，以此来防控企业的财务风险。

（3）对企业经营的影响

新会计准则的制定同时也会对企业的经营产生较大的影响。在新会计准则中取消了后进先出的计价方式，规定企业必须使用先进先出的方式来进行记录。这一规定对一些生产周期相对较长的企业会产生比较大的影响，最主要的是会影响其当期的利润。在这一形势下，这些企业需要转变自身的经营方式，避免对企业的利润造成影响。

2. 对策研究

（1）改进财务管理方法

公司在应用新会计准则过程中，需要结合公司内部的业务发展和公司的整体经济状况，来调整公司内部的财务管理方法。以新会计准则的要求为基础，优化公司内部的财务核算以及财务分析方法，同时也需要适当地调整公司会计科目内容，增加新准则所要求的会计科目内容，以促使公司内部的财务管理工作方法与新准则相匹配。新会计准则所提倡的财务管理方法，与当前国内公司应用的财务管理方式有类似之处，但是国企财务部门的会计人员还需要认真地研究新准则中提倡的新型财务管理方法，以及研究新准则中要求公司必须建立的会计科目。公司需要对当前财务管理方法进行优化，并组织财务部门的会计人员学习新会计准则提倡的财务理念和财务方法以及财务管理模式，并进行系统的研究分析。

（2）建立财务风险管理机制

在企业内部开展风险管理工作时，公司风险管理工作是财务工作的一个重要组成部分。风险会影响公司正常经营活动，因此，企业需要在内部组建风险管理部门，以此加强财务管理工作中的风险识别、风险处理和风险预防。结合新会计准则对于公司财务管理工作的风险管控要求，为公司制定系统的风险管理体系，同时公司需要着重培养财务部门的财务管理人才，提高会计人员的工作积极性。公司还需要定期聘请外部的财务培训机构给财务部门的会计人员开展财务管理的知识培训，将新会计准则内容融入培训计划中，加强会计人员对新准则的理解和认识。将风险理念渗透到会计人员的思想中，提高会计人员的风险防范意识，加强整个财务部门的风险管控能力。并结合公司内部的业务运行状况，对业务存在的风险进行系统地梳理分析，并建立风险管理机制。

财务部门还需要根据公司的资金使用状况，梳理资金运用过程中的风险，并建立资金超支使用的预警机制，进而降低公司内部资金管理风险。公司需要给财务部门设置专业的风险管理岗位，给风险管理人员制定工作职责，并赋予一定的管理权限，根据风险管理岗位的要求来配备优秀的人才，提高公司内部的风险管控能力。公司还需要定期考核财务管理人员对风险管理知识的掌握情况，检查其对财务管理工作风险预防情况。公司的内控管理部门需要应用 SWOT 的分析方法，来对公司内外部环境进行系统分析，并且研究行业政策以及竞争对手的具体情况。因此，根据公司业务发展过程中存在的不足以及企业潜在的发展机会，来为公司制订科学的内控体系。

（3）建立财务信息管理系统

要想在新会计准则下实现企业财务管理工作的创新，首先就需要将先进的信息化管理技术与财务管理工作相结合，利用目前的软件技术实现财务管理工作的创新。这一技术的运用可以很大程度上提高企业财务管理的真实性与资金运作的透明性，进而有利于企业整体管理水平的提高。另外，企业还需要创新投资的管理方式，调整投资范围，改变财务核算方式，提高透明度，最终实现企业财务管理能力的创新与改革。

（4）优化企业财务管理人员的工作环境

要想实现企业财务管理工作的创新与发展，还需要为财务管理人员提供一个更加良好的工作环境，使其可以高效地完成财务管理工作。企业内部需要创新管理方式，对现有的工作环境进行改善与优化，最大限度的发挥企业财务管理的有效性，充分协调好财务管理部门与审计部门、财政部门以及税务部门的关系，实现信息的共享与交流，为财务管理工作提供稳定和谐的工作环境。

会计核算是企业财务管理的基础和核心，企业应该重视会计准则的遵循和执行情况，确保财务信息的准确性和合规性。

二、财务会计分析

财务分析是企业财务管理中的重要环节，它可以帮助企业对财务状况进行深入分析和评估，为企业的经营决策提供重要依据。企业财务管理模式在财务分析中的应用，可以帮助企业更加准确地了解企业财务状况，制定更加科学的经营决策。下面就是企业财务管理模式在财务分析中的应用方法和成效：

（一）财务分析的方法

1. 财务比率分析法

财务比率分析法是指通过计算企业财务数据中各项指标之间的比率，对企业的财务状况进行分析和评估的方法。通过比较企业不同时间段和同行业其他企业的财务比率，可以得出企业财务状况的优劣和趋势，为企业的经营决策提供依据。以下是该方法的详细介绍。

（1）流动比率

流动比率是衡量企业偿付短期债务能力的指标，其计算公式为：

流动比率 = 流动资产/ 流动负债

流动比率越高，说明企业偿债能力越强，具备更好的短期偿债能力。

（2）速动比率

速动比率是衡量企业在不考虑存货的情况下偿付短期债务能力的指标，其计算公式为：

速动比率 =（流动资产- 存货）/ 流动负债

速动比率越高，说明企业在不考虑存货的情况下偿债能力越强，具备更好地短期偿债能力。

（3）现金比率

现金比率是衡量企业在不考虑存货和应收账款的情况下偿付短期债务能力的指标，其计算公式为：

现金比率 =（货币资金 + 短期投资）/ 流动负债

现金比率越高，说明企业在不考虑存货和应收账款的情况下偿债能力越强，具备更好的短期偿债能力。

（4）资产负债率

资产负债率是衡量企业资产融资比例和债务风险的指标，其计算公式为：

资产负债率 = 总负债/ 总资产

资产负债率越低，说明企业资产融资比例越低，债务风险越小。

（5）长期资产与长期负债比率

长期资产与长期负债比率是衡量企业长期资金运作状况的指标，其计算公式为：

长期资产与长期负债比率 = 长期资产/ 长期负债

长期资产与长期负债比率越高，说明企业长期资金运作状况越好。

（6）净资产收益率

净资产收益率是衡量企业盈利能力的指标，其计算公式为：

净资产收益率 = 净利润/ 净资产

净资产收益率越高，说明企业在利用资产获得收益方面效率更高，资本回报率更高，具有更好的盈利能力。

（7）总资产周转率

总资产周转率是衡量企业资产运营效率的指标，其计算公式为：

总资产周转率 = 营业收入/ 总资产

总资产周转率越高，说明企业在利用资产方面更加高效，资产的利用效果更好。

以上是财务比率分析中常用的指标，企业可以根据自身情况选择合适的指标进行分析和评估。通过财务比率分析，企业可以全面了解自身财务状况和经营情况，为企业的经营决策提供科学依据。

2. 财务趋势分析法

财务趋势分析法是指通过比较企业不同时间段的财务数据，分析企业的财务趋势和发展方向的方法。通过分析企业财务数据的增长率、变动趋势等指标，可以了解企业的财务发展趋势，为企业的经营决策提供参考。该方法主要包括水平分析和垂直分析两种方法。

（1）水平分析

水平分析又称为横向分析，是通过比较企业在不同时间段内的财务状况，以及同一时间不同账期内的财务状况，了解企业财务状况的变化趋势。

水平分析的方法主要包括：第一，数值分析法。数值分析法是通过计算不同年份或账期间的财务数据差额和变化率，了解企业财务状况的变化趋势。例如，企业可以通过计算不同年份的财务数据差额和变化率，了解企业在不同年份内的财务状况的变化趋势。第二，趋势分析法。趋势分析法是通过比较企业在不同时间段内的财务数据，了解企业财务状况的变化趋势。例如，企业可以通过比较不同年份的财务数据，分析企业财务状况的变化趋势以及预测未来财务状况的趋势。

（2）垂直分析

垂直分析又称为纵向分析，是通过比较企业财务数据中各项指标的比例和占比，来了解企业财务状况的变化趋势。

垂直分析的方法主要包括：第一，比例分析法。比例分析法是通过计算企业各项财务指标之间的比例，了解企业财务状况的变化趋势。例如，企业可以通过计算负债占资产比率、资产周转率、毛利率等指标，了解企业在不同时间段内的财务状况的变化趋势。第二，结构分析法。结构分析法是通过计算企业各项财务指标在总资产中所占的比例，了解企业财务状况的变化趋势。例如，企业可以通过计算资产负债表中各项指标所占总资产的比例，了解企业在不同时间段内的财务状况的变化趋势。第三，基期分析法。基期分析法是通过将某一时期的财务指标作为基期，对比其他时间段的财务指标，以此了解企业财务状况的变化趋势。例如，企业可以选择某一年度作为基期，通过对比其他年度的财务指标与基期相比的增减情况，了解企业在不同时间段内的财务状况的变化趋势。

垂直分析的优点是能够深入了解企业财务状况的变化趋势，对企业管理决策提供有价值的信息。同时，垂直分析计算简单，易于操作。

但是，垂直分析也存在一些缺点，如不能全面反映企业的财务状况，只能针对某些方面进行分析，容易受到单一指标的影响。此外，垂直分析只能反映企业内部的变化趋势，不能反映外部的影响因素。因此，企业在使用垂直分析时，需要结合其他分析方法综合考虑。

3. 财务报表分析法

财务报表分析法是指通过对企业财务报表中各项数据的分析，对企业财务状况进行评估的方法。包括资产负债表分析、利润表分析、现金流量表分析等，通过对各项财务数据的分析，了解企业的资产、负债、收入和现金流动情况，为企业的经营决策提供依据。以下是具体的分析方法：

（1）资产负债表分析

资产负债表是反映企业财务状况的重要财务报表之一，包括企业的资产、负债和所有者权益等内容。资产负债表分析的重点是企业的偿债能力、资产结构和资本结构等方面。

偿债能力分析：偿债能力是企业的重要财务指标之一，通过对企业的资产负债表进行分析，可以了解企业的偿债能力。主要包括以下几个指标：第一，流动比率。流动比率是企业流动性指标的重要指标之一，计算公式为：流动比率 = 流动资产 / 流动负债。流动比率越高，说明企业的流动性越好，具有更好的偿债能力。第二，速动比率。速动比率又称为“酸性测试比率”，是企业流动性指标的另一个重要指标，计算公式为：速动比率 =（流动资产－存货）/ 流动负债。速动比率越高，说明企业的流动性越好，具有更好的偿债能力。第三，资产结构分析。资产结构是反映企业资产构成的指标，通过对企业资产负债表进行分析，可以了解企业的资产结构。主要包括以下几个指标：

资产负债率：资产负债率是企业资本结构的重要指标之一，计算公式为：资产负债率 = 负债总额 / 资产总额。资产负债率越低，说明企业的资本结构越稳健，具有更好的财务健康状况。

固定资产比率：固定资产比率也是企业资产结构的重要指标之一，计算公式为：固定资产比率 = 固定资产 / 总资产。固定资产比率越高，说明企业的资本投入越多，经营风险就越大。

（2）利润表分析

利润表是反映企业经营成果的重要财务报表之一，包括企业的收入、成本和利润等内容。利润表分析的重点是企业的盈利能力和利润构成情况。

利润表分析的方法主要包括：第一，毛利率分析法。毛利率是指企业销售收入减去销售成本后的余额占销售收入的比例。毛利率的高低直接反映企业的盈利能力和成本控制水平。企业可以通过比较不同时间段的毛利率变化，了解企业经营状况的变化趋势。第二，净利润率分析法。净利润率是指企业净利润占营业收入的比例，是评价企业盈利能力的重要指标。企业可以通过比较不同时间段的净利润率变化，了解企业盈利能力的变化趋势。第三，成本费用利润率分析法。成本费用利润率是指企业利润总额占营业收入的比例，是评价企业综合经营能力的重要指标。企业可以通过比较不同时间段的成本费用利润率变化，了解企业经营综合能力的变化趋势。第四，利润构成分析法。利润构成分析是通过分析企业利润中各个组成部分的变化情况，了解企业利润构成的情况。企业可以通过分析销售收入、销售成本、营业费用等各项指标的变化情况，了解企业利润构成的变化趋势，为企业的经营决策提供参考。

（二）应用成效

1. 提高了经营决策的科学性

通过财务分析，企业可以了解其财务状况的优劣和趋势，为企业经营决策提供更加科学的依据，同时可以及时发现和解决财务问题，从而提高企业的经营效率和盈利能力。具体包括以下方面：

（1）了解企业财务状况的优劣和趋势

财务分析可以帮助企业了解自身的财务状况的优劣和趋势，比如企业的资产负债状况、盈利能力、现金流等。这些指标是企业经营过程中重要的参考指标，可以帮助企业及时调整战略和经营方向，以实现效益最大化。

（2）为企业经营决策提供参考依据

财务分析可以为企业经营决策提供科学的参考依据。企业可以通过财务分析的结果，对现有的经营战略进行优化和调整，制订更加合理的经营计划，减少经营风险，提高经营效益。

（3）及时发现和解决问题

通过财务分析，企业可以及时发现和解决财务方面的问题。如果企业的某个财务指标出现异常或不符合预期，企业可以通过财务分析及时发现问题的根源，并采取相应的措施进行解决，以保证企业的正常运营和可持续发展。

2. 帮助企业发现问题并及时采取措施

通过财务分析，企业可以发现财务状况存在的问题，并及时采取相应的措施加以解决。财务分析可以帮助企业发现以下问题。

（1）企业盈利能力不足

通过分析企业的利润表和财务比率等指标，可以判断企业的盈利能力是否足够。如果企业的利润率较低，或者是其他利润指标的表现不佳，就需要及时采取措施，提高企业的盈利能力。

（2）企业偿债能力不足

通过分析企业的资产负债表和财务比率等指标，可以判断企业的偿债能力是否足够。如果企业的负债占比较高，或者其他偿债指标的表现不佳，就需要及时采取措施，增强企业的偿债能力。

（3）企业资金周转不畅

通过分析企业的资产负债表和现金流量表等指标，可以判断企业的资金周转是否畅通。如果企业的流动资产占比较低，或者其他资金周转指标的表现不佳，就需要及时采取措施，加强企业的资金管理。

（4）企业成本控制力度不强

通过分析企业的成本构成和成本比率等指标，可以判断企业的成本控制是否充分。如果企业的成本比率较高，或者其他成本指标的表现不佳，就需要及时采取措施，加强企业的成本控制和管理。

在发现上述问题的基础上，企业可以及时采取相应的措施，例如调整经营策略、优化生产流程、改进管理制度、降低成本等，从而改善企业的财务状况和经营效益。

总的来说，财务分析可以帮助企业及时发现问题并采取措施加以解决，从而实现财务管理的科学化、规范化和高效化，提高企业的盈利能力和市场竞争力。

3. 帮助企业制定经营策略和规划

通过财务分析，企业可以了解市场竞争状况和行业发展趋势，进而制定相应的经营策略和规划。比如，企业可以通过行业比较分析法，了解行业内各家企业的财务状况和经营策略，为企业的市场定位和竞争策略提供参考。

（1）帮助企业识别市场机会和威胁

财务分析能够帮助企业了解自身财务状况和竞争对手的财务状况，从而识别市场机会和威胁。企业可以通过财务分析，了解自身的财务优劣势和潜在风险，从而调整经营策略，把握市场机会，避免市场风险。

（2）帮助企业制定长期经营规划

财务分析能够为企业制定长期经营规划提供重要的参考和支持。企业可以通过财务分析，了解自身财务状况和经营状况的变化趋势，以及所处的行业发展趋势，从而为未来的经营规划提供依据。例如，企业可以通过利润率和资产回报率等指标，评估自身的盈利能力和资产利用效率，为未来的资本配置和资产投资提供相应的指导。

（3）帮助企业优化经营结构和业务模式

财务分析能够帮助企业优化经营结构和业务模式。企业可以通过财务分析，了解不同业务板块的收入和利润贡献，以及不同产品线的成本和盈利情况，从而优化经营结构和调整业务模式。例如，企业可以通过成本利润率和净利润率等指标，评估不同产品线的盈利能力和成本结构，决定是否保留或调整不利的产品线。

（4）帮助企业制定财务预算和控制

财务分析能够帮助企业制定财务预算和控制，为企业的财务管理提供重要的依据。企业可以通过财务分析，了解过去的财务状况和发展趋势，为未来的财务预算提供相应的指导。同时，企业还可以通过财务分析，及时发现财务问题并采取相应的控制措施，确保财务目标的实现。

财务分析能够帮助企业制定经营策略和规划，提高企业的经营效益和竞争优势，具有重要的实践应用价值。

4. 提高企业的融资能力和融资效率

通过财务分析，企业可以提高自身的融资能力和融资效率，比如通过财务报表分析法，提高企业的信用评级，降低融资成本；通过财务指标分析法，提高企业的偿债能力，增强债券发行的市场竞争力等。具体来说，包括一些常见的财务分析方法。

（1）债务分析

债务分析是评估企业融资需求和融资能力的重要方法。债务分析主要关注企业的债务水平和偿债能力，包括总负债比率、流动比率、速动比率、利息保障倍数等指标。企业可以通过债务分析来了解自身的债务水平和偿债能力，以便制订相应的融资计划和策略。

（2）股权分析

股权分析是评估企业融资需求和融资能力的另一重要方法。股权分析主要关注企业的股本结构和股权变化，包括股本总额、股本比例、股本结构、流通股比例、股票价格等指标。企业可以通过股权分析来了解自身的股本结构和股权变化，以便制订相应的融资计划和策略。

（3）财务比率分析

财务比率分析是评估企业融资需求和融资能力的常用方法。财务比率分析主要关注企业的盈利能力、偿债能力、成长能力等指标，包括净资产收益率、资产负债率、流动比率、速动比率、毛利率等。企业可以通过财务比率分析来了解自身的财务状况和经营成果，以便制订相应的融资计划和策略。

（4）现金流量分析

现金流量分析是评估企业融资需求和融资能力的重要方法之一。现金流量分析主要关注企业的现金流入和现金流出情况，包括经营活动现金流量、投资活动现金流量和筹资活动现金流量等指标。企业可以通过现金流量分析来了解自身的现金流量情况，以便制定相应的融资计划和策略。

5. 提高投资者的信任和参与度

通过财务分析，企业可以提高投资者对企业的信任和参与度，加强企业的股东关系管理。企业可以向投资者公开披露企业的财务状况和经营成果，提高企业的透明度和公信力。同时，企业可以通过财务报告的分析和解读，向投资者说明企业的经营策略和规划，加强与投资者的沟通和交流。具体而言，企业可以通过以下方式提高投资者的信任和参与度：

（1）公开透明的财务信息披露

企业应该积极公开透明的财务信息，包括财务报表、财务指标、经营情况等。企业可以通过定期公布财务报告、社会责任报告等方式，向投资者展示企业的财务状况和经营成果，以增强投资者对企业的信任。

（2）规范的财务管理制度

企业应该建立规范的财务管理制度，确保财务管理的合规性和准确性。企业可以通过建立完善的会计核算制度和流程、强化财务报告的审核和审计等方式，提高财务管理的透明度和准确性，增强投资者对企业的信任。

（3）积极履行社会责任和环保行动

企业应该积极履行社会责任，开展环保行动和社会公益活动。通过积极履行社会责任，企业可以提高公众对企业的认可和信任度，增强投资者对企业的信任。

（4）积极与投资者交流和沟通

企业应该积极与投资者交流和沟通，向投资者展示企业的发展战略和规划，了解投资者的意见和建议。例如企业可以通过定期举办投资者沟通会议、开展投资者关系管理等方式，与投资者保持良好的沟通和互动，增强投资者对企业的信任和参与度。

企业通过实践应用现代化财务管理模式，可以提高投资者的信任和参与度，增强企业的融资能力和融资效率，促进企业的发展。

企业财务管理模式在财务分析方面的应用，可以帮助企业制定科学的经营策略和规划，优化资本配置和资金运营，提高企业的融资能力和融资效率，同时加强企业的透明度和公信力，提高投资者对企业的信任和参与度，对企业的可持续发展具有重要的意义和价值。

三、成本控制

企业的成本控制是企业财务管理中的重要组成部分，它涉及企业的生产经营、财务状况和市场竞争力等多个方面。

（一）企业财务管理模式在成本控制方面的应用

随着市场竞争的日益激烈，企业面临的压力越来越大，成本控制成了企业必须要面对的问题之一。在这种情况下，企业财务管理模式的应用，尤其是在成本控制方面的应用，可以帮助企业降低成本、提高效率、增强竞争力，进而实现可持续发展。以下将从优化供应链管理、提高生产效率、控制经营风险等方面详细阐述企业财务管理模式在成本控制方面的应用。

（二）优化供应链管理

供应链管理是企业生产经营过程中一个重要的环节，它的优化可以降低企业生产成本、提高生产效率。企业财务管理模式在优化供应链管理方面的应用主要包括以下七个方面：

1. 采用物流技术和信息化手段

企业可以采用物流技术和信息化手段来优化供应链管理，降低成本。例如，企业可以通过建立供应链管理系统，实现采购、生产和销售等各个环节的信息共享和协同，提高供应链管理的效率和精度。

此外，企业还可以采用物联网技术，对供应链进行实时监控和调整，提高供应链管理的灵活性和响应速度，减少库存和物流成本。

2. 优化供应商管理

企业可以通过优化供应商管理来降低采购成本。具体来说，企业可以通过建立供应商评估体系，对供应商的资质、质量、交货期等方面进行评估和筛选，选择合适的供应商进行合作，提高采购效率和质量，降低采购成本。

此外，企业还可以通过与供应商合作，实现共同发展和优势互补，降低企业生产成本，提高企业竞争力。

3. 提高仓储管理效率

企业可以通过优化仓储管理，降低库存成本。具体来说，企业可以采用智能化仓储设备和管理系统，实现仓库内物品的自动化存储和管理，提高仓储的效率和精度。

此外，企业还可以通过实施先进的物料管理和计划系统，对库存量和需求量进行实时监控和调整，减少库存积压，降低库存成本，并提高资金周转率。

4. 优化生产流程

企业可以通过优化生产流程，降低生产成本。具体来说，企业可以采用精益生产、物流流程优化和全面质量管理等方法，提高生产效率和质量，降低生产成本。

此外，企业还可以通过提高员工技能和运用自动化生产设备，来实现生产过程的标准化和优化，提高生产效率和质量，降低生产成本。

5. 控制物流成本

企业可以通过控制物流成本，降低企业总成本。具体来说，企业可以采用物流优化、仓库管理和运输协调等手段，降低物流成本。例如，企业可以通过与物流企业合作，实现物流资源的共享和优化，从而降低物流成本。

此外，企业还可以通过采用节能减排、环保材料和包装等方法，降低物流环节的成本，提高企业形象和社会责任感。

6. 建立成本管理体系

企业可以通过建立成本管理体系，实现对成本的全面控制和优化。具体来说，企业可以建立成本核算和分析体系，对各项成本进行分类和分析，找出成本控制的瓶颈和关键点，制定相应的成本控制措施。

此外，企业还可以建立成本预算和成本控制指标体系，对企业的成本进行管理和控制，实现成本与收益的平衡。

7. 加强成本意识和管理能力培养

企业可以加强成本意识和管理能力培养，提高员工对成本管理的重视。具体来说，企业可以开展成本管理知识和技能培训，提高员工对成本管理知识的理解和掌握。

此外，企业还可以采用激励措施和绩效考核等方式，鼓励员工对成本控制和优化提出建议和方案，共同推动企业成本控制的实现。

（三）应用成效

通过优化供应链管理和成本控制，企业可以取得以下成效。

1. 降低生产成本，提高企业效益

通过优化供应链管理和成本控制，企业可以降低生产成本，提高企业效益。例如企业可以通过优化采购、生产、仓储和物流等环节，降低生产成本，提高产品质量和生产效率，以此达到提高产品竞争力的目的。

2. 提高企业竞争力

通过优化供应链管理和成本控制，企业可以提高竞争力。优化供应链管理可以提高供应链的效率和精度，减少采购成本、生产成本和物流成本，提高企业的生产效率和质量，增强企业的市场竞争力。

3. 提高企业经营风险管理能力

通过优化供应链管理和成本控制，企业可以提高自身的经营风险管理能力。优化供应链管理可以降低企业采购成本、生产成本和物流成本，降低企业的经营风险，提高企业的资产质量和财务稳健性。

4. 优化客户服务

通过优化供应链管理和成本控制，企业可以提高客户服务质量。优化供应链管理可以提高生产效率和产品质量，优化客户服务可以提高客户满意度和忠诚度，增强企业与客户之间的合作关系，提高企业的品牌形象和市场竞争力。

5. 促进可持续发展

通过优化供应链管理和成本控制，企业可以促进可持续发展。优化供应链管理可以减少资源浪费和能源消耗，提高企业的环境保护意识和社会责任感，促进企业的可持续发展。

企业财务管理模式在优化供应链管理和成本控制方面的应用，可以帮助企业降低生产成本、提高生产效率和产品质量，增强企业的竞争力和经营风险管理能力，促进可持续发展。

第二节　企业财务管理模式的实践应用案例分析

目前，许多企业都在积极推行财务管理模式的实践应用。例如，JD 通过优化财务流程、降低成本等方式，提高了企业效益；DF 汽车公司把绿色发展理念作为“指挥棒”，加快转型升级，将绿色环保、节能减排、社会责任等纳入自身发展战略；HW 通过建立全面的财务透明体系、强化内部控制等方式，保障了企业财务安全和稳定性。

案例一：企业数据化与财务管理模式的案例

JD 是一家以电商为主的综合性企业，在不断发展壮大的同时，也在不断创新和改进自己的财务管理模式，以适应市场和企业自身的需求。以下通过 JD 的实践案例，详细探讨其财务管理模式的实践应用。

（一）JD 财务管理模式的基本概述

JD 的财务管理模式以“风险管理、成本管理、效率管理、资产管理和财务管理创新”为核心，通过优化流程、降低成本、提高效率等方式，实现财务管理的协同和优化。

风险管理方面，JD 注重内部控制和风险管理，采用严格的财务审计机制和风险管理流程，确保财务风险的及时识别和有效控制。

成本管理方面，JD 注重成本控制，通过建立成本管理体系、优化供应链管理、加强采购管理等方式，降低企业成本。

效率管理方面，JD 注重流程优化和信息化建设，采用先进的 IT 技术，对企业的财务流程进行优化和升级，提高财务管理效率。

资产管理方面，JD 注重资产的有效配置和利用，建立健全的资产管理体系和规范的资产管理流程，最大限度地提高资产利用效率和价值。

财务管理创新方面，JD 注重创新财务管理模式，提高财务管理的精准度和智能化水平，通过数据挖掘和智能化分析等方式，提高财务决策的精准性和科学性。

（二）JD 财务管理模式的实践应用案例

JD 作为中国领先的电商平台之一，在财务管理方面有着先进的管理模式和实践经验。本文将从财务流程优化、成本控制、数据管理和社会责任等方面，对 JD 财务管理模式的实践应用进行详细分析。

1. 财务流程优化

JD 通过建立财务中心，实现集中式管理，统一规划、协调和监控企业财务管理流程，提高了财务管理效率。JD 财务中心负责 JD 集团的财务管理和控制，包括财务规划、会计核算、财务分析、资金管理等各项工作。同时，为了提高工作效率和质量，JD 采用了智能化财务管理系统，实现了财务流程的自动化，包括自动化采购、自动化对账、自动化结算等各个环节。减少了人工干预的环节，提高了财务管理效率和精度。

2. 成本控制

为了降低企业成本，JD 采取了多种措施。一方面，JD 通过优化供应链管理和采购管理，降低了企业成本。例如，JD 采用“无人机 + 人工智能”的技术，优化了物流配送流程，提高了配送效率和精度，降低了配送成本。此外，JD 还优化了采购管理流程，加强了供应商管理和谈判能力，降低了采购成本。

另一方面，JD 通过精细化管理，提高了成本控制能力。例如，JD 采用数据挖掘和智能化分析等方式，对企业的各项经营数据进行分析和预测，帮助企业合理制定成本控制策略，提高了成本控制能力。

3. 数据管理

为了实现更好的财务管理，JD 建立了全面的数据管理体系，通过数据分析和挖掘，优化了企业财务管理流程。JD 通过自主研发的大数据分析平台，对企业内部各类数据进行整合和分析，帮助企业做出更准确的经营决策。同时，JD 还建立了数据共享平台，实现了数据的共享和交流，提高了企业内部的协作效率和决策效果。

JD 的数据管理体系主要包括以下三个方面：

（1）数据整合和分析

JD 通过自主研发的大数据分析平台，对企业内部各类数据进行整合和分析。该平台可以对 JD 平台上的订单、用户、商品等数据进行深入挖掘，通过数据模型的建立，帮助企业发现隐藏在海量数据中的商业价值和机会。例如，JD 可以通过数据分析预测销售趋势，提前制定促销计划和采购计划，从而优化资金利用和供应链管理，从而降低企业成本。

（2）数据共享和交流

为了实现数据共享和交流，JD 建立了数据共享平台。通过这个平台，不同部门和岗位的人员可以共享和交流企业的数据资源，实现了企业内部的协作和共同决策。例如，财务部门可以向采购部门提供数据支持，帮助采购部门做出更好的采购决策；采购部门可以向财务部门提供采购数据，帮助财务部门进行成本控制和资金管理。

（3）数据安全和隐私保护

为了保护企业的数据安全和隐私，JD 建立了严格的数据安全管理体系。JD 对企业内部的各类数据进行加密和备份，防止数据泄漏和丢失。此外，JD 还遵循相关的法律法规和行业标准，保护企业和用户的隐私权，避免数据滥用和侵权行为的发生。

通过完善的数据管理体系，JD 实现了财务管理和经营决策的智能化和高效化，提高了企业的竞争力和市场占有率。

案例二：企业社会责任与财务管理模式的案例

下文以 DF 汽车为例，探究绿色生态发展模式对于企业社会责任的影响，以及对企业财务的影响。

（一）企业社会责任与绿色生态发展理念的关系

企业社会责任的概念经历了很多不同的发展阶段，其定义也一直随着时代的发展在变化。从 20 世纪 70 年代起，越来越多的研究推翻了企业的社会责任就是“追求利润最大化”的观点。人们逐渐意识到企业不仅要为股东的投资提供一定的利润回报，也要主动地承担保护环境等社会责任。

近几年，我国强调要建设资源节约型以及环境友好型社会。国家制定的这种发展方向要求企业也必须积极地承担相应的社会责任，尤其是对环境污染的责任。根据国家环保局在2012年的统计资料，我国大部分的温室气体和污染物是由企业在生产过程中产生的，特别是中小企业的生产活动。随着国家碳中和理念的提出，绿色发展理念已经变成企业获得持续发展的重要战略工具。以往的企业并不会花费多余的资金对绿色生态理念进行投资。然而，在目前环保主义的推动下，消费者的环保意识显著增强。因此，企业是否承担社会责任决定了企业的声誉以及消费者的认可程度，也决定了企业未来是否能够获得更长远的发展。

环境问题在一定程度上减缓了我国进行产业升级的节奏，对我国的经济发展造成了阻碍。此外，环境问题严重降低了消费者的幸福指数，对人民的健康问题也形成了负面影响。在习近平新时代中国特色社会主义思想的指导下，人民树立了“绿水青山就是金山银山”的理念。因此，能否主动承担社会责任并且采用国家政策倡导的绿色发展模式，逐渐受到了越来越多想要进行产业升级的企业的管理层的重视。

由于企业是一种营利性机构，不同于社会上的公益性组织，企业的主要目标是为股东负责，为股东的投资带来丰厚的回报，从而吸引到更多的投资来抬高公司的股价。但是，企业也不能只追求超额收益而不重视其需要承担的社会责任。在全球可用的资源越来越少、温室气体排放量逐年增加的背景下，人们都在呼吁企业在生产过程中重视环保问题，减少碳排放并且承担相应的社会责任。

国家为了进一步促进企业更好地实施绿色生态发展模式的理念，也推出了碳排放权交易的政策。2021年7月中旬，上海环境能源交易所公布了碳排放权交易市场的交易规则；2021年7月16日，全国碳排放权交易市场在上海开始了正式交易。在该政策的鼓励下，企业从各个渠道获取的碳排放权在会计上都可以视为一项特殊资产。这项新政策让企业的管理层对于碳会计更加的重视，并且开始培养自己的碳会计，从而对企业中与碳排放相关的生产经营活动进行全面的核算和报告。

（二）DF汽车的绿色创新财务措施与社会责任实施情况分析

1. DF汽车的背景介绍

DF汽车股份有限公司是由中国证监会批准，在1999年采取公开募集的方式在A股上市的产业。企业的总部设立在WH市。企业的理念是全面贯彻科学发展观，并且大力推进可持续发展理念。此外，DF汽车不仅入围了世界500强企业，而且是中国4大汽车集团之一，在汽车制造方面拥有成熟的生产链。主营的业务包含制造发动机、汽车的零部件、乘用车和商用车。其中，中型卡车和重型卡车、SUV、中型客车的销售量在国内位居前列。

在国家倡导双碳政策，进行绿色的可持续发展模式的背景下。DF汽车也在新能源汽车领域进行了资金的投入。目前，其生产的新能源汽车在商务用车和城市公交车领域都得到了市场的认可，并在油电混合动力车和纯电动车的一些关键技术研发上获得了多项专利。在生产制造环节产生的碳排放进一步减少，为湖北省的绿色生态发展贡献了一定的力量。

2. DF 汽车的社会责任履行情况

DF 汽车总体秉承对社会负责、对消费者负责的态度。近几年在国家大力推广碳中和、碳达峰理念的背景下，DF 汽车积极承担环保的社会责任并且继续推动绿色化转型，将资源投入新能源汽车的研发和推广上。此外，DF 汽车旗下的很多子公司也开始大量投入资金，开展 VOCs 废气排放治理，践行对环境保护的社会责任。DF 汽车建立了改善环境与节约资源的企业发展的核心价值观。公司认为进行绿色化转型，减少碳排放是企业应当承担的社会责任。DF 旗下的 DF 日产从成立时就提出了“人、车、环境的和谐统一”的环保理念。

3. DF 汽车的绿色发展的财务措施及产生的效益

DF 汽车的管理层投入了大量资金，对原有的管理体系进行了优化。设置了绿色工厂，绿色产业链，并且设立了新的绿色制造管理标准。生产过程中的绿色环保水平得到了很大程度的提升。比如，通过绿色研发改造了原来的轻卡车的生产工艺，实现了轻卡车制造的水量减半；通过改造涂装车间，使用油改水的喷漆工艺，从源头减少了废气的排放；改造了原有的车间照明系统，替换为新的绿色的车间照明设备，每年可以节约电费成本 70 余万；改造原来的废热利用系统，每年可以节约蒸汽费用 100 万元。这让 DF 汽车的净利润获得进一步提升。

此外，2012 年 DF 汽车提出了建设“碳平衡”生态经济林的计划，并且在次年种植了近万亩的生态经济林，陆续投入了 600 万元。公司对这些绿色环保项目的投资，抵消了工厂一部分的碳排放。该生态林每年可吸收 500 ~ 1000 吨二氧化碳。DF 汽车还在 WH 成立了“WHDF 淘汰黄标车绿色奖励基金”，以此激励车主主动淘汰耗能高且效率低的车。

这些项目的投资，不仅获得了良好的社会效益，也让 DF 汽车生产过程的成本进一步降低。其中，污泥含水率降低了 50%，这让每年的污泥处理费和运行维护费的成本可以降低 150 万元左右。这些举措还让 DF 汽车公司获得了“上市公司年度最佳公益实践奖”。这些措施在市场上的反馈良好，越来越多的投资者开始看好这家公司，DF 汽车也在资本市场上获得了更多的投资。

在新能源汽车的战略布局上，DF 汽车提出了“绿色 2022 计划”。制造的新能源汽车以绿色和智能作为主要研发点。DF 汽车计划投入大量资金，在三年内将新能源车的关键零部件做到百分百的国产化，并且将新能源车销售占比提高到 30%。近几年由于 DF 汽车的管理层对于新能源汽车的资源投入，DF 的新能源汽车的销量也出现了大幅上涨。2021 年，公司汽车销量再创新高，达到 18.27 万辆，同比增长 6.56%。其中，新能源汽车的销量实现了大幅上涨，达 14442 辆，同比增长 100.92%。同时，由于 DF 汽车近几年对生产过程的绿色化改造，也让其新能源汽车的毛利率逐年上升。

DF 汽车的绿色化转型成功，不仅取决于管理层对于绿色转型的重视，更取决于财务核算方法的改变。近几年，碳会计在帮助企业的绿色化转型的过程中也发挥了巨大的作用，因其与传统的会计核算方法存在一定的差异。DF 汽车也在湖北省政府的节能减排的要求下，培养适应绿色化转型需要的碳会计，并且探索如何在碳排放权交易市场上获得额外的利润。可以说，目前的碳排放权交易市场以及绿色生态发展模式，对于企业原有的财务管理理念会产生颠覆性的变化。

（三）绿色生态发展模式对企业财务模式的影响

目前的企业会计主要是基于传统的经济发展模式构造的，主要强调货币计量。并且侧重于企业个体或者企业集团，更强调投入产出比等直接效益和短期利润的核算。但是，如果仅仅用盈利能力的强弱来衡量企业，极容易导致企业不考虑环境成本，不重视生产经营过程中对社会资源的占用。还会导致企业想尽一切办法把资产负债表和利润表“做”得好看一点，从而提升自己的股价来换取短期的超额收益。

由于没有考虑到环境成本，这就导致传统会计在核算过程中使用到的成本核算方法并不准确。可能会出现企业虚增利润的情况，让财务报表的使用者获得的信息不准确，增大了财务报表使用者的风险。总之，传统的会计主要核算和反映的是某个企业的经济活动。对企业生产经营过程中产生的环境问题并不会单独地对其进行确认报告和计量，也不会在财务报表上体现。因此，从绿色发展的角度来看，传统企业会计是存在不足的。

为了在政策上进一步激励企业，让更多的企业获得绿色生态发展模式的转型动力。国家做出了建立全国统一碳排放交易市场的决策，这是一项重大的政策和制度创新，因为碳排放权交易价格由市场机制决定，这就让市场的价格机制起到了调节作用，也有利于减少温室气体的排放，激励企业进行绿色生态发展模式的转型。2021 年 7 月 16 日，我国在武汉、上海、北京正式开始了全国碳排放权市场的交易。首次纳入了超过 2000 家的重点排放单位，主要包含高耗能、高排放的企业，如水泥、化工、钢铁等企业。全国碳排放权交易市场在实施过程中收获了良好的社会效益，很大程度上减少了碳排放。在 2022 年 1 月第一个履约周期顺利结束后，累计成交金额为 76 亿元。

在绿色生态发展模式的背景下，大部分企业都选择了节能减排生产，并且需要向当地的监管机构提交温室气体的详细的排放报告。如果超过政府配额的碳排放，就需要在市场上进行碳排放权交易来弥补企业因超额的排放而形成的缺口。如果实际排放量低于配额，企业就可以在碳排放交易市场上卖出自身节约下来的份额来获取额外的利润。

在这样新的交易背景下，传统会计的核算方法和理论并不能满足企业的需求。这就推动了碳会计的发展。因为碳排放权同时具备无形资产、金融资产和存货的某些属性，所以是一种比较特殊的资产。因此，碳会计用货币计量和非货币计量这两种方法同时进行核算。企业在碳排放权交易市场上可以取得“核证自愿减排量”以及“碳配额”这两种碳排放权。通过对碳排放权的使用、购买和出售等行为进行核算，然后通过特定的会计方法全面系统地反映企业的碳排放信息。并在财务报表的附注中对企业的温室气体的排放情况进行披露，帮助财务报表的使用者获得全面的企业环境成本的信息。

政府为了更加精细化地管理碳排放权市场，从而实现绿色生态发展模式的目的，对碳排放权进行了初始的分配。如果企业能优化生产过程，使用太阳能等清洁能源进行生产，那么企业就可以在碳交易市场上出售自己未使用的碳排放权，形成企业的一项额外的利润。这样做不仅可以倒逼企业采用绿色生态的发展模式，还可以让严格控制温室气体排放的企业获得一项额外的利润，以此来鼓励企业更好地进行节能减排。因此，在碳排放权市场对企业的利润影响越来越大的背景下，企业的财务报表使用者开始关注企业的节能减排等绿色环保的社会责任的履行情况。目前，我国碳排放权交易市场越来越成熟，交易规则更加清晰和公平。企业从各种渠道获取的碳排放权，都确认为碳资产，超额排放时，确认为碳负债。

随着碳排放权交易市场的不断成熟，投资者也需要获得企业具体的碳排放权交易的会计信息。企业在生产经营过程中也会发生碳排放成本的归集与分配、获得碳排放权等经济业务。这些业务会影响企业碳排放相关的交易账户，影响企业的会计凭证，最终也会影响到企业的利润。因此，碳会计可以帮助财务报表使用者获得企业的碳排放信息，全面地了解企业社会责任的履行情况。碳会计不同于传统会计的方面是，碳会计在资产负债表上会增加碳资产和碳负债项目；在利润表上，反映碳资产投资损益和相关的碳排放成本；在现金流量表上，反映购买碳排放权的支出。

（四）DF 汽车的碳排放权交易模式

1. DF 汽车的碳排放交易背景

在湖北省的产业结构中，钢铁等重工业以及高排放高污染的企业较多。在 2014 年，湖北省发改委就发布了本省的碳排放的分配方案细则。其中，DF 汽车旗下就有 4 家单位被湖北省纳入碳交易试点。近些年，在国家提出双碳政策，补贴新能源行业的背景下，DF 汽车也积极地参与新能源汽车的研发和生产。并且，DF 汽车集团的大多数子公司都获得了 ISO14001 环保体系认证，有序地进行绿色项目的投资，优化生产工艺，从而减少碳排放。如 DF 旗下零部件公司，积极地推进无纸化办公，使用 ERP 系统等。并且邀请专业人士来培训公司的节能环保技术从业人员，设计新的节能的生产规则。

2. DF 汽车碳排放权交易流程

DF 汽车的碳排放权主要来源于政府无偿或竞价拍卖发放的碳排放权、从交易市场购买的碳排放权，以及获取的核证自愿减排量等。企业通过把各种渠道获得的碳排放权纳入管理范围内，年底进行碳排放摸底，通过多方核查把经过核实的碳排放数据进行上报。下一年的碳排放标准管理部门就会基于此进行发放。如果超额排放，那么 DF 汽车可能会面临政府的罚款，并且需要在碳交易市场上购买额外的碳排放权来弥补自身的缺口。作为一家汽车制造企业，DF 汽车在生产过程中的碳排放主要来源于汽车生产工艺的排放和配套车间如焊接、冲压、蒸汽能源间的温室气体的排放。其中，涂装等生产工序需要消耗大量的汽柴油和天然气，因此这些工序要排放大量的温室气体。

3. DF 汽车碳排放成本会计处理

汽车碳排放成本主要包括“非生产性碳排放成本”和“生产性碳排放成本”。非生产性碳排放成本主要包括低碳设备投入、购买碳排放权、低碳原材料采购等。生产性碳排放成本主要包括冲压作业的电力产生的碳排放量、焊接作业的电阻焊接产生的碳排放量，以及涂装作业化石燃料燃烧产生的碳排放量。这些都需要分配计入产品的生产成本中。同时，公司的财务报表中也披露了与碳排放权相关的交易事项，设置相关的总分类账，明细账等。通过增加碳资产和碳负债的科目，在资产负债表中进行列示，在附注中对碳排放相关的重大变动进行更加详细的说明。

（五）绿色会计和碳排放的发展中存在的不足

结合 DF 汽车关于碳排放的资料和数据。当前的碳排放权的会计制度总体上反映了企业关键性的碳排放会计信息。但也存在着几个方面的问题。

首先，国际上关于碳排放会计信息的披露并没有统一的标准。这容易导致不同企业的与碳排放权相关的会计信息不具备可比性。企业在披露会计信息时，会隐藏不利信息逃避监管。

其次，由于碳排放权的特殊性，学者在会计信息是采用货币化的计量方法，还是采用非货币化的计量方法这一问题上还没有达成统一的意见。这在很大程度上降低了碳排放权交易市场的交易量。

再次，企业中的许多管理人员对碳排放会计的观念还不足。管理者还是更看重短期的收益，对碳排放会计的认识和执行还不到位。

最后，我国的碳排放会计发展较晚，高校对于碳排放会计的人才培养还比较滞后，这就导致相关的人才极度缺乏，严重地制约了我国碳排放会计的发展。这也在一定程度上，限制了我国绿色生态的发展速度。

（六）案例结论

当前，全球的气候问题变得越来越严峻，极端天气越来越多。这些都给高排放，高耗能的企业带来了很多的挑战。对于能够重视环保问题，运用绿色生态发展模式，顺利完成低碳转型的企业来说，这是提高企业竞争力抢占市场份额的机会。在越来越多的企业参与到碳排放权交易市场的趋势中，碳交易市场的市场风险、法律风险，信用风险等，都是企业需要面临的新的问题和挑战。

碳排放权交易的会计制度的设计和执行方面确实还存在着许多问题，和现行会计准则也存在着一定的冲突。碳排放权交易会计核算方法以及财务报告的编制，包括第三方专业的审计机构，都需要依据碳排放权交易市场的交易模式进行配套制度的完善。企业也需要在绿色生态发展的过程中，逐渐地规范关于低碳的会计信息披露方法和内容。

此外，随着越来越多的企业参与到碳排放权交易的业务当中。建立统一的、具有可比性的会计制度也十分得重要。标准化的碳排放相关的会计制度有利于更多的企业参与到碳排放权的交易中来。我国相关领域的专家还在积极地探索碳排放权相关的待解决和待优化的问题，相信能在未来几年逐步完善碳排放会计的理论和实践，帮助我国实现绿色生态发展目标。

案例三：HW 财务管理模式的实践应用案例

HW 作为中国领先的科技企业，在财务管理方面拥有丰富的实践经验。下面将介绍 HW 财务管理模式的实践应用案例。

（一）HW 财务管理模式概述

HW 的财务管理模式是建立在“财务透明、预算管理、资金管理、风险管理、内部控制、合规管理、社会责任”七大支柱上的。在这七个支柱体系下，HW 的财务管理模式主要强调以下方面。

1. 强调财务透明

HW 强调财务透明，通过全面、准确、及时披露企业的财务信息，增强企业的公信力，提高投资者和其他相关方对企业的信任度。

2. 强调预算管理

HW 注重预算管理，制订全面、可行、具有可操作性的预算计划，通过预算控制实现预算目标，促进企业的持续发展。

3. 强调资金管理

HW 注重资金管理，通过精细化的资金管理策略，实现资金的合理配置和利用，确保企业资金充足、安全。

4. 强调风险管理

HW 注重风险管理，建立完善的风险管理机制，及时发现、评估和应对企业风险，确保企业的稳定和可持续发展。

5. 强调内部控制

HW 注重内部控制，建立全面、规范、严格的内部控制制度，确保企业各项业务活动的合法、合规。

6. 强调合规管理

HW 注重合规管理，严格遵守国家法律法规和行业准则，确保企业合法、合规经营。

7. 强调社会责任

HW 注重社会责任，积极履行企业社会责任，推动可持续发展，回馈社会。

（二）财务管理模式实践案例

1. 建立全面的财务透明体系

HW 建立了全面的财务透明体系，通过财务报表公开披露、财务指标透明度、审计公正性等方面，保障了财务信息的准确性和透明度。

HW 每年都会公布财务报告和社会责任报告，详细介绍企业财务状况和经营成果。同时，HW 还积极参加财务管理论坛和行业交流活动，分享自己的企业管理经验和理念。

2. 强化财务风险管理

HW 强化了财务风险管理，通过建立完善的内部控制体系、风险管理体系和合规管理体系，提高了企业的风险防范能力。

HW 建立了完整的内部控制制度，包括财务管理、采购管理、库存管理、销售管理等方面，规范了企业内部管理流程和风险控制措施。HW 还建立了风险管理和合规管理部门，负责对企业内部各类风险进行监控和管理，以及制订合规管理政策和方案。

3. 优化成本管理，提高效益

HW 优化了成本管理，通过精细化管理、供应链协同等措施，降低了企业成本，提高了效益。

HW 通过建立精细化管理体系，实现了生产流程优化、成本控制、资源优化等方面的提升。同时，HW 还通过供应链协同，降低了企业供应链成本，提高了供应链效率。

4. 数字化财务管理

HW 实现了数字化财务管理，通过建立数字化财务平台，实现财务数据的数字化管理和实时监控，提高了财务管理的效率和精度。

HW 建立了数字化财务平台，实现了财务数据的实时收集、处理和管理。同时，HW 还建立了数据分析系统，通过对财务数据的分析和挖掘，为企业提供精准的财务决策支持。

5. 强化社会责任

HW 强化了社会责任，通过推进可持续发展、推动数字化经济等方面，实现了企业社会责任的践行。

HW 积极推进可持续发展，通过环保、社会公益等方面的投入，实现了企业和社会的共同发展。同时，HW 还推动数字化经济，促进数字化经济和社会的融合和发展，为社会创造更大的价值。

（三）HW 财务管理模式的启发

HW 作为国内领先的科技企业，不仅在技术领域内具有强大的实力，同时也在财务管理方面具有较高的实践经验。HW 通过建立全面的财务透明体系、强化财务风险管理、优化成本管理、数字化财务管理和强化社会责任等方面，实现了企业财务管理模式的创新和升级，为企业的可持续发展提供了有力保障。

1. 加强企业员工对业财融合的理解和执行

HW 的财务共享中心建立多年仍然未能真正将“业财融合”理念普及到每个员工。那么提升企业自上而下的“业财融合”意识就尤为重要了，明确的规章制度是督促员工执行的硬条件，打破企业内部业务与财务的壁垒才能真正提升财务管理模式的效益。

2. 培养具备业财专业知识的复合型人才

财务管理工作者需要对共享中心收集来的财务信息进行处理整合，这个过程中只有要求财务人员对业务有一定了解，处理整合后的财务信息才具备高质量。因此，财务人员对于信息的理解和筛选能力直接影响到公司决策和执行效率。借助HW的经验，首先，企业可将财务人员抽调到业务部门，参与业务的开展和决策，或从业务部门选取优秀人员加入专门的业财融合的团队参与学习财务知识。其次，可在企业外部招聘业务与财务知识兼有的复合型人才，充实企业复合型人才库，促进新型财务管理模式的搭建。

3. 完善财务对业务的考核评价机制

对于一些需要财务部门协调确定的业务指标，如销售部门的销售收入、研发部门的研发费用节省率、供应部门的存货周转率等，财务部门需要根据事实情况来制定评价机制以及考核标准，不能单一从数据出发，以偏概全，影响业务部门人员利益，打消其工作积极性。业财融合下的财务管理模式要求企业重新审视考评机制，借助信息系统管理优化，加强各业务部门与财务部门之间的沟通，促进企业经营目标达成。

4. 加强企业全面预算的管理

企业全面预算管理关系着企业资源的分配和管理，影响企业短期的经营目标和长期的战略目标，预算管理的制定涵盖企业经营过程中的资产、负债、收入、成本、费用、利润等要素，是实现业务与财务相结合的重要方法。制订全面的预算管理，应将企业经营的业务目标和财务目标相结合，将企业的经营目标具体化，在总体上把控企业的日常活动。

财务管理模式是企业经济活动的核心内容。HW以业财相结合的思维建立账务共享中心，以服务于业务和客户为导向，打破了传统财务管理模式的局限，建立起自身的财务竞争优势，推动企业内部业务部门和财务部门的良性互动、加强沟通、专业知识上的交流学习。其次，财务智能化处理信息的同时把财务人员从简单枯燥重复的工作中解放出来，更加主张员工对于财务信息的分析能力。财务共享的模式推动了业务和财务的协同合作，保证了财务管理在业务开展过程中监管的有效性，解决了传统财务管理模式的不足，为我国企业财务管理模式开辟了新思路。

第三节　新时期企业财务管理模式的实践应用的效果评估

企业财务管理模式的实践应用可以帮助企业提高财务管理的效率和精度，从而降低成本，提高企业效益，促进企业的可持续发展。同时，企业财务管理模式的实践应用还可以帮助企业提高社会责任感，为社会创造更大的价值。

一、提高财务管理效率和准确性

新时期企业财务管理模式通过采用先进的信息技术和自动化设备，实现了财务管理流程的自动化和信息化，提高了财务管理效率和准确性。企业可以通过财务管理系统实现财务信息的集中管理和自动处理，降低了财务管理的成本和风险。

（一）实现财务信息的集中管理

企业财务管理系统可以实现企业财务信息的集中管理，将分散在不同部门和系统中的财务信息进行整合和管理，形成全局性的财务信息系统，方便企业对财务信息的查询和分析。同时，财务管理系统还可以实现财务信息的共享和交流，加强了各部门之间的协作和沟通，提高了工作效率。

（二）自动处理财务流程

企业财务管理系统可以通过自动化处理财务流程，降低了财务管理的成本和风险。例如，财务管理系统可以实现自动记账、自动对账、自动结算等功能，减少了人工操作和人为差错的风险，提高了财务处理的准确性和效率。同时，财务管理系统还可以实现自动化的财务报表制作和分析，为企业提供准确、及时的财务报表，方便企业对财务状况进行监控和管理。

（三）加强财务数据的安全性

企业财务管理系统可以加强财务数据的安全性，从而保障企业财务数据的安全和保密。财务管理系统可以通过权限管理、数据备份、数据加密等手段，保障财务数据的完整性和保密性，防止财务数据的泄露和滥用，减少企业的财务风险。

（四）提高财务管理的准确性

企业财务管理系统可以提高财务管理的准确性。通过财务管理系统，企业可以实现对财务数据的实时监控和分析，快速准确地掌握企业财务状况和经营成果，及时发现问题并采取相应措施。同时，财务管理系统还可以实现对财务流程的标准化和规范化，降低了财务管理的难度和复杂度，提高了财务管理的准确性和效率。

二、提高财务信息透明度和公开度

新时期企业财务管理模式通过财务信息的共享和交流，提高了财务信息的透明度和公开度。企业可以通过建立财务信息平台和公开财务报告，向投资者和社会公众公开财务信息，此举提高了企业形象和公信力。企业可以通过以下几个方面来提高财务信息透明度和公开度。

（一）加强内部信息共享和管理

企业可以通过建立内部信息共享机制和管理体系，实现财务信息的共享和流通，提高内部信息的透明度和公开度。例如，企业可以建立内部财务报表和业务报表的共享平台，实现各个部门之间的信息共享和交流，提高内部决策的科学性和精确性。

（二）加强对外信息披露

企业可以通过加强对外信息披露，提高财务信息的透明度和公开度。企业可以制定信息披露政策和制度，明确披露的内容、方式和频率，通过定期发布财务报告和社会责任报告等方式，向投资者和社会公众披露企业的财务信息和经营状况。

（三）加强信息安全管理

企业可以通过加强信息安全管理，保护财务信息的安全和完整性，提高信息的可靠性和可信度。企业可以建立完善的信息安全管理体系，加强对信息系统的维护和管理，提高信息系统的安全性和稳定性。同时，企业还可以制定相关的保密政策和制度，加强对敏感信息的保护和控制。

（四）加强社会责任管理

企业可以通过加强社会责任管理，提高财务信息的透明度和公开度。企业可以制定社会责任报告，向社会公众披露企业的社会责任和可持续发展情况，提高企业的社会责任意识和公信力。通过加强财务信息透明度和公开度，企业可以提高内部管理效率和外部形象，增强企业的竞争力和可持续发展能力。

三、提高经营决策的科学性

新时期企业财务管理模式通过采用财务分析和成本控制等手段，提高了经营决策的科学性。企业可以通过财务分析了解企业财务状况的变化趋势，从而为企业经营决策提供更加科学的依据。

（一）提供及时和准确的财务信息

企业财务管理模式可以通过财务信息的自动化和集中化处理，及时提供准确的财务信息。这些信息包括财务报表、成本数据、利润情况等，可以帮助企业领导更好地了解企业财务状况和经营成果。这样，企业领导可以在制定经营策略和决策时，基于真实的数据作出决策，而不是依靠猜测或主观判断。具体来说，以下是提供及时和准确的财务信息的详细点。

1. 及时公布财务报告

企业应该及时公布财务报告，向内部和外部利益相关者提供财务信息。财务报告包括资产负债表、利润表、现金流量表、股东权益变动表、财务报告附注等内容。企业应该根据法律法规的要求，及时公布财务报告，让利益相关者了解企业的财务状况和经营情况。

2. 建立完善的财务管理制度

企业应该建立完善的财务管理制度，规范企业的财务管理流程，确保财务信息的准确性和及时性。财务管理制度包括财务报告编制规定、会计政策制定、内部审计制度等内容，企业应该制定适合自身的财务管理制度，确保财务信息的及时和准确。

3. 采用先进的财务管理软件

企业可以采用先进的财务管理软件，实现财务信息的集中管理和自动处理。财务管理软件可以自动化地完成财务信息的收集、分析和报告，降低财务管理成本和风险。同时，财务管理软件还可以提高财务信息的准确性和及时性，为企业的经营决策提供支持。

4. 加强内部控制和审计

企业应该加强内部控制和审计，确保财务信息的准确性和可靠性。内部控制包括企业制度、组织、流程、人员和技术措施等方面，企业应该建立有效的内部控制制度，规范财务管理流程。审计包括内部审计和外部审计，企业应该聘请独立的审计机构进行审计，以便发现财务信息中存在的问题并及时解决。

（二）采用财务分析方法

企业可以采用财务分析方法，如财务比率分析、财务趋势分析、财务报表分析等，来对企业的财务状况进行分析。这些分析方法可以帮助企业领导更好地了解企业财务状况和变化趋势，进而制定更科学的经营决策。比如，企业可以通过财务比率分析了解企业的偿债能力、盈利能力和成长能力等指标的变化趋势，为企业的资本运营和资产配置提供相应参考。

1. 促进不同财务分析方法的合理组合

（1）共同比分析法与项目质量法相结合

为了对传统的财务分析方法进行改进，利用资产与资本结构质量分析的理论框架，加强与共同比分析方法的结合，结合企业的资产利润、现金、质量、资本结构、质量作为基础，对财务报表的状态进行分析，要消除不同企业因规模差异所带来的影响，了解企业各项财务指标的组成结构，对企业的整体财务状况作出判断。比如，在对企业的资本结构和资源分配状况进行重点分析的过程中，要判断企业应收账款在总资产中的占比，避免存在大额坏账的可能性。

（2）弹性系数分析法与趋势分析法相结合

企业在进行财务分析的过程中，要增强自身的发展能力、盈利能力，为了弥补趋势分析法所带来的发展问题，采用弹性系数分析的方法，对于相比目标表进行弹性分析，了解具体指标的主因子相互的数量关系和变化规律。通过不同时期的计算使得企业财务数据与前一季度的报表项目数据之间的变化百分比控制在一定的范围内，进行客观的分析，针对变化百分比指提出最优的方案，对财务风险进行有效的规避。

2. 加强财务指标的不断优化

在当前的财务分析方法优化的过程中，要对财务指标进行合理的设置。

首先，存货周转率指标进行改进，要直接应用财务报表上的数据，而且存货在企业中所占用的资金，对企业实际的实物流转情况进行反映，在对具体指标进行优化的过程中，利用项目质量分析的方法，将其改为存货占用资金周转率，区分现金流转与实物流转，可以真正地提高财务指标的质量，进而使得财务分析结果能够得到优化。

其次，对应收账款周转率指标进行改进，要了解企业应收账款、应收票据、预收账款的具体现状。因为，根据报表信息不能确定哪项收入由应收账款引起。所以，在对指标进行调整的过程中，要使用披露的金额计算应收账款周转率，遗漏的应收账款是账面价值体现应收账款的净值。

3. 借助大数据加强对财务分析方法的优化

在大数据的时代背景下，对企业财务管理效果进行提升，要采用优化的财务分析方法，将区块链融入财务分析的过程中，区块链是经过数字加密所形成的分布式账本，验证企业经营过程中的财务数据可以使得储存信息得到有效的整合。同时，以智能合约作为基本来设计计算机程序，完成交易审核，满足会计核算的基本原则，解决企业财务信任问题，可以使得交易更加透明，具有一定的安全性，形成嵌入区块链技术的财务共享模式。企业在日常财务处理的过程中可以避免繁杂的审核流程，进而满足会计所要求的各项原则，保证财务信息的及时与准确。

（三）加强与投资者和社会公众的沟通和交流

企业财务管理模式可以通过加强与投资者和社会公众的沟通和交流，提高企业的透明度和公信力。企业可以定期公布财务报告和社会责任报告，详细介绍企业财务状况和经营成果。同时，企业可以通过各种渠道与投资者和社会公众进行沟通和交流，解答相关问题，增强投资者和社会公众的信任和参与度。具体来说，企业可以通过以下方式加强与投资者和社会公众的沟通和交流。

1. 定期公布财务报告

企业可以定期公布财务报告，向投资者和社会公众公开企业的财务状况和经营情况，提高信息透明度和公开度。财务报告应包括企业的资产负债表、利润表和现金流量表等内容，反映企业的财务状况和经营情况的变化趋势。

2. 召开股东大会

企业可以定期召开股东大会，向股东介绍企业的财务状况和经营情况，并听取股东的意见和建议，加强与股东的沟通和交流。

3. 加强投资者关系管理

企业可以加强投资者关系管理，建立健全投资者关系管理体系，提高投资者对企业的认知和信任度。企业可以通过电话、邮件、会议等方式与投资者保持沟通和交流，及时回答投资者的问题和疑虑。

4. 参加行业展览和交流活动

企业可以参加行业展览和交流活动，与同行业的企业和专业人士交流和学习，了解行业的最新发展动态和趋势，提高企业的竞争力和创新能力。

通过加强与投资者和社会公众的沟通和交流，企业可以提高信息透明度和公开度，增强投资者和社会公众的信任和认可，提高企业的社会声誉和品牌价值。

新时期企业财务管理模式的实践应用对企业经营管理和财务状况的改善和提升起到了积极的作用，但也存在一些缺点和风险需要企业注意。因此，企业在应用新时期财务管理模式时，需要结合自身的实际情况，合理规划和控制好财务管理成本和风险，确保企业稳健发展。

第六章　新时期企业财务管理模式的问题与挑战

第一节　企业财务管理模式的问题和矛盾

企业财务管理模式的问题和矛盾是指在实践应用中出现的一系列问题和矛盾，这些问题和矛盾可能涉及企业的财务管理流程、财务信息披露、内部控制机制、经营决策等方面。以下是企业财务管理模式的问题和矛盾的一些具体分析。

一、信息化程度不足

当前许多企业财务管理模式中的信息化程度仍然不足，依然存在信息不透明、信息孤岛等问题。这些问题可能导致财务信息不及时、不准确，从而影响企业的决策和管理效率。

（一）财务管理信息化的发展及国内分析现状

从全球经济发展的角度看，财务管理信息化大约出现在20世纪60年代，它出现是以国外的一家公司在计算机上来核算员工的薪酬；发展到20世纪80年代，信息技术在国外的财务工作中已经获得普遍的使用；在到20世纪80年代至90年代的时候，这时的财务管理已经发生了翻天覆地的变化，而此时财务管理信息化的发展速度也非常的迅速，形成了一种新版本的财务管理信息化系统。此时的这种信息化系统大致分为两种，分别是通用的信息化系统和定向的财务信息化系统。纵观全球经济形势变化，财务管理信息化的发展不仅要紧随时代的发展，而且达到了世界先进的财务管理理论体系，就是因为这样，才使财务软件的发展非常迅速。近年来国内对企业财务管理信息化的研究可以说是硕果累累，但还存在着很多问题急需解决。

（二）企业财务管理信息化建设过程中的常见问题分析

1. 企业对财务管理信息化认识不足

企业完成财务管理信息化系统的建设，就可以对企业经营活动表现出的信息进行收集管理、处理分析和监督控制，它的对象是企业经济业务所表现出来的数据信息，目的是对这些数据信息进行集成和综合。而在现实中许多的企业认为实现财务管理信息化，就是实现企业会计电算化，这是一种错误的认识，因为会计电算化只是提高了会计核算工作的速度，也就是说只是提高了财务数据的整理速度，却做不到对所收集的财务数据进行整合、分析与反馈，这就是对企业财务管理信息化建设认识的不足之处，很大程度上限制了财务管理的发展。

2. 企业专业人才的缺乏

为了适应高速发展的经济环境，企业一定得进行财务信息化建设，而信息化的建设是非常需要专业人才的帮助。因此，在财务管理信息化建设的过程中既需要懂计算机知识，又要懂财务知识的专业人才，也就是既要懂财务又要懂财务软件操作的复合型人才，具体来说就是他们不仅要有深厚扎实的基础知识，而且要有能力解决正常工作中的各种问题，这样就对业务人员提出了更高的业务能力的要求。但在现实中这种专业人才还是比较缺乏的，因为在企业中的人懂会计专业知识的不一定懂计算机知识；懂计算机的人又不一定懂会计知识，还有的人则是两者都懂，但是又在经验的积累方面显得有所不足，所以人才的缺乏显然会成为企业财务管理信息化建设发展的绊脚石。

3. 企业管理制度和财务管理软件的落后

企业管理制度落后主要有以下三方面。

第一，企业内部存在过多级别的职能部门，这样不利于更好的管理企业，因为过长的管理路线会造成企业人力运用的浪费，同时又降低了部门之间信息传递的速度，导致信息的传递不及时，使企业管理的效率不是非常的理想。第二，企业的资金管理没有章程，使资金的使用效率低下，而这主要的原因就是企业没有充分利用财务管理信息化的理念方法，也就没有在企业内部形成统一的资金管理系统，同时集中不起来企业所有的有关财务管理的相应信息，这就是企业资金管理杂乱无章的根本原因。第三，企业监控和监管力度太差。因为监控不力所出现的影响会导致企业管理者缺少掌握企业全面情况的必要信息，因为缺乏对企业信息全面的了解，使企业管理者很难发挥出他应有的管理能力。

二、财务信息披露不规范

许多企业在财务信息披露方面存在不规范的情况，如披露内容不全面、不及时、不准确等。这些问题可能会导致投资者对企业的信任度降低，进而影响企业的融资能力和形象。

（一）财务信息存在虚假成分

在企业进行财务信息披露过程中，内容存在虚假成分，是诸多问题中最根本，也是危害性最强的部分。有些企业管理者，为了追逐利益的最大化，会怂恿会计人员在财务信息中，添加虚假内容、简化财务信息，使最终呈现出的财务信息，不够真实，对投资者产生错误的引导，直接影响投资者的经济利益，也损害了企业的信用信誉。在信息披露内容虚假的问题中，主要表现在财务信息失真，留存的项目实际意义不大，对具有重大意义的信息刻意隐瞒。

（二）披露的财务信息关联性较差

我国企业为了短期的经济利益，在披露的会计报表中，内容大多数来源于历史数据，片面地追求信息的稳定性和可靠性，但是却无法为信息使用者提供具有实用意义的数据，因为关联性较差。另外，部分企业的账目操作，还停留在传统的手工记账，或者采用市场上通用的软件，无法适应企业特性业务的核算。导致上下级使用软件不同，信息无法快速通畅的传导，获得的信息不统一。财务会计反映财务信息这一重要职能的实现也和采用货币化的方式是分不开的。但是伴随着信息时代和知识经济的快速发展，以智力活动为显著特征的劳动占了企业产品及劳务价值的较大比重，也是根本上决定企业发展前景和市场价值的关键因素。信息已经成为重要的生产力，对于企业的生产经营和市场的核心竞争力有着重大影响，这方面的信息理应得到充分披露。但是，在现实操作中，会计报表会让一些信息得不到充分的披露，一些问题也容易被掩饰，这也让被披露的信息降低了参考价值。另外货币计量如果没有充分考虑通货膨胀的因素，不足以客观反映企业真实的经营状况和现金流。

（三）关于财务信息披露的制度不科学

现在企业执行的财务信息披露制度，是采取历史数据，无法适应瞬息万变的经济环境，也不能为社会进步提供有力的数据支持。企业的会计业务灵活多变，所以企业进行财务信息披露时，内容要更加丰富，不能受到传统会计报表的限制，要根据企业自身的业务特点，设计会计科目，并在此基础上进行调解，能够客观完整地反映企业的真实财务信息。随着企业的不断发展，财务信息的机构组成也愈加复杂。因此，财务信息披露的形式不能过于单调，要扩展渠道，形式多元化，提高财务信息的价值。

（四）财务信息披露的时效性较差

按照有关法律法规的规定，企业要及时披露财务信息，并且不能够提前和拖延。这就要求企业的会计从业人员，要对财务信息进行及时地采集，并且快速高效地处理信息，同时能够及时地传送财务信息。但是，在实际操作过程中，企业的财务信息传递不能够及时传递的情况经常存在，大大降低了信息的实效性，也使投资者承担更大的经济风险。

三、内部控制机制不健全

内部控制机制是企业财务管理模式的重要组成部分，但目前许多企业的内部控制机制仍不健全。例如，企业可能存在人员管理不规范、资产管理不科学等问题，从而导致企业的资金流失和损失。

（一）企业内部控制制度不够完善

完善的内部管理制度在很大程度上决定着财务会计管理工作的质量，必须在建立统一规则和制度的基础上，才能使企业财务内部控制工作科学合理地进行。但是，当前很多财务会计部门没有意识到内部控制的重要作用，在工作中遇到问题的时候，难以采取合理的方式进行有效解决。另外，由于管理者自身能力的欠缺或者思想认识上的不到位，没有从宏观角度出发，未能建立起完善科学的财务会计内部管理控制制度，岗位的职责落实不明确，人员职责重叠，岗位内容不清，大大影响了各项职责的作用，从而降低了企业内部控制的质量。

（二）企业财务会计内部控制监督体制的缺失

我国企业在制定各项管理制度的时候，需要详细的严格规章制度，对员工的行为进行约束和规范。但是在实际执行的过程中，很多员工缺乏大局意识，在工作中只关注自身利益，资金的使用与规制出现不合理现象，造成资金和资源的损失与浪费，大大影响了财务会计内部控制质量。在财务会计内部管理监督体系不完善的情况下，资金问题变得越来越明显，在使用资金的过程中，由于人为和客观因素的影响，会出现不同程度的资金风险，导致企业没有将资金利用在最合适的地方。另外，有些企业不注重财务会计的合理性，仅将注意力放在会计资料的真实性上，因此，企业财务会计内部控制监督制度的作用没有得到充分发挥，会计人员的权益受到一定的剥削，不利于企业财务会计的健康发展。

（三）企业财务会计内部人员岗位分配不够均匀

企业建立财务会计内部控制制度之后，需要将会计制度与企业的实际情况相互结合，使内部制度能够发挥出实际性效用。当前，虽然很多企业建立了完善的财务会计内部控制制度，但是与实际情况脱节，风险较大，缺乏安全性和保障性。另外，会计人员的岗位分配不合理，没有对员工的个性特点进行了解，岗位的会计人员有可能与对应的职责不相适应，造成岗位职能的缺失。有些财务会计人员不能充分认识到自身岗位的重要性，工作态度比较敷衍，会计凭证书写不够规范，混乱的账目管理使得人员之间相互推诿，不能及时承担自身的责任，大大降低了工作效率。

（四）企业财务会计监管考核相对困难

对于财务会计内部控制的考核是一项关键性的内容，在实际监管的过程中，由于监管体系的不完善，加上相关管理人员对监管工作的意识不到位，考核的效果大打折扣，严重影响了内部控制的质量。有些企业在考核员工的时候，没有将财务会计内部控制作为其中的一项内容，考核的规范性与完整性受到较大程度的影响，不利于考核指标的完成。有些企业的管理者太过注重经济效益，给员工制定的工作指标超出了限度，甚至利用自身的权利，对会计人员进行压榨或者包庇，出现蒙蔽过关的不良现象，造成恶性循环的效果。

四、缺乏专业人才

许多企业在财务管理领域缺乏专业人才，从而导致企业无法有效地制定财务策略和管理方案。这些问题可能导致企业的经营效率低下、成本高昂等问题。

（一）高校财务管理专业人才培养现状

1. 财务管理专业的特点

财务管理专业是一门综合性专业，该专业的学生需要学习多项专业技术、技能，以确保在财务管理实践中很好地完成工作任务。财务管理理论的每个知识点都比较深，需要学生具备深度思考能力。

2. 高校财务管理专业的人才培养目标

当前，我国高校的财务管理专业人才培养目标主要是为企业培养身心健康、能适应社会全方位发展的综合性基层财务管理人才。

3. 高校财务管理专业学生的特点

根据帕森斯的人职匹配理论，人在选择职业的过程中，首先需要明白自己的能力和兴趣点，知道自己所从事工作的领域要取得成功的具体条件。

（1）对学习的忠诚度不高

在高校财务管理专业的学生中，很大一部分学生学习都很盲目，对自己的学习成绩没有要求，认为自己已经到了大学阶段，只要考试及格，能拿到毕业证即可，对其他活动持无所谓的态度。比如，学校每年都举办各种技能比赛、创业比赛等活动，可是，很多学生的兴趣点却不在此，通常都是辅导员强制性地要求学生参加。

（2）没有明确的职业规划目标

在高校财务管理专业的毕业生当中，绝大部分对自己的未来没有明确的计划，他们在当初选择财务管理专业时比较盲目，在正式学习时发现财务管理的课程比较难，毕业后发现自己的大学生活是在浑浑噩噩中度过的。

（二）职业能力需求与人才培养存在的现实冲突

1. 财务管理专业毕业生的能力不能满足企业的现实需要

财务管理专业的教学目标是培养符合市场需求的高级技能型财务管理人才，但是，由于学生的理论水平有限，以及财务岗位具有特殊性，财务管理专业的毕生业即使真正进入企业工作，也只能解决一些力所能及的问题，满足不了企业的现实需求。

2. 财务管理专业的课程设置缺乏对学生职业素养的训练

在财务管理专业平时的教学中，教师主要是向学生传授理论知识，而很少培养学生的职业素养。事实上，在当前的就业市场中，企业对人才的要求越来越高，就业形势日趋严峻，毕业生要想成功就业，不仅需要一定的专业基础，还需要一定的职业素养。从当今的财务管理专业学生定岗实习中不难发现，财务管理专业的学生普遍缺乏抗压能力等职业素养。

五、经营决策存在风险

企业财务管理模式与经营决策密切相关，但在实践应用中，许多企业在经营决策方面存在风险。例如，企业可能缺乏科学的财务分析能力、缺乏全面的经营数据等，从而导致决策效果不佳、风险较高等问题。以下各项是详细的分析。

（一）信息不对称风险

企业在经营决策时，如果信息不对称，可能会导致决策失误。例如，企业内部信息的不透明、财务信息的失实或者失误，都可能会导致决策偏差，甚至产生损失。

（二）市场风险

市场风险是企业经营过程中最为常见的风险之一。例如，市场变化、竞争加剧、政策变化等因素都可能影响企业的经营决策，导致决策不当。

（三）技术风险

新时期企业财务管理涉及一系列的技术手段和工具，如果技术不到位，可能会导致决策失误。例如，软件系统的漏洞、数据的丢失、技术团队的不稳定等，都可能会对企业的经营决策产生影响。

（四）人员风险

企业的经营决策过程中，涉及各个层面的人员。如果人员素质不高，或者存在操作失误、不诚信等问题，都可能导致企业决策的失误和损失。

（五）法律风险

企业在制定经营决策时，需要遵守法律法规的要求。如果企业未能遵守法律法规，或者存在法律漏洞，可能会导致企业面临诉讼、罚款等法律责任。

（六）资金风险

企业在经营决策时，需要考虑资金的充足性和使用效率。如果企业在资金管理方面存在问题，如过度依赖外债、资金流失等，可能会对企业的经营决策产生影响。

新时期企业财务管理的经营决策过程中，存在着多种风险和不确定性因素。企业需要采取科学的决策方法、完善的管理制度，以及控制风险的策略和措施，才能更好地应对风险和挑战，实现良好的经营效果。

六、缺乏创新能力

企业财务管理模式需要不断创新，但目前许多企业在财务管理方面缺乏创新能力。这些问题可能导致企业难以适应市场变化，无法满足客户需求，降低企业的竞争力。企业应该注重培养创新思维和能力，鼓励员工提出新的财务管理模式，以应对市场的变化和挑战。

（一）缺乏新思路和新方法

在企业财务管理中，传统的财务分析方法已经逐渐失去了应有的效果，需要开发和引入新的分析方法。但是，目前许多企业财务管理人员缺乏新思路和新方法，导致无法适应市场的快速变化和企业经营的复杂性。

1. 市场变化快速

在市场经济条件下，市场变化的速度非常快，市场需求也在不断变化。企业需要及时了解市场变化，及时调整产品和服务，以适应市场需求。然而，由于企业缺乏新思路和新方法，无法及时发现市场的变化，也无法及时调整企业的经营策略，因此导致无法适应市场的快速变化。

2. 企业经营复杂性

随着企业规模的扩大和业务范围的增加，企业的经营活动也变得越来越复杂。企业需要处理的事务种类繁多，需要协调各个部门之间的协作和沟通。缺乏新思路和新方法，企业无法有效应对这种复杂性，导致经营困难和效率低下。

3. 缺乏新思路和新方法

企业缺乏新思路和新方法，往往是由于管理者思维僵化、经验主义盛行等原因所致。这种状况导致企业缺乏创新能力，难以应对市场变化和经营复杂性。

（二）缺乏新技术和新工具

随着信息技术的发展和普及，新的财务管理技术和工具层出不穷。然而，许多企业仍然停留在传统的财务管理方式上，缺乏使用新技术和新工具的意识和能力。

1. 现状分析

随着信息技术和通信技术的迅速发展，新技术和新工具不断涌现，对企业财务管理方式带来了前所未有的机遇和挑战。然而，许多企业仍然停留在传统的财务管理方式上，缺乏使用新技术和新工具的意识和能力，导致财务管理方式无法适应市场的快速变化和企业经营的复杂性。

2. 问题分析

（1）缺乏新技术和新工具的意识和能力

许多企业缺乏使用新技术和新工具的意识和能力，无法利用新技术和新工具提高财务管理效率和精度。例如，许多企业仍然使用传统的财务软件，没有采用更加智能化和自动化的财务软件，导致无法满足财务管理的需求。

（2）信息孤岛现象严重

在许多企业中，各部门之间信息孤岛现象严重，财务部门无法获取其他部门的实时数据和信息，导致财务数据的准确性和及时性受到影响。例如，许多企业的采购部门和销售部门使用不同的系统和工具，无法实现数据的共享和集成。

（3）缺乏对新技术和新工具的了解和掌握

许多企业缺乏对新技术和新工具的了解和掌握，无法确定哪些技术和工具可以提高财务管理效率和精度，无法有效地选择和应用新技术和新工具。例如，许多企业缺乏对大数据分析技术的了解和掌握，无法利用大数据分析技术提高财务决策的准确性和效率。

（三）缺乏创新意识和创新文化

企业财务管理需要不断创新，但是目前许多企业缺乏创新意识和创新文化，重视规范和常规操作，忽视创新和变革。这导致企业难以适应市场的变化，难以抓住市场机遇。

1. 创新意识的缺乏

许多企业缺乏创新意识，只注重于按照传统的财务管理方式来开展工作，导致很难在市场竞争中获得优势。这主要是因为企业在长期的发展过程中，已经形成了一套稳定的管理模式和惯性思维模式，难以转变。为此，企业需要不断地引入新的理念和思路，开辟新的业务领域，探索新的发展模式，以提高企业的创新能力。

2. 创新文化的缺乏

创新文化是企业创新的重要基础，但是在很多企业中，创新文化并没有得到重视和培育。企业需要通过文化建设来强化创新意识和创新能力，建立积极的创新文化，鼓励员工创新，推崇创新成果。企业应该制定适当的奖励机制，激发员工的创新热情，提高员工的积极性和创造力。

3. 缺乏与外部创新资源的合作

许多企业缺乏与外部创新资源的合作，如大学、研究机构、创新型企业等，缺乏与外部创新资源的沟通和交流，难以获取外部先进技术和创新理念，从而难以提高企业的创新能力。因此，企业应该加强与外部创新资源的合作，开展技术合作、技术转移和科技创新等方面的合作，积极吸收外部创新资源，提高企业的创新能力。

4. 缺乏创新投入

许多企业缺乏创新投入，只注重短期收益而忽视长期投资和发展。企业应该增加创新投入，加大研发投入力度，开展技术改造和技术创新，提高产品质量和技术含量，提高企业的核心竞争力。

5. 领导者缺乏创新精神

许多企业的领导者缺乏创新精神，缺乏战略眼光和前瞻性思维，不能及时发现市场变化和发展机遇，也无法对企业内部进行有效的改革和创新。这是由于领导者对于创新的重视程度不够，缺乏对新事物和新思路的开放性和包容性。

（四）缺乏战略眼光和前瞻性

企业财务管理需要有战略眼光和前瞻性，但是许多企业缺乏这方面的能力。他们只关注眼前的利益，却忽视长远的发展，无法有效地规划和调整财务战略。

1. 缺乏战略眼光的表现

（1）缺乏明确的战略目标和定位

企业缺乏战略眼光，可能会缺乏明确的战略目标和定位。这将导致企业无法清晰地知道自己要做什么，在市场中处于什么样的位置，以及如何与竞争对手区分开来。缺乏明确的战略目标和定位，企业就难以制定相应的财务管理策略和计划，也难以把握市场机会。

（2）缺乏长远的规划和思考

缺乏战略眼光的企业，可能会缺乏长远的规划和思考。这意味着企业不能预测未来的发展趋势和市场需求，难以把握市场机会。缺乏长远规划和思考，企业就可能会因为短期利益而忽视了长远利益，忽略了未来的挑战和风险。

（3）缺乏创新和变革意识

企业缺乏战略眼光，可能会缺乏创新和变革意识。这意味着企业不能及时发现市场变化和趋势，无法对市场进行快速响应。缺乏创新和变革意识，企业就难以推动财务管理模式的创新和改革，也难以适应新的市场竞争环境。

2. 缺乏前瞻性思维的表现

（1）缺乏对未来趋势的预判

缺乏前瞻性思维的企业，可能会缺乏对未来趋势的预判。这意味着企业不能及时发现新的市场机遇和发展趋势，不能有效地做出战略决策。缺乏对未来趋势的预判，企业因此可能会错失市场机会，甚至面临市场风险和挑战。

（2）缺乏对外部环境的敏感性

缺乏前瞻性思维的企业，可能会缺乏对外部环境的敏感性。这意味着企业不能及时发现市场变化和竞争压力，不能适应市场的快速变化。如果企业不能及时调整经营策略，就可能会失去市场份额，甚至面临业务失败的风险。

（3）对技术发展的预见性

随着科技的发展，许多行业正在发生深刻的变革。缺乏前瞻性思维的企业，可能缺乏对技术发展的预见性，无法及时引入新技术、新工具，不能顺应科技发展的潮流，甚至面临被科技颠覆的风险。

（4）缺乏对人才市场的预期

随着经济的发展和人才市场的变化，企业面临越来越激烈的人才竞争。缺乏前瞻性思维的企业，可能缺乏对人才市场的预期，无法及时制定人才招聘、培养和管理策略，从而出现人才流失、招聘难度加大等问题。

（5）缺乏对环保和社会责任的重视

随着社会的发展和环保意识的普及，企业需要更加注重社会责任和环保问题。缺乏前瞻性思维的企业，可能缺乏对环保和社会责任的重视，忽视了社会和环境的影响，甚至会面临被社会舆论谴责的风险。

第二节　企业财务管理模式的发展机遇和挑战

一、新时期企业财务管理模式的发展机遇

随着经济全球化、信息化和科技创新的发展，企业财务管理模式正经历着深刻的变革，也带来了新的机遇。以下是新时期企业财务管理模式的发展机遇的详细点。

（一）全球化的市场和竞争环境

随着经济全球化的加速，企业面临着更为激烈的市场竞争和更为复杂的经营环境，同时也带来了更多的机遇。企业可以利用全球化的市场和资源，实现跨国经营和跨国投资，提高企业的盈利能力和市场占有率。

1. 国际合作与交流的机会增加

随着全球化的深入，国际合作与交流的机会不断增加。企业可以通过参加国际性财务管理会议、拓展海外市场、引进先进技术等方式，积极参与国际合作与交流，从而获得更多的财务管理经验和技术。

（1）全球化的贸易和投资

全球化加速了贸易和投资的国际化，企业不再受限于本国市场，而是可以将市场扩展到全球范围内。这使得企业需要更好地了解和适应不同国家和地区的财务管理模式和规定，以确保他们的业务在全球市场上得以顺利开展。

（2）国际标准的逐步制定

国际标准的制定也为企业财务管理模式的全球化提供了机会。例如，国际会计准则委员会（IASB）制定的国际财务报告准则（IFRS）已经成为全球许多企业的财务报告标准。这使得企业可以更加透明地向全球投资者展示其财务状况，并更容易获得全球资本市场的融资。

（3）信息技术的发展

随着信息技术的发展，企业可以更方便地与全球市场进行沟通和交流，以及更好地获取和分析财务数据。这为企业提供了更多机会，可以更好地了解全球市场的财务管理模式和规定，并制定更适合全球化市场的财务管理模式。

（4）跨国企业的发展

许多跨国企业已经在全球范围内建立了广泛的业务网络，这也为企业财务管理模式的全球化提供了机遇。跨国企业可以分享其财务管理模式和最佳实践以及跨国公司的经验和知识，以确保其在全球市场上的竞争力和稳定性。

（5）全球财务管理的合作与交流

企业可以通过参与国际组织和行业协会等方式，积极参与全球财务管理的合作与交

流，以分享最佳实践和经验，并了解全球财务管理的最新趋势和发展方向。这也可以帮助企业更好地适应全球化市场的需求，提高其全球竞争力。

2. 全球范围内的资源优势

随着全球化的发展，企业可以在全球范围内寻找资源，例如财务资本、人才等。企业可以利用全球范围内的资源优势，提高财务管理的水平和效率。

（1）人才资源优势

全球范围内的人才资源丰富多样，可以满足企业在不同领域的需求。企业可以通过招聘、培训、合作等多种方式，获取全球范围内的优秀人才。尤其是在高新技术领域，全球范围内的人才更是不可或缺的资源。

（2）资金资源优势

随着全球金融市场的开放和发展，企业可以更容易地获得全球范围内的资金资源。通过国际金融市场，企业可以获得更多的融资渠道，以支持企业的发展和扩张。

（3）技术资源优势

全球范围内的技术资源非常丰富，企业可以借鉴、引进、吸收全球领先的技术，从而提高企业的竞争力和创新能力。此外，企业还可以通过技术合作、联合研发等方式，实现技术资源的共享和优势互补。

（4）市场资源优势

全球范围内的市场资源非常广阔，企业可以通过拓展国际市场，实现企业的跨越式发展。尤其是在发展中国家和地区，市场潜力巨大，给企业带来了无限商机。

（5）品牌资源优势

全球范围内的品牌资源也非常丰富，企业可以通过借鉴、引进全球知名品牌，以提高自身品牌的竞争力和知名度。此外，企业还可以通过跨国并购、战略联盟等方式，获取全球范围内的品牌资源。

总之，全球范围内的资源优势给企业带来了无限的发展机遇和挑战，企业需要加强自身的国际化战略规划和管理，积极寻求全球范围内的资源优势，以提高企业的竞争力和发展水平。

3. 全球化市场的开拓机会

随着全球化的发展，企业可以更加容易地进入全球市场。企业可以通过开展国际业务、寻找国际合作伙伴等方式，开拓全球化市场，实现企业的跨越式发展。

（二）新的经济形态和商业模式的兴起

随着新的经济形态和商业模式的兴起，如共享经济、电子商务、金融科技等，也为企业财务管理带来了新的机遇。企业可以通过创新的商业模式和财务管理模式，适应新的市场需求和趋势，实现更加快速和稳定的发展。

1. 新的经济形态

（1）互联网经济

随着互联网技术的普及和发展，互联网经济已经成为新时期的一个重要经济形态。

互联网经济具有信息化、网络化、普惠性等特点，为企业提供了更加便捷、高效、低成本的商业模式和市场机遇。

在互联网经济时代，企业可以通过互联网平台进行营销和销售，降低营销和销售成本，扩大市场覆盖面。此外，企业还可以通过互联网技术进行供应链管理和金融服务，提高效率和降低成本。

（2）共享经济

共享经济是指通过共享资源、服务等，实现资源的最大化利用和价值最大化的一种经济形态。共享经济具有高效性、低成本等优势，对企业财务管理提出了新的挑战和机遇。

在共享经济时代，企业可以通过共享平台共享资源和服务，降低成本，提高效率。此外，企业还可以通过共享经济模式扩大市场，增加销售额。

2. 新的商业模式

（1）消费升级

消费升级是指随着经济发展和人民生活水平的提高，消费者对商品和服务的需求从基本的物质需求向高品质、个性化、体验式需求转变的过程。消费升级为企业提供了更高品质、个性化、定制化、差异化的商业模式和市场机遇。

在消费升级时代，企业需要深入了解消费者的需求，提供个性化、定制化、差异化的产品和服务。此外，企业还可以通过提高产品和服务的品质与体验，增强品牌价值和竞争力。

（2）跨界经营

跨界经营是指企业通过跨越不同行业、领域的经营活动，实现资源优化配置、创新创业的商业模式。跨界经营为企业提供了更加广泛的市场机会和竞争优势。

在跨界经营时代，企业可以通过跨界合作，整合资源、技术、渠道等方面的优势，实现企业的互补和创新。同时，跨界经营也需要企业具备对不同行业和领域的深入了解和研究，以及相关的管理经验和能力。

（3）共享经济

共享经济是指基于互联网和移动互联网技术，通过共享和共用闲置资源，提供便捷、经济、环保的商业模式。共享经济为企业提供了更加高效、灵活、创新的经营模式和市场机会。

在共享经济时代，企业可以通过共享经济模式，实现资源的优化利用和降低成本，同时也能够为消费者提供更加便捷、灵活、个性化的服务。企业需要注重技术创新和管理创新，提高自身的品牌价值和服务水平。

（4）新零售

新零售是指以互联网技术为基础，将线上和线下渠道融合，实现多种渠道的整合和协同，提供个性化、定制化、体验化的商品和服务。新零售为企业提供了更加多元化、高效化、智能化的商业模式和市场机遇。

在新零售时代，企业需要积极拥抱互联网和移动互联网技术，以实现线上和线下渠道的融合和协同。同时，企业还需要加强对消费者需求的了解和把握，提供个性化、定制化、体验化的商品和服务，提高自身的竞争力和市场份额。

（5）智能化经营

智能化经营是指企业通过人工智能、大数据等新技术，实现生产、管理、服务等方面的智能化和自动化。智能化经营为企业提供了更加高效、精准、创新的经营模式和市场机会。

在智能化经营时代，企业需要积极拥抱新技术，推进企业数字化转型和智能化升级，实现生产、管理、服务等方面的智能化和自动化。同时，企业还需要注重人才培养和管理创新，提高自身的智能化水平和核心竞争力。

（三）政策环境和法律法规的改善

随着政策环境和法律法规的改善，企业财务管理模式也将得到更加规范和透明的发展。例如，国家提倡“企业信息化”和“财务公开”政策，要求企业实现财务信息的全面透明和公开，这将有利于企业财务管理的规范化和标准化。

1. 政策环境的改善

随着国家政策的不断优化，企业财务管理也将得到更好地发展。政策环境的改善可以从以下几个方面进行解析。

（1）国家税收政策的改善

税收是国家财政收入的主要来源，对企业财务管理具有重要影响。国家税收政策的改善将有助于减轻企业财务负担，提高企业盈利能力。例如，减税降费政策的实施，将使企业在经营过程中减少税费负担，增加资金流入，提高企业的经营效益。

（2）金融政策的优化

金融政策的优化可以帮助企业获得更多的金融支持和服务，促进企业财务管理的发展。例如，国家银行可以通过实施定向降准、优惠贷款、金融创新等方式，为企业提供更加优质的金融服务。

（3）外贸政策的改善

外贸是我国对外开放的重要方面，外贸政策的改善将有助于企业扩大国际市场份额，增加自身经济收益。例如，国家可以通过降低关税、扩大贸易规模、增加贸易便利化等方式，支持企业拓展国际市场，提高企业的盈利能力。

2. 法律法规的改善

法律法规的改善可以保障企业财务管理的合法性和规范性。近年来，国家陆续出台了一系列法律法规，为企业财务管理提供更加完善的保障。

（1）财务会计制度的改善

财务会计制度是企业财务管理的基础，对企业财务管理具有重要影响。国家财政部门对财务会计制度进行不断的完善和升级，对提高企业财务管理的规范性和准确性具有重要作用。

（2）金融监管政策的加强

金融监管政策的加强可以帮助企业避免金融风险和损失，保护企业财务安全。国家银行和证券监管机构加强金融监管政策的实施，有助于保障企业财务安全。

（3）知识产权保护法律体系的完善

知识产权保护法律体系的完善可以保障企业的知识产权，促进企业的技术创新和发展。国家对知识产权保护法律体系进行了不断的完善和升级，提高了知识产权保护的力度和效果。

（4）税收政策的改革

税收政策的改革可以促进企业财务管理的规范和发展。近年来，国家对税收政策进行了多方面的改革，如加大税收优惠力度、完善税收监管机制等，为企业财务管理提供了更加优惠和规范的税收环境。

（5）国际税收合作的加强

国际税收合作的加强可以避免企业的跨国税务风险，为企业提供更加稳定和可预测的税收环境。国家积极参与国际税收合作和对外税务合作，为企业提供更加有力的税收政策和环境。

以上是改善法律法规的五个方面，这些改善不仅保障企业的财务合法性和规范性，也为企业的财务管理提供了更加完善和稳定的政策环境。

总的来说，新时期企业财务管理模式的发展机遇多样且丰富。企业应当积极适应新的经济环境和市场需求，结合自身实际情况，探索创新的财务管理模式，以提高企业的竞争力和创造力。

二、新时期企业财务管理模式的发展挑战

随着经济全球化和市场竞争加剧，新时期企业财务管理模式面临着诸多挑战。以下是详细的挑战分析。

（一）财务风险的增加

随着市场竞争加剧和金融市场的波动性增加，企业财务风险不断上升。企业需要针对不同的财务风险制定相应的风险管理策略，加强财务预警机制和应急响应机制，从而应对财务风险的增加。

（二）投资决策的难度加大

新时期企业面临着复杂多变的市场环境和竞争态势，投资决策的难度加大。企业需

要加强市场研究和预测能力，制订科学合理的投资计划和策略，优化投资组合，提高投资效益。

（三）税收政策的不确定性

随着税收政策的不断调整和完善，企业财务管理面临着来自税收政策不确定性的挑战。企业需要加强对税收政策的了解和研究，及时调整财务管理策略，合理规避税收风险。

（四）信息化建设的压力

随着信息技术的发展，企业财务管理信息化建设面临着更高的要求和压力。企业需要加强信息化建设的规划和管理，引进先进的信息技术，提高财务信息的处理和分析能力，以适应信息化时代的发展需求。

（五）人才竞争的加剧

随着市场竞争的加剧和经济发展的变化，企业需要面对人才竞争加剧的问题。企业需要注重人才培养和引进，建立科学合理的人才激励机制，提高员工的综合素质和专业能力，以适应新时期企业财务管理模式的发展需求。

综上所述，新时期企业财务管理模式在面临挑战的同时，也面临着巨大的发展机遇。企业需要紧密关注市场发展趋势，制定科学合理的发展战略，加强创新能力和管理能力，以推动企业财务管理模式的创新和发展。

第三节　企业财务管理模式应对策略和措施

一、针对财务管理信息化建设问题的应对措施

（一）提高企业管理者对财务信息化的认识

在如今瞬息万变的经济环境下，各个行业的企业之间的竞争异常激烈，谁能在这激烈的竞争中进一步更好的发展生存，谁就能在竞争中战胜对手，从而获得发展优势，而获得发展优势的前提条件，就是企业能在变化莫测的经济环境下，迅速地从企业内外部获取更多有价值的信息并及时做出正确的反应，并提前做好措施来应对变化，而在这个过程中最重要的就是获取和利用信息，所以企业财务管理信息化建设是不二的选择，现代化的财务管理模式，可以高效地获取、整合利用数据信息。

（二）重视企业专业人才的培养和储备

人才可谓是时代发展的基石，同样的道理，对于企业的发展也一样，同样离不开人才，所以企业也应该认识到人才对企业发展的重要性，为了企业更好地发展，企业不仅要引进优秀的人才，还要重视从企业自身来培养和储备人才，更要不断地提高业务人员的专业素质能力，也要永无止境地提高强化管理人员的管理理念，把人才的培养和储备

作为企业最基本的任务来统一贯彻实施，当作企业重要的基础工作来抓，企业还要尽快建立完善与企业发展相适应的用人制度，在企业中形成尊重人才、热爱学习、团结友爱的良好氛围，而且企业还要定期采取一系列的培训措施来定向培训相关业务人员，以便相关业务人员更新自身工作技巧和掌握最新基础知识。这样在增强了他们业务能力的同时，也增强了他们对工作的信心，进而提高了企业工作的效率。同样的道理，人才的培养和储备对企业信息化的建设也至关重要。

（三）完善企业管理制度和加大对财务软件的投资

完善企业管理制度，是信息化系统正常运行和不断发展的有效保障。完善企业管理制度可以从以下几点出发：其一，改善企业传统“金字塔”的组织机构，缩短企业的管理路线，加快部门之间信息的传递，使企业财务信息的传递及时准确有效。其二，要充分利用网络财务管理的理论方法，对企业资金进行有效管理，来提高资金使用效率。其三，建设有效的监控体系。运用必要手段获得有用管理信息，让企业监督者全面掌握企业的所有情况，及时有效地发挥监督者的监督职能，从而使企业自上而下有条不紊地运转。

二、针对财务管理信息披露问题的应对措施

（一）完善财务信息披露法律制度

通过立法部门统一审计目标、会计目标、法律法规，使三者在互相独立的情况下，达到共存的目的，以完善审计制度。而且，审计制度需要与时俱进，跟上国际的步伐，同时发展会计准则和审计准则。在审计程序进行的过程中，必须提高注册会计师的专业能力，利用考试完成对应试会计师综合能力的审查，保证企业审计程序的规范化进行；对于通过考核的注册会计师，也要注意其道德水平的培训，严格按照审计程序来执行，这也是降低企业信息披露不准确的关键。国家在制定各项法律法规时，是从国家整体环境出发，促使监管作用的最大化发挥，这也是为企业提供良好发展环境的前提。因此，在健全与企业相关的法律法规时，需要根据企业的发展特点，制定出具有针对性的财务信息披露政策。合理借鉴国际经验，明确在立法中会计主体所需要承担的法律责任，加大对违规操作行为的惩罚。

（二）完善企业财务信息披露机制

企业应当建立完善的、严密的财务信息披露体系，确立明确的财务信息披露目标，形成符合企业实际的规章制度，在此基础上严格执行。这一体系的构成是复杂完备的，应当包括基本会计制度、综合性管理制度、财务收支审批报告制度等等。通过完善的制度来顺利实现财务风险的最小化。

1. 不断提升管理层的意识

对于一个企业来说，管理层的意识对建立合理高效的财务信息披露系统是核心的关键因素。要想优化企业的财务信息披露环境，必须首先把企业管理层的思想意识转变过来，不断提升包括总经理在内的企业高层对财务信息披露的认识，让他们进一步学习和

强化相关的专业知识，保证企业财务信息披露的措施能够到位，真正发挥实实在在的作用。在决策部署上要加强企业财务部门对财务信息披露的支持力度，提升执行力和效果。此外，要采用科学合理的财务信息披露方法，对企业的财务管理采用适合企业的方法。最根本的是，要建立科学客观的财务信息披露制度，用制度化来代替“人治”带来的主观性和不科学性。

2. 加强会计人员专业素质

会计人员在整个财务信息披露中的作用是双重性的，会计核算系统可以说是企业进行财务信息披露控制的核心所在。相关人员的素质直接影响着财务信息披露的结果。要让具体的执行者的经济利益和财务信息披露的效果挂钩，同时适当强化他们的风险意识和责任意识，提升紧迫感，让他们与企业的长远利益相挂钩。财务信息披露的主要目的是发现流程上的错误和不足之处，及时进行处理以杜绝或减少企业的损失，所以相关岗位的人员的选择要慎重。对会计岗位的人员要加强专业素质的培养，让他们的专业技能适应时代的发展和新的政策、经济形势的需要。以专业化确保企业各项会计流程的科学性和合理性，为加强企业的财务信息披露创造良好的内部环境。

3. 积极创造良好的企业文化

要建设良好的企业文化，让全员都树立财务信息披露意识，通过企业文化这一无形的力量，广泛凝聚人心，让每一位员工感觉到自身和企业是共同体，不断加强企业的凝聚力和战斗力，使每一位员工对风险控制有自觉性和主动性，切实做到对企业的财务风险事前防范、事中控制、事后监督追责。

（三）适当加大财务信息披露造假处罚力度

不管是什么类型的企业，也不管是什么类型的会计造假，他们的共同点就是为了寻求不合法的利益。所以导致一部分的企业管理人员，在追求企业最大利益的经营目的下，丧失了个人理性，走上了利欲熏心的路线，因此容易进行财务信息披露造假以此来获取不义之财，但这一不法举措不仅仅危害到自己的前途，也会阻碍到企业的发展，造成严重的后果，所以在编制的过程中一定要以真实性为前提，一点一滴通过实质的数据在报表中表示出来。每一家企业都必须充分披露财务信息，同时也要加强对自愿信息披露的监管。

加大处罚的力度。根据我国《企业法》的有关规定，如果企业管理层不负责任地向股东和社会公布虚假财务信息，将对其直接责任人和相关人员进行 10000~100000 元不等的罚款，如果涉嫌犯罪，将移送司法机关给予其刑事处罚。中国的审计大多集中在财务信息的审计上，也没有专门的社会责任审计机构，一方面没有相关的法律依据，另一方面没有专业的社会责任审计方面的人才。因此，是为了社会责任报告更加具有说服力，政府应该制定审计准则，加大违规失真信息惩罚力度，将社会责任信息也作为审计的一个方面，提高工作人员的专业知识，加强监督，从而使社会责任的审计工作更加完善和规范。

（四）建立财务信息的及时发布机制

企业必须根据企业所面临的宏观经济环境，根据企业财务发展状况建立财务信息及时发布机制。比如，根据宏观的财政政策、税收政策以及银行利率等环境而造成的企业财务信息的变化，企业的财务必须根据这些状况，对财务信息进行发布，增强其对外界环境的应对能力。其次，构建合理高效的财务信息发布体系，也是强化自身，提高财务管理能力，应对复杂环境的一方面举措。通过财务信息的及时发布机制可以有效降低企业的财务风险。决策有用的观点基于会计是为了提供有价值的信息这一原则出发，财务信息主要反映两方面的问题：一是能够通过资产负债表，体现企业的财务现状；二是通过利润表，体现企业的运营结果。在如今的经济环境中，应该正确、客观地反映企业的资产状况，不避讳披露资产减值的信息，提供完整、正确的财务信息，具有重要的作用。

财务信息披露制度是为了保障金融市场正常的金融秩序而建立的制度，对上市公司的监管具有重要意义和作用。财务信息披露制度涵盖了上市公司财务操作的各个环节，比如证券发行、上市以及日常交易活动等，这项制度规定上市公司必须如实地公布相关财务数据和公司的经营情况，涉及重大事件的必须及时真实全面地披露。

三、针对财务管理内部控制问题的应对措施

（一）加强企业对财务内控机制的改革意识

加强对企业财务内部的监管与控制，最终目的就是为了能够降低企业在经营过程中遇到的财务风险、保障企业在经营过程中每一笔资金的利用都是在法律允许的范围内妥善周转，加强财务部门这一模块的同时也是带动了对企业其他部门领域的制度改善，可以保障后期公司在整体的运作中可以更加的协调有序。可以辅助企业在推行决策的过程中实时跟进经济与内部生产的变化进行计划调整，避免因高层领导者的错误决策而导致企业受到一定程度的经济损失。

（二）加强对财务内部职员素养的培训

对企业财务部门的职员与下属开设相关的专业知识水平讲座课堂，培养每一个人在财务、会计工作范畴内能够更加熟练地操作，尤其是财务部门的高级管理人员在培训其专业知识的同时，也要加强对其人品素养的培训，保证财务部门的管理者有较强的职位责任感及法律意识，在进行这些培训的同时也是为了提高财务部门在企业整体架构中的地位。

（三）建立完善的监控机构

加强管制企业必须利用良好的内控管理机制，及时遏制公司财务部门表里不实的现象，开设相关的财务监督及内审机构的意义不仅是为了能够集合出传统财务部门中存在的诟病，还为了能够保障财务部门所核算的财务报表具有高度的精准性及透明化，将财务部门的职能领域扩大到信息共享平台建设上来，刺激高层领导者的危机意识，利用各

项规矩条例规范企业财务部门的常规操作，结合奖惩制度来加以保障财务部门的职员能够在自己所分工的范畴之内做到尽心尽职；利用循环的监管机制加强财务部门与上级领导之间的沟通力度，还可以促使财务部门内部员工达成相互监督、共同进步的局面。

（四）扩大财务部门的权限及执行力度

企业为了能够迅速加强对财务部门的内部管制，需要在第一时间内扩大财务部门职能所涉及的领域范围，才能够更好地凸显出财务部门在企业架构中的实际意义，方便财务部门在日后开展的相关工作中能够更便捷地利用自己的职能下达任务，并对安排资金流向的每一个环节都有权限进行实时跟进、调研。

（五）企业提供良好的基础设施及构建和谐工作环境

企业不仅要利用自己的资源规划开设财务监督及内审机构，还需要开辟一所工作室，专门用来存放财务部门前期工作内容的档案，利用更具现代信息化的科技管理系统存储相关财务档案，并设定相关的权限界别，便于企业的高层领导者实时调阅档案内容，针对财务部门每一环节合理进行分工，并准备好相关的基础设施，以构建财务部门良好工作环境为宗旨，保障所涉及的财务部门职员能够在安心舒适的环境内为企业做出更大的贡献。

四、针对财务管理人才培养问题的应对措施

高校在培养财务管理专业人才时需要做到以下两个方面。

（一）做好财务管理专业的课程思政

从对企业的调查结果来看，由于财务岗位具有特殊性，绝大部分企业都要求财务管理人员具备一定的职业素养。因此，对财务管理专业实施课程思政，也就是把职业素养融入课程教学当中，从思想上立德树人。在教学方面，教师应做到以下三点。

1. 加强培养学生的职业观

教师应该结合国家的经济发展趋势，及时告诉学生财务管理专业的新的发展方向，结合就业岗位对综合素质的要求，适当教育和引导学生，培养学生的爱岗敬业精神。

2. 加强主干课程的道德品质教育

财务管理专业的核心课程包括基础会计、财务会计、财务管理、审计学和纳税实务等课程，教师在教学时，要把不同的课程与隐性的职业能力联系在一起。例如，教师在讲授基础会计、财务会计、会计综合实训、会计电算化等课程的知识时，不仅要让学生掌握企业经济业务处理的会计原理，还要融入会计的人文情怀，让学生具备一定的抗压能力。

3. 分岗实训时，加强团队协作，提高职业素养

在进行分岗实训的过程中，教师要注意培养学生的团队精神；通过讲授税收筹划等课程，加强学生对社会主义核心价值观的认识，使学生走上工作岗位时能够依法纳税，

拒绝偷税漏税；通过讲授审计课程，让学生有风险防范意识；通过讲授财务管理、财务分析、管理会计等课程，让学生养成善于思考的习惯，学会分析行业的特征。

（二）利用校园孵化器项目积累工作经验并融入企业文化

当前，由于各个企业对自己的财务数据都有所保密，因此，教师在进行实训教学时，很难获取企业的财务数据，这就使高校财务管理专业的实训缺乏真实的业务环境，学生无法真实地感受到数据的来龙去脉。不过，高校可以利用校园孵化器项目来解决这个问题，让学生通过参与校园孵化器的运营管理来了解企业的运营，掌握财务管理的原理。同时，在运营中融入企业文化，让有实践经验的教师带领学生在实践中提高财务管理水平，达到财务管理专业的教学目的。

在任职要求中，有一些企业会要求财务人员具有财务资格证书，部分企业对会计岗位的证书级别要求也提高了。当前，在财务证书方面，高校没有任何考核机制，由于初级证书已经代替了从业资格证，导致难度大增，如果没有考核机制的话，很难调动学生的积极性。因此，高校应当建立证书考核机制，鼓励学生积极准备职业资格考试。此外，高校应鼓励学生终身学习，进一步提升自己的学历，提高自身的就业能力。

从目前的调查来看，已有个别企业提出财务人员要有财务服务共享经验。事实上，我国的一些大企业已经开始实施财务服务共享。随着人工智能技术的发展，财务共享、财务机器人、云平台等已经不是什么新鲜事了。因此，高校应建立现代化实训室，跟上时代发展的步伐。

五、针对财务管理经营决策问题的应对措施

针对经营决策风险，企业可以采取以下措施进行应对。

（一）建立完善的风险管理机制

企业应建立完善的风险管理机制，通过对各种风险进行评估和管理，控制风险的发生和影响。具体措施包括建立风险管理制度、制订风险管理计划、加强对关键岗位的风险控制等。

1. 建立风险管理制度

企业需要建立风险管理制度，明确风险管理的职责和权限，并将风险管理纳入企业的日常经营管理中。风险管理制度应该包括以下几个方面：其一，风险管理组织架构和责任制。明确各级别风险管理的职责和权限，并建立相应的风险管理组织架构。其二，风险管理流程和程序。明确风险管理的流程和程序，确保风险管理能够系统化和规范化进行。其三，风险评估和监测。建立风险评估和监测机制，定期评估和监测企业面临的各种风险。其四，风险预警和应急预案。建立风险预警和应急预案机制，及时发现和应对风险。

2. 制订风险管理计划

企业需要根据风险评估结果，制定相应的风险管理计划。风险管理计划应该包括以

下内容：第一，风险控制目标和措施。明确风险控制的目标和措施，确保企业能够有效控制风险。第二，风险控制计划。制订风险控制计划，包括控制措施、实施时间、责任部门和人员等。第三，风险控制资源。确定风险控制所需的资源，包括人力资源、财务资源和技术资源等。第四，风险控制效果评估。建立风险控制效果评估机制，及时评估风险控制措施的实施效果，进行必要的调整。

3. 加强对关键岗位的风险控制

企业需要加强对关键岗位的风险控制，确保关键岗位的风险控制能够有效落实。具体措施包括：第一，建立岗位风险评估机制，对关键岗位的风险进行评估，制订相应的风险控制方案，明确岗位责任和控制措施。第二，制定岗位风险管控标准和操作规程，对于风险评估结果较高的关键岗位，建立相应的风险管控标准和操作规程，并对相关人员进行培训，确保操作规程的有效实施。第三，加强对关键岗位人员的监督和管理，对于关键岗位人员，要建立严格的管理制度，加强对其日常行为的监督，确保其行为符合公司规定，并及时发现和处理风险。第四，完善内部审计机制，定期对关键岗位的风险控制进行审计，发现并纠正存在的问题，防止风险进一步扩大。第五，建立应急预案，对于可能出现的突发事件和风险，建立相应的应急预案，明确应急处理流程和责任人，及时应对和处置风险事件，减少损失。第六，加强对供应商和合作伙伴的风险管理，对于与企业有重要合作关系的供应商和合作伙伴，建立相应的风险管理制度，对其经营情况进行评估和监督，确保与其合作不会带来重大风险。

总之，建立完善的风险管理机制对于企业的经营和发展至关重要。企业需要在不断的实践中总结经验，逐步完善风险管理机制，提高风险管理水平，确保企业稳定发展。

（二）加强财务信息的透明度和公开度

企业应加强财务信息的透明度和公开度，提高外界对企业财务状况的了解程度。可以通过公开财务报告、主动披露经营状况、加强与投资者和社会公众的沟通和交流等方式，提高外部对企业的信任度，降低经营决策风险。

1. 财务报告公开

财务报告是企业对外展示经营状况和财务状况的主要途径。因此，财务报告的公开对于提高外部对企业的信任度、降低经营决策风险非常重要，具体措施如下。

（1）及时发布财务报告

企业应当在规定的时间内发布财务报告，如年度报告、中期报告等，保证财务报告的及时性。及时发布财务报告可以提高外部对企业的了解度，减少信息不对称，提高企业透明度。

（2）规范财务报告格式

财务报告的格式应当规范，包括内容、形式、语言等方面，保证财务报告的准确性、全面性、易读性。规范财务报告格式可以方便外部用户对企业的财务状况进行理解和分析，提高财务报告的可比性。

（3）公开财务报告审计意见

财务报告的审计意见是证明财务报告真实性的关键。企业应当公开财务报告的审计意见，以表明财务报告真实可信，提高外部对企业的信任度。

2. 经营状况主动披露

除了财务报告公开外，企业还应当主动披露经营状况，包括经营策略、业务模式、市场竞争力等方面，具体措施如下。

（1）主动公开企业信息

企业应当通过多种途径主动公开企业信息，如企业网站、公开信、公告等。主动公开企业信息可以提高外部对企业的了解度，加强企业与投资者、社会公众之间的沟通和交流。

（2）公开经营策略和业务模式

企业应当公开经营策略和业务模式，包括市场定位、产品特点、竞争优势等。公开经营策略和业务模式有助于外部对企业的理解和认识，加强投资者对企业的信任度和认可度。

（3）定期召开投资者沟通会议

企业应当定期召开投资者沟通会议，介绍企业经营状况、发展计划、投资方向等信息，并回答投资者的提问。投资者沟通会议是加强企业与投资者之间沟通的有效途径，可以提高企业透明度和信任度。

（4）参加投资者关系活动

企业可以参加投资者关系活动，如投资者见面会、路演活动等，与投资者直接交流、沟通。投资者关系活动可以加强企业与投资者之间的联系，提高企业的信任度和影响力。

（5）加强与媒体的沟通

企业应当加强与媒体的沟通，及时回应媒体报道，主动披露企业信息，避免信息传播的失控。与媒体的沟通是加强企业形象管理和处理公共关系的重要途径。

（6）建立投资者关系管理制度

企业应当建立投资者关系管理制度，明确投资者关系管理的职责和流程，加强对投资者关系管理的规范化和制度化。投资者关系管理制度可以确保企业与投资者之间沟通的规范性和透明度，减少信息失控的风险。

加强财务信息的透明度和公开度，通过公开财务报告、主动披露经营状况、加强与投资者和社会公众的沟通和交流等方式，可以提高外部对企业的信任度，降低经营决策风险。

（三）采用多种经营决策方法

企业应采用多种经营决策方法，综合考虑各种因素，减少决策的盲目性和主观性。

可以通过制订风险管理方案、采用科学决策模型、加强对市场和行业的分析等方式，提高决策的科学性和准确性，降低经营决策风险。

1.SWOT 分析法

SWOT 分析法是一种常用的经营决策方法，它通过对企业内部和外部环境的分析，找出企业的优势、劣势、机会和威胁，从而确定企业的战略方向。在进行 SWOT 分析时，需要对企业的内部环境进行分析，包括企业的资源、技术、人员和管理水平等方面，同时还需要对外部环境进行分析，包括政策、市场、竞争对手和消费者等方面。

2. 成本效益分析法

成本效益分析法是一种常用的经营决策方法，它通过对企业进行成本和效益的分析，来确定企业的最优决策方案。在进行成本效益分析时，需要对企业的成本和效益进行综合考虑，找到成本和效益之间的平衡点，从而确定最优决策方案。在进行成本效益分析时，需要充分考虑不同决策方案的长期效益和风险，从而使决策更加科学可靠。

3. 决策树分析法

决策树分析法是一种常用的经营决策方法，它通过对不同决策方案的分析和比较，来确定最优决策方案。在进行决策树分析时，需要将不同决策方案的风险和效益量化，并将其放置在决策树上，从而找到最优决策方案。在进行决策树分析时，需要充分考虑不同决策方案的风险和影响，从而使决策更加科学可靠。

4. 偏好排序法

偏好排序法是一种常用的经营决策方法，它通过对不同决策方案的比较，来确定最优决策方案。在进行偏好排序时，需要对不同决策方案进行量化和评价，然后根据不同决策方案的得分，将其进行排序，从而找到最优决策方案。在进行偏好排序时，需要充分考虑不同决策方案的风险和效益，从而使决策更加科学可靠。

六、针对财务管理创新问题的应对措施

（一）加强创新意识和创新文化

企业需要加强创新意识和创新文化的建设，提高企业的创新能力。这可以通过组织创新活动、设立创新奖励制度、招聘拥有创新思维的人才等方式来实现。

1. 组织创新活动

企业可以组织创新活动，如创新大赛、创新论坛等，鼓励员工提出创新建议和创新思路。这可以增强员工的创新意识，促进员工之间的交流和合作，激发员工的创新热情，同时也可以为企业提供更多创新思路和创新点。

2. 设立创新奖励制度

企业可以设立创新奖励制度，为员工提供物质和非物质奖励，以激励员工提出创新建议和创新方案。这可以增强员工的创新热情和动力，同时也可以为企业提供更多的创

新思路和创新点。创新奖励制度应当公正、公开、透明，以确保员工的积极性和参与度。

3. 招聘拥有创新思维的人才

企业应当积极招聘拥有创新思维的人才，以增强企业的创新能力。这些人才可以为企业提供更多的创新思路和创新点，同时也可以带动整个团队的创新意识和创新热情。招聘人才时，企业应当注重人才的创新能力和创新经验，以确保招聘的人才能够为企业带来实际的创新成果。

4. 建立创新文化

企业应当建立创新文化，将创新理念融入企业文化中，以增强员工的创新意识和创新热情。企业可以通过宣传、培训、讲座等方式，向员工传递创新理念，激发员工的创新思维和创新能力。此外，企业还可以通过以下措施来建立创新文化。

（1）制定创新文化建设方案

企业需要制定具体的创新文化建设方案，包括明确创新目标、制订创新计划、实施创新活动、建立创新评价体系等。创新文化建设方案需要充分考虑企业的实际情况，以实现创新理念和目标的有效融入企业文化中。

（2）设立创新奖励制度

企业应当建立创新奖励制度，通过给予创新人员一定的奖励，激励员工积极参与创新活动，提高员工的创新热情。创新奖励制度应当具有一定的针对性和灵活性，以鼓励员工提出创新想法和创新方案。

（3）招聘拥有创新思维的人才

企业应当优先招聘拥有创新思维和创新能力的人才，以提高企业的创新能力和竞争力。在招聘过程中，企业应当注重候选人的创新潜力和创新意识，而不仅是技能和经验。

（4）开展创新培训和讲座

企业应当开展创新培训和讲座，帮助员工掌握创新理论和方法，提高员工的创新能力和创新水平。此外，企业还可以邀请行业内的专家和学者来进行创新讲座，以拓展员工的视野和思路。

（5）营造创新氛围

企业应当营造创新氛围，创造良好的创新环境。这包括加强内部沟通和合作、鼓励员工提出创新想法、开设创新工作室等措施。通过营造创新氛围，可以激发员工的创新热情和创造力，促进企业的创新发展。

建立创新文化是企业提高创新能力和竞争力的关键。企业需要通过各种方式来加强创新意识和创新文化的建设，以实现企业的长期发展和可持续性发展。

（二）引进先进的财务管理技术和理念

企业可以引进先进的财务管理技术和理念，如云计算、大数据、人工智能等，以提高财务管理的效率和质量，同时也可以帮助企业发掘和利用财务数据的潜力，发现潜在商机。

1. 引进先进的财务管理软件

企业应当引进先进的财务管理软件，如 ERP 系统、财务管理软件等。这些软件可以实现财务管理信息的集成和自动化，提高财务管理效率，降低人为错误的发生率。同时，这些软件还能够提供精确的财务分析和预测功能，为企业的决策提供支持。

2. 加强财务数据分析能力

企业应当加强财务数据分析能力，通过数据挖掘和分析技术，从海量的财务数据中提取有价值的信息，为企业的决策提供支持，这需要企业引进先进的数据分析软件和专业人才，并建立财务数据分析团队。

3. 借鉴先进的财务管理经验

企业可以借鉴先进企业的财务管理经验，了解他们的财务管理模式和方法，并通过比较和分析，找到适合自身的财务管理方式。此外，企业还可以邀请先进企业的财务管理专家，开展交流和研讨活动，进一步提升自身的财务管理水平。

4. 关注财务管理前沿技术和理念

随着财务管理领域的技术和理念不断更新和升级，企业需要关注财务管理前沿技术和理念的发展动态，了解最新的趋势和变化，及时调整自身的财务管理策略和方法。企业可以通过参加行业会议、研讨会、培训课程等方式，获取最新的财务管理信息。

5. 注重人才引进和培养

引进和培养具有先进财务管理技术和理念的人才，是企业提升财务管理水平的关键。企业可以通过招聘、培训、激励等方式，吸引和留住财务管理人才。同时，企业还应当为员工提供广泛的学习和发展机会，鼓励员工不断学习、更新知识和技能，提高自身财务管理水平。

（三）积极开展财务管理改革

企业需要积极开展财务管理改革，推动财务管理模式的创新和变革。例如，可以采用新的财务管理模式、实行财务管理制度的改革、建立财务管理标准等，以推动财务管理的变革和创新。

1. 财务管理改革的必要性

（1）符合市场需求

随着市场的不断发展和变化，财务管理的需求也在不断增加。传统的财务管理方式往往过于烦琐和复杂，不能满足企业的快速发展和应对市场变化的需要。因此，开展财务管理改革可以及时符合市场需求，提高企业的竞争力。

（2）提高企业效益

改革财务管理方式，可以提高企业的效益。传统的财务管理方式往往存在效率低下、信息不透明等问题，限制了企业的发展。改革财务管理方式，可以提高工作效率，更好地掌握企业经营状况，从而提高企业效益。

（3）提升财务管理水平

改革财务管理方式，可以提升企业财务管理水平。随着市场的变化和发展，财务管理的要求越来越高，传统的财务管理方式已经无法满足企业的需要。通过改革财务管理方式，引进新的理念和技术，可以提升企业财务管理水平，更好地适应市场的变化。

2. 财务管理改革方案

针对财务管理存在的问题，企业应积极开展财务管理改革，以推进企业财务管理现代化，以下是一些可能的财务管理改革方案。

（1）推行财务共享服务

推行财务共享服务，通过集中化的财务服务中心，实现财务管理的标准化、规范化和信息化，提高财务效率和准确性。共享服务可以覆盖企业各个部门和子公司，统一管理财务数据和流程，确保财务管理的一致性和有效性。

（2）引进财务管理信息系统

引进财务管理信息系统，实现财务数据的自动化采集、处理和分析。通过财务信息系统，企业可以快速、准确地获取财务数据，实时监控企业的财务状况，更好地支持企业的经营决策。此外，财务信息系统还可以提高财务管理的效率，减少人工错误和数据丢失风险。

（3）建立绩效管理制度

建立绩效管理制度，通过设定绩效指标、建立考核机制等方式，对财务管理人员进行考核和激励，推动财务管理工作的持续改进。绩效管理制度可以将财务管理与企业战略目标紧密结合，促进财务管理人员的工作积极性和责任感。

（四）建立与外部机构合作的机制

企业可以建立与外部机构合作的机制，与相关机构和专业人士合作，利用他们的专业知识和技能，以提高企业的财务管理水平和创新能力。

1. 建立与银行、投资机构的合作机制

企业可以与银行和投资机构建立合作关系，通过融资、股权融资、债券发行等方式获得必要的资金支持，以支持企业的经营发展。与银行和投资机构建立合作关系，也可以促进企业与市场的深度融合，增强企业的市场竞争力。

2. 建立与政府部门的合作机制

企业可以与政府部门建立合作关系，获取政府的政策支持和资源优势，以推动企业的创新发展。与政府部门建立合作关系，可以使企业更好地了解政策方向和市场环境，从而更好地制定战略和经营决策。

3. 建立与行业协会、研究机构的合作机制

企业可以与行业协会和研究机构建立合作关系，共同探讨行业发展趋势和前景，分

享行业信息和经验，以推动行业的创新和发展。与行业协会和研究机构建立合作关系，可以使企业更好地了解行业趋势和技术动态，提高企业的技术和管理水平。

4. 建立与供应商、客户的合作机制

企业可以与供应商和客户建立合作关系，共同推进供应链和价值链的优化，实现共赢发展。与供应商和客户建立合作关系，可以加强企业与外部环境的联系和沟通，提高企业的市场竞争力。

以上是企业与外部机构建立合作机制的一些措施。通过与外部机构的合作，企业可以获得更多的资源和支持，以更好地应对市场的变化和挑战，从而实现可持续发展。

第七章　新时期企业财务管理模式创新策略分析

第一节　新时期企业财务管理方向的创新策略

新时期企业财务管理需要不断创新，以适应市场的变化和发展，以下是一些可能的创新方向。

一、生态型财务管理

生态型财务管理是一种综合性的财务管理理念，强调企业在追求经济效益的同时，还要关注社会责任和环境保护，企业可以通过改变产品和服务、优化生产流程等方式来实现生态型财务管理。

（一）生态型财务管理的概念

生态型财务管理是一种新型的财务管理理念，它强调企业财务管理应该注重环境保护、社会责任和可持续发展，实现经济、社会和环境的协同发展。生态型财务管理的核心理念是“三重盈利”，即经济、社会和环境的盈利。

生态型财务管理认为，企业不仅是赚钱的机器，还应承担起环保责任和社会责任，实现可持续发展。企业应该注重生态环境保护和资源的合理利用，积极参与社会公益活动，改善员工福利和生活质量，实现经济效益、社会效益和环境效益的协同发展。

生态型财务管理还提出了“全面成本管理”和“环境会计”等新概念，以更好地实现生态型财务管理的目标。全面成本管理是指企业应该考虑所有成本，包括环境成本、社会成本和经济成本，实现成本的内部化和外部化。环境会计是指企业应该通过财务报表等手段，将环境保护和资源利用等因素纳入财务管理中，实现对环境成本和效益的量化和评估。

生态型财务管理是企业财务管理的重要发展方向，它强调财务管理与社会、环境的协同发展，实现企业可持续发展的目标。生态型财务管理不仅能够提高企业的社会形象和声誉，还能够降低企业的财务风险和成本，实现财务和社会、环境的三方共赢。

（二）生态型财务管理的核心特点

1. 重视社会责任和环境保护

生态型财务管理注重企业的社会责任和环境保护，认为企业应该承担起环境保护和社会责任，实现可持续发展。企业应该注重生态环境保护和资源的合理利用，积极参与社会公益活动，改善员工福利和生活质量，实现经济效益、社会效益和环境效益的协同发展。

（1）重视社会责任和环境保护

企业重视社会责任和环境保护是生态型财务管理的核心要求之一。随着社会对企业的社会责任和环境保护的要求越来越高，企业需要把社会责任和环境保护纳入财务管理中来，以实现经济、社会和环境的协同发展。具体来说，企业可以从以下四个方面来重视社会责任和环境保护：

制定环保政策和方案。企业可以制订一系列的环保政策和方案，明确企业的环境保护目标和责任，并建立环保管理体系。例如，制订环境保护规划，加强环境保护投入，控制污染物排放等。

加强环保投入。企业可以加大环保投入，实现环境保护和经济效益的协同发展。例如，开展环境治理、环保技术研究等，提高环保技术水平和能力，减少资源浪费和环境污染。

实施绿色经营。企业可以实施绿色经营，推广环保产品和服务，提高企业形象和竞争力。例如，开发环保产品，推广绿色生产方式，实现绿色供应链管理等。

（2）注重资源的合理利用

资源的合理利用是生态型财务管理的另一个重要方面。企业应该注重资源的合理利用，实现资源的可持续利用和循环利用。具体来说，企业可以从以下几个方面来注重资源的合理利用：

实行节约型生产方式。企业可以实行节约型生产方式，减少资源浪费和环境污染。例如，建立节能减排管理制度，优化生产流程，降低能耗和排放。

开发新型材料和能源。企业可以加强科技创新，开发新型材料和能源，提高资源利用效率和经济效益。例如，开发可再生能源，推广清洁能源，研发新型材料，实现资源的循环利用和节约利用。

推行绿色采购。企业可以推行绿色采购，选择环保和节能的产品和服务，实现资源的节约和循环利用。例如，选择环保材料，采用环保工艺，优先选择节能和环保的供应商。

（3）积极参与社会公益活动

企业应该积极参与社会公益活动，提高企业的社会责任感和公众形象。具体来说，企业可以从以下几个方面积极参与社会公益活动。

开展公益项目和活动。企业可以开展公益项目和活动，例如，捐款捐物，组织志愿者开展社区服务等，为社会做出贡献。

扶贫济困。企业可以扶贫济困，帮助贫困地区和人群脱贫致富，实现经济、社会和环境的协同发展。例如，开展帮扶项目，提供就业机会，加强教育和培训等。

加强员工公益活动。企业可以增加员工公益活动，提高员工的社会责任感和公益意识。例如，组织员工参与公益活动，奖励员工参与公益活动，激发员工的公益热情。

（4）改善员工福利和生活质量

生态型财务管理认为，企业的发展离不开员工的支持和贡献，企业应该注重改善员工福利和生活质量，提高员工的幸福感和归属感。具体来说，企业可以从以下几个方面来改善员工福利和生活质量。

①提高薪酬待遇。企业可以提高薪酬待遇，为员工提供稳定的工作和收入，提高员工的生活质量。

②加强职业培训和发展。企业可以加强职业培训和发展，提高员工的职业素质和能力，实现员工和企业的共同发展。

③优化工作环境和条件。企业可以优化工作环境和条件，改善员工的工作条件和生活质量，提高员工的工作效率和幸福感。

2. 注重成本管理和效益评估

生态型财务管理强调全面成本管理和环境会计，认为企业应该考虑所有成本，包括环境成本、社会成本和经济成本，实现成本的内部化和外部化。同时，企业应该通过财务报表等手段，将环境保护和资源利用等因素纳入财务管理中，实现对环境成本和效益的量化和评估。

（1）环境成本的管理

环境成本是指企业为保护环境和资源所需的投入和费用。生态型财务管理认为，环境成本应该纳入财务管理中，通过有效的成本管理和控制，实现环境保护和经济效益的协同发展。具体来说，企业可以从以下几个方面来管理环境成本：

量化环境成本。企业应该通过财务报表等手段，量化环境成本，包括环境治理、污染防治、资源利用等方面的投入和费用。通过量化环境成本，企业可以更好地了解环境保护的投入和成本，实现成本管理和控制。

建立环境成本管理制度。企业可以建立环境成本管理制度，明确环境成本的核算和管理程序，实现环境成本的标准化管理和规范化管理。例如，制定环境成本核算制度，建立环境成本管理流程，加强环境成本控制等。

加强环境成本控制。企业可以通过加强环境成本控制，实现环境保护和经济效益的协同发展。例如，优化生产流程，降低能耗和污染物排放，控制环境治理和资源利用成本等。

（2）效益的评估

效益评估是指通过对环境保护和资源利用等因素的评估，实现对环境保护和经济效益的协同发展。生态型财务管理认为，企业应该将环境保护和资源利用等因素纳入财务管理中，通过对效益的评估，实现企业可持续发展的目标。具体来说，企业可以从以下三个方面来进行效益的评估：

①环境效益的评估。企业可以通过环境效益的评估，评估环境保护的效果和成本。例如，通过环境影响评价，评估环境治理的效果和成本；通过环境监测，评估污染物排放情况和环境质量改善情况等。企业可以借助专业机构和专家的支持，采用合适的评估方法和指标，进行环境效益的评估。通过环境效益的评估，企业可以了解环境治理的效果和成本，优化环境保护的投入和成本，实现环境保护和经济效益的协同发展。

②资源效益的评估。企业可以通过资源效益的评估，评估资源利用的效果和成本。例如，通过生态足迹评估，评估资源的利用和消耗情况；通过资源清单和流程图，评估资源的流动和利用效率。企业可以借助专业机构和专家的支持，采用合适的评估方法和指标，进行资源效益的评估。通过资源效益的评估，企业可以了解资源的利用效率和成本，优化资源利用的方式和途径，实现资源的可持续利用和循环利用。

③社会效益的评估。企业可以通过社会效益的评估，评估环境保护和资源利用等方面对社会的影响和贡献。例如，通过社会责任报告，评估企业的社会责任和公益活动；通过社会贡献评估，评估企业在环保和资源利用等方面的贡献和影响。企业可以借助专业机构和专家的支持，采用合适的评估方法和指标，进行社会效益的评估。通过社会效益的评估，企业可以了解企业对社会的影响和贡献，优化企业的社会责任和公益活动，实现企业的可持续发展和社会效益的协同发展。

生态型财务管理的效益评估应该是全面、科学和可操作性的，通过环境效益、资源效益和社会效益的评估，实现对生态型财务管理的全面评估和管理。企业应该借助专业机构和专家的支持，采用合适的评估方法和指标，来实现环境保护和经济效益的协同发展。

3. 重视财务与非财务因素的协同作用

生态型财务管理认为，企业的财务因素与非财务因素之间存在着协同作用，不应该单纯追求经济效益，而应该注重经济、社会和环境的协同发展。企业应该通过财务管理的规范化和创新，实现经济、社会和环境的协同发展。

（1）环境成本与经济效益的协同发展

企业应该重视环境成本与经济效益的协同发展。企业在进行经济决策的同时，需要考虑环境成本和效益，实现环境保护和经济效益的协同发展。例如，企业在进行生产决策时，需要考虑环境成本和效益，选择环保型产品和技术，减少污染排放和资源浪费，实现环境保护和经济效益的协同发展。

（2）社会责任与经济效益的协同发展

企业应该重视社会责任与经济效益的协同发展。企业在进行经济决策的同时，需要考虑社会责任和效益，实现社会责任和经济效益的协同发展。例如，企业在进行产品营销时，需要考虑产品质量和安全，重视消费者的权益和健康，实现社会责任和经济效益的协同发展。

（3）资源利用与经济效益的协同发展

企业应该重视资源利用与经济效益的协同发展。企业在进行经济决策的同时，需要考虑资源利用和效益，实现资源的可持续利用和循环利用。例如，企业在进行生产决策时，需要优化生产流程和节约资源，实现资源利用和经济效益的协同发展。

（三）生态型财务管理的实践方法

1. 建立环境会计制度

环境会计是一种方法，旨在量化企业的环境贡献和环境成本，并将其纳入财务报告中。通过建立环境会计制度，企业可以更好地识别和管理环境成本和风险，提高环境效益和竞争力。

2. 推广绿色金融

绿色金融是指将环保和可持续发展理念纳入金融体系，以资金和金融工具支持环保和可持续发展项目。企业可以通过积极申请绿色金融贷款、绿色债券等绿色金融产品，实现企业经济效益与环保效益的双赢。

3. 实行全生命周期成本管理

全生命周期成本管理是指将企业产品和服务的全部生命周期中的成本纳入管理范畴，包括研发、生产、销售、使用、报废等环节。通过全生命周期成本管理，企业可以更好地控制和管理产品和服务的成本，提高资源利用效率和经济效益。

4. 建立绿色供应链管理系统

绿色供应链管理是指通过对供应链中的环境和社会责任进行全面的考虑和管理，提高供应链的绿色和可持续性的水平。企业可以建立绿色供应链管理系统，对供应链中的环境和社会责任进行全面管理和监督，促进供应链的绿色和可持续的发展。

5. 开展环境风险评估和管理

企业需要开展环境风险评估和管理，对可能出现的环境风险进行预防和控制。通过环境风险评估和管理，企业可以更好地保障企业财务安全和可持续发展。

6. 推广绿色审计

绿色审计是指在审计过程中，对企业的环境和社会责任进行评估和审计。企业可以积极推广绿色审计，通过绿色审计，了解企业环境和社会责任的实际情况，为企业环境和社会责任管理提供重要参考依据。

7. 加强环保投资

企业需要加强环保投资，积极开展环保项目建设，推动企业绿色和可持续发展。通过加强环保投资，企业可以提高环保效益和经济效益，同时增强企业的社会责任和形象。

二、智能投资

智能投资是指利用人工智能等技术，对投资市场进行分析和预测，从而优化投资组合和风险控制。企业可以借助智能投资工具，提高投资效益和风险管理能力。

（一）智能投资的应用领域

智能投资技术可以应用于多个领域，包括金融、房地产、期货、外汇等金融市场，以及房地产、企业投资等领域。不同领域的智能投资技术会针对其特点和需求进行相应的优化和改进。

1. 股票投资

股票投资是智能投资技术的主要应用领域之一。智能投资技术可以通过分析历史股票价格和市场趋势，预测股票的涨跌和风险，从而帮助投资者做出更加明智的股票投资决策。智能投资技术可以根据投资者的风险偏好和收益要求，选择适合的股票投资组合，实现投资风险和收益的平衡。

（1）智能投资技术在股票投资中的基本原理

智能投资技术在股票投资中的基本原理是通过分析历史数据和市场趋势，预测股票的涨跌和风险，从而帮助投资者做出更加明智的投资决策。具体来说，智能投资技术可以采用以下几种方法来实现。

基于数据挖掘和机器学习的预测。智能投资技术可以通过数据挖掘和机器学习技术，对历史数据和市场趋势进行分析和预测，帮助投资者预测股票的涨跌和风险。数据挖掘和机器学习技术可以通过对大量数据的分析和模型构建，从而实现对未来市场的预测和趋势分析。

基于人工智能的投资决策。智能投资技术可以利用人工智能技术，根据投资者的风险偏好和收益要求，选择适合的股票投资组合，实现投资风险和收益的平衡。人工智能技术可以通过对投资者的投资偏好和历史数据的分析，从而实现智能化的投资决策和风险控制。

基于量化投资的策略。智能投资技术可以利用量化投资策略，选择适合的股票投资组合，实现投资风险和收益的平衡。量化投资策略是一种基于数学模型的投资策略，通过对大量历史数据的分析和模型构建，选择适合的股票投资组合，实现投资风险和收益的平衡。

（2）智能投资技术在股票投资中的应用

股票市场的趋势分析。智能投资技术可以通过对股票市场的趋势分析，预测股票价格的走势，从而帮助投资者做出明智的投资决策。股票市场的趋势分析可以通过技术分析和基本面分析来实现。

技术分析主要是通过股票价格和交易量等技术指标，来研究股票市场的趋势变化和股票价格的走势。智能投资技术可以通过数据挖掘和机器学习技术，对历史的股票价格和交易量数据进行分析和预测，从而识别股票市场的趋势变化，提供给投资者参考。

基本面分析主要是通过对公司的基本面数据，如财务报表、市场环境、行业动态等进行分析，来预测股票价格的走势。智能投资技术可以利用数据挖掘和机器学习技术，对大量的基本面数据进行分析和预测，从而帮助投资者做出更加明智的投资决策。

股票投资组合的优化。智能投资技术可以通过优化股票投资组合，实现投资风险和收益的平衡。股票投资组合的优化是指通过选择合适的股票组合，实现最大的收益和最小的风险。智能投资技术可以利用人工智能和量化投资等技术，根据投资者的风险偏好和收益要求，选择适合的股票投资组合，实现投资风险和收益的平衡。

股票投资的风险控制。智能投资技术可以通过股票投资的风险控制，降低投资风险。股票投资的风险控制主要是通过资产配置、止损等手段来降低投资风险。智能投资技术可以利用人工智能和量化投资等技术，实现对股票投资的风险控制。

股票投资的时机选择。智能投资技术可以通过选择股票投资的时机，实现最大的收益。股票投资的时机选择主要是通过对市场趋势和股票价格走势的分析，确定最佳的投资时机。智能投资技术可以利用数据挖掘和机器学习等技术，预测股票价格的走势，帮助投资者做出正确的投资决策。

2. 债券投资

债券投资是智能投资技术的另一个应用领域。智能投资技术可以通过分析债券市场的历史数据和趋势，预测债券的收益和风险，从而帮助投资者选择适合的债券投资组合，实现投资风险和收益的平衡。智能投资技术可以根据投资者的投资目标和收益要求，选择适合的债券品种和期限，提高投资回报和风险控制能力。

（1）债券投资的特点

债券是指借款人向债权人发行的一种有价证券，具有定期支付利息和到期还本的特点。相比于股票投资，债券投资的风险相对较小，收益稳定可靠，是许多投资者的首选。

债券投资的特点主要有以下四点：第一，收益稳定。债券投资有固定的利率和到期日，收益相对稳定；第二，风险相对较小。相比于股票投资，债券投资的风险相对较小；第三，流动性较好。债券市场具有较高的流动性，投资者可以随时买卖；第四，期限多样化。债券期限从短期到长期不等，投资者可以根据自己的需求选择适合的期限。

（2）智能投资技术在债券投资中的应用

智能投资技术可以根据投资者的投资目标和收益要求，选择适合的债券品种和期限，提高投资回报和风险控制能力。

债券品种的选择。智能投资技术可以根据投资者的风险偏好和收益要求，选择适合的债券品种，例如国债、企业债、可转债等。不同品种的债券具有不同的风险和收益特点，智能投资技术可以通过对历史数据和市场趋势的分析，预测债券价格的走势，帮助投资者做出正确的选择。

债券期限的选择。智能投资技术可以根据投资者的投资目标和收益要求，选择适合的债券期限。不同期限的债券具有不同的风险和收益特点，智能投资技术可以通过对历史数据和市场趋势的分析，预测不同期限债券价格的走势，帮助投资者做出正确的选择。

债券组合的优化。智能投资技术可以通过优化债券投资组合，实现投资风险和收益的平衡。债券投资组合的优化是指通过选择合适的债券组合，实现最大的收益和最小的风险。智能投资技术可以利用人工智能和量化投资等技术，根据投资者的风险偏好和收益要求，选择适合的债券组合，提高投资回报和风险控制能力。

债券价格的预测。智能投资技术可以通过对历史数据和市场趋势的分析，预测债券价格的走势。债券价格的预测对投资决策具有重要意义，投资者可以根据债券价格的走势，决定是否进行投资，以及投资的时间和金额。智能投资技术可以利用机器学习和数据挖掘等技术，预测债券价格的变化趋势，帮助投资者做出更加明智的投资决策。

风险控制和资产配置。智能投资技术可以通过风险控制和资产配置，实现投资风险和收益的平衡。风险控制是指通过控制投资风险，降低投资亏损的可能性。资产配置是指根据投资者的风险偏好和收益要求，选择适合的资产组合，实现投资回报和风险控制的平衡。智能投资技术可以利用风险管理和资产配置等技术，帮助投资者实现最大的投资回报和最小的投资风险。

智能投资技术在债券投资中的应用，可以帮助投资者做出更加明智的投资决策，提高投资回报和风险控制能力。智能投资技术的应用将会是未来投资领域的重要发展方向。

3. 基金投资

基金投资是智能投资技术的另一个应用领域。智能投资技术可以通过分析基金历史数据和市场趋势，预测基金的收益和风险，从而帮助投资者选择适合的基金投资组合，实现投资风险和收益的平衡。智能投资技术可以根据投资者的投资目标和风险偏好，选择适合的基金品种和投资组合，提高投资回报和风险控制能力。

（1）基金选型

智能投资技术可以根据投资者的投资目标和风险偏好，选择适合的基金品种。不同品种的基金具有不同的风险和收益特点，例如，货币基金、债券基金、股票基金等，智能投资技术可以通过对历史数据和市场趋势的分析，预测不同基金的收益和风险，帮助投资者做出正确选择。

（2）基金定投

基金定投是指定期定额投资一定的基金份额。智能投资技术可以通过对历史数据和市场趋势的分析，帮助投资者选择适合的定投基金，优化定投周期和金额，实现基金定投的最大收益。

（3）基金组合优化

智能投资技术可以通过优化基金投资组合，实现投资风险和收益的平衡。基金投资组合的优化是指通过选择合适的基金组合，实现最大的收益和最小的风险。智能投资技术可以利用人工智能和量化投资等技术，根据投资者的投资目标和风险偏好，优化基金投资组合，提高投资回报和风险控制能力。

（4）基金实时监控

智能投资技术可以实现基金实时监控，及时发现市场变化和投资风险，帮助投资者调整投资策略和持仓比例，实现投资回报和风险控制的最优化。

智能投资技术在基金投资中的应用，可以帮助投资者做出更加明智的投资决策，提高投资回报和风险控制能力。但是，在使用智能投资技术时，投资者需要注意数据分析的准确性和及时性以及投资风险的控制。

（二）智能投资的实现方法

智能投资的实现方法包括以下三个方面。

1. 数据采集和处理

智能投资的基础是大数据和人工智能技术，因此需要收集和处理大量的数据，包括公司财务报告、行业数据、经济指标、舆情信息等。同时，需要使用数据挖掘和机器学习等技术，对数据进行分析和处理，提取出有效信息，为投资决策提供相应的依据。

2. 智能分析和评估

基于采集和处理的数据，智能投资系统会应用不同的分析和评估模型，对投资对象进行评估和预测。这些模型可能包括股票分析模型、基金评级模型、债券分析模型等，也可能是基于机器学习的自适应模型。智能分析和评估模型需要不断优化和更新，以适应市场变化和投资需求。

3. 智能决策和执行

基于智能分析和评估的结果，智能投资系统会自动化生成投资决策，例如买入、持有或卖出等。同时，系统也会自动化执行这些决策，例如，发出买入或卖出指令，对投资组合进行动态调整等。智能决策和执行需要保证安全可靠，并能及时响应市场变化和投资风险。

（三）智能投资的优势

智能投资技术的应用，可以带来以下五个方面的优势：

1. 提高投资决策的准确性和效率

智能投资技术可以利用大数据和人工智能等技术，对投资对象进行深入地分析和评估，从而准确判断其价值和风险，帮助投资者做出更为准确的投资决策。同时，智能投资技术还能够自动化处理海量的数据，提高投资决策的效率，减少人为误判的可能性。

2. 降低投资风险

智能投资技术能够帮助投资者快速识别投资风险，并及时进行调整和控制，从而降低投资风险。通过对市场趋势、企业财务等信息的分析，智能投资技术能更加准确地预测市场变化和企业风险，帮助投资者避免投资损失。

3. 提高投资收益

智能投资技术能够帮助投资者在短时间内找到最优的投资方案，从而提高投资收益。通过智能算法和数据分析技术，投资者可以及时捕捉市场机会，获得更高的投资回报。

4. 提升投资体验

智能投资技术能够为投资者提供更为便捷、快速、智能的投资服务，从而提升投资体验。通过智能投资平台，投资者可以随时随地进行投资操作，并及时获取市场行情、企业动态等信息，从而更好地把握投资机会。

5. 促进金融创新

智能投资技术的应用，有助于推动金融创新，为投资者提供更加多样化、个性化的投资产品和服务。通过利用人工智能、区块链等技术，智能投资可以为投资者提供更为丰富的投资选择，满足不同投资者的需求。

三、绿色金融

绿色金融是指将环境保护和可持续发展的理念融入金融服务中，推动资源配置的优化和环境可持续性。企业可以通过发行绿色债券、设立绿色基金等方式来实现绿色金融。

（一）绿色金融理念概述

1. 绿色金融概念

绿色金融有两层含义：一是环保层面，主要目的在于将环境保护融入金融领域，引导绿色消费理念与环保意识的形成，推动我国环境保护与金融经济的双重可持续发展。二是金融行业自身的可持续发展层面，主要目的在于引导金融行业的健康发展，减少金融市场乱象，营造良性的市场氛围。同传统的金融行业不同的是，绿色金融更看重长远发展，可持续发展是它的核心，通过金融活动引导经济主体主动参与环境保护，在推动环保工作进一步深化的同时，规范金融市场秩序，促进生态平衡与环境保护的双重发展。

绿色金融的发展同样需要政府做好引导工作，制定相关的政策作为其发展的推动力量。从现实角度来说，金融业的根本目标在于提高经济利益，与绿色金融的理念在一定程度上存在差异，因此，若无政策的推动，金融机构通常不会主动考虑贷款方的生产或服务是否具有绿色理念或意识。

2. 绿色金融意义

通过大力发展绿色金融的方式，不仅能够促进我国环境保护事业的发展，而且能够进一步推动金融行业的可持续性发展，构建长效机制，促进经济建设与生态文明建设的双重进步。在我国经济发展迅速的社会背景下，由于传统生产过程中环境保护意识淡薄，导致对生态环境造成了极大的破坏，空气污染、水污染等环境问题日益突出，给人们的生活造成了严重的影响。如果继续放任这种错误的观念继续发展，未来势必会引起严重的环境危机。因此，为解决上述问题，就需要转变经济发展方式，通过对经济主体绿色生态建设的引导，鼓励环境保护经济行为的开展，并通过有效的激励与补偿机制，逐步建立绿色金融体系，实现可持续发展。绿色金融是能够将环境保护与经济金融发展相融合的一个重要理念。若想真正实现可持续发展，就需要明确环境与经济之间的关系，并以此作为经济与金融发展的基础。在此过程中，通过将绿色理念融入与结合，促进经济发展与金融政策的绿色升级。在当前经济形势下，虽然多数经济主体已经对环境保护问题的重要性有所认知，但是在实际行动方面仍旧存在不足，不能够主动参与环境保护工作中。为解决上述问题，就需要通过大力发展绿色金融的方法，发挥金融对于资源的引导作用，通过控制资金的流向来促使企业主动参与到绿色产业的发展中。

除此之外，通过发展绿色金融，还能够进一步推动我国能源结构的绿色升级，加大再生型能源与绿色能源的应用发展力度。一方面，企业在进行环保型转型升级过程中，需要有充足的资金为基础，而绿色金融的推广，能够为这部分逐渐转向环保型的企业提供支持，促使其能够尽快完成转型；另一方面，在绿色金融的影响下，通过释放金融制度红利，能够进一步促进企业在环境保护、资源节约等方面的创新，加快环境友好型社会的建立。

3. 绿色金融发展成果

（1）金融业信贷监管体系不断完善

政府颁布了多项促进金融行业绿色发展的政策与制度，对绿色信贷评估工作提出了全新的要求。同时，在绩效考核中融入了有关于绿色金融发展的相关指标，并建立与完善了相应的信贷考评与奖惩制度。这一体系的建立，为我国金融行业的绿色发展奠定了良好的政策与制度基础，推动信贷监管体系日益完善。

（2）绿色信贷蓬勃发展

在政策的推动下，绿色金融发展迅速，在金融行业内部贷款总额中所占据的比例逐渐提高，虽然在金融市场中仍未占据主导地位，但是其发展速度与前景要远远高于其他类型的金融产品。

（二）绿色金融理念下企业融资路径

1. 健全企业融资信用担保制度

相较大型企业来说，中小型企业在金融市场的竞争力处于劣势，存在担保方式落后、融资渠道窄的现实问题，因此在进行融资的过程中，往往较难获得大型担保公司的支持。而融资担保的缺失会进一步削弱中小型企业的融资能力，导致中小型企业融资困难，同时所能选择的融资渠道也十分有限。在绿色金融理念下，为了解决上述问题，可以通过建立由地方牵头的绿色信用担保体系的形式，以区域内金融市场中的中小型企业为主要的服务对象，设立专门的用于解决融资问题的担保部门，为中小型企业提供担保，提高其融资能力，以促进金融市场的平衡发展，构建良好的市场环境。在这个过程中，政府需要做好政策与制度的完善，加大对于绿色金融发展的政策扶持力度，提供充足的政策支持。

除了担保方面的问题外，信用问题也是造成企业融资困难的主要因素。由于在以往的金融行业发展过程中存在信用制度不完善的情况，对企业的融资造成了很大影响，也在一定程度上影响了市场的正常交易。目前，我国的信用担保体系建设仍旧不完善，有关担保机构在运行上仍存在不规范的问题，无法为企业融资提供支持。为了解决这一问题，应进一步加快信用认证体系建设，依据企业的信用情况、发展规模与市场占比，对融资企业提供由专门认证部门进行的信用认证，鼓励企业通过拓宽项目对外发展渠道的方式，提高其在市场的信用强度，增强企业融资风险的担保能力。除此之外，还需要进一步完善信用担保机构的建设，从我国企业的实际情况出发，分别建立大、中、小型的担保机构，为不同规模的企业提供不同的担保服务，通过提升企业担保能力的方式，提升企业的融资能力，也能进一步实现对企业应有利益的保证，推动金融市场的良性健康发展。

2. 丰富企业绿色融资渠道与融资方式

目前，我国在金融融资方面的渠道主要有银行借贷、债券期货、固定资产租赁等方式。但是在实际的绿色金融融资体系中，银行借贷仍旧是最为主要的融资方式，这也就在一定程度上导致了融资市场难以满足企业多元化的融资需求。因此，在绿色金融理念下，如何在现有的基础上，进一步丰富企业的绿色融资渠道与方式，可以从以下两个方面出发。

（1）如何落实多种绿色融资渠道的问题

首先，企业可以利用绿色融通仓，通过将物流、信息流与资金流的综合运用，所有参与上述流程环节的企业、金融企业等，都能实现多方共赢，为解决我国中小型企业的融资问题提供新的渠道。同时，也能进一步提升商业银行的竞争优势，焕发金融市场活力。

其次，可以通过引入股权质押融资的方式作为新型的融资渠道，为企业提供新的融资方式与融资思路。在这个过程中，政府需要做好引导，要求金融机构对股权进行审查，做好对股权出质企业的监督工作，以降低融资风险。通过这种方式，能够完善企业内部期权融资计划，分散市场风险。

最后，应进一步完善企业供应链与资金链的建设，通过建立与合作企业或存在利益关系企业间的共同融资仓，制定不同的金融类融资服务体系，进一步满足企业的不同融资需求。

（2）如何实现绿色融资渠道创新的问题

在这一过程中，政府需要尽可能从政策层面推动绿色金融的发展，对于能耗高、污染严重的企业，需要做好控制工作，通过创新金融产品的方式，引导企业的绿色升级与转型。例如，可以通过绿色能源贷款、绿色生产贷款等新型的金融服务方式，在企业满足一定的绿色生产条件时，申请专项贷款。除此之外，政府也可以通过联合银行推出绿色信用卡或绿色理财产品的方式，加大市场对于绿色金融的需求，从而进一步推动绿色金融的发展。

3. 强化风险监督与管理

企业的融资行为在一定程度上是存在风险的，主要包括利息率、规模、期限结构、债务融资偿还等几类风险。而导致上述风险出现的原因，通常由于企业在进行融资的过程中，未能够对自身的实际情况进行考虑，从而导致融资决策存在较多的不合理性。针对上述问题，在绿色金融理念下，应进一步强化对于融资行为的风险监督与管理，健全风险管理体系，做好对于资金流的把控与管理，加强对于融资事前的风险防范力度。在这个过程中，政府需要进一步加强政策的建设工作，发挥自身宏观调控的作用，规范金融市场行为，降低市场风险。

除此之外，还需要尽快建立统一的风险评估标准，针对经济主体与金融主体的行为实现信息披露与共享。政府需要依据实际的金融行业情况，结合市场经济与企业的发展，制定有益于地区内金融行业发展的管理办法。同时，政府需要依据金融业的相关单位建立一个统一的信息共享平台，避免因信息不对称而导致融资风险的发生，并通过建立绿色金融信息库的形式将金融政策、社会金融信息、企业信息、环保信息、披露信息等放在一个统一的共享库内，为企业融资活动的进行提供便利。

4. 坚持社会效益与经济效益并重

绿色金融中最为重要的一点在于实现环境保护与金融经济的双重发展，为此，政府在进行相应地工作时，就需要坚持社会效益与经济效益并重的工作方法。在此，可以通过效仿英国的绿色金融发展经验，设立专门服务于绿色金融项目的投资银行，并向该银行中注入专门的绿色项目专用资金与资源，为绿色项目的发展提供资金支持。通过这种方式，能够进一步加强对于绿色金融资金流的控制，将大量的项目投资资金引入绿色项目中，在实现绿色生态建设的同时，也能够获得相应的盈利，从而进一步加强绿色金融对于经济主体的影响力。

基于此，我国也可适当加强在这一方面的建设，可以通过设立专门的绿色金融机构的方式，吸引社会机构与社会投资，以进一步推动绿色金融的发展。在这个过程中，政府需要进一步加大宣传力度，要使得社会能够对绿色金融的益处有所了解，能够真正使其加入这一项工作中。同时，也要进一步做好政策的引导工作，通过对企业或个人采取一定的激励政策，降低绿色信贷的门槛，能更好地推动绿色金融的发展。

四、供应链金融

供应链金融是指利用金融工具和服务，支持供应链上下游企业之间的交易和资金流转。企业可以通过供应链金融，优化供应链管理，提高资金使用效率和风险控制能力。

（一）供应链金融的概念

供应链金融是指利用金融工具和服务，支持供应链上下游企业之间的交易和资金流转。供应链金融的本质是利用金融手段解决供应链中的融资问题和风险问题，促进供应链中各方的合作和发展。供应链金融不仅是一个融资模式，更是一种管理模式。通过供应链金融，企业可以优化供应链管理，提高资金使用效率和风险控制能力，实现供应链的优化和协同。

（二）供应链金融的模式

供应链金融模式主要分为三种：供应链融资模式、供应链保理模式和供应链结算模式。

1. 供应链融资模式

供应链融资模式是指供应链上下游企业通过银行或其他金融机构融资，解决供应链中资金流动问题。在这种模式下，供应链上下游企业可以通过银行或其他金融机构获得资金支持，提高资金使用效率和风险控制能力。

2. 供应链保理模式

供应链保理模式是指通过保理公司或银行，将应收账款转移给保理公司或银行，由保理公司或银行垫付资金给供应链上下游企业。这种模式可以有效地解决供应链中的融资问题，提高资金使用效率和风险控制能力。

3. 供应链结算模式

供应链结算模式是指供应链上下游企业通过结算中心，进行交易结算和资金流转。这种模式可以提高供应链中的结算效率，降低交易成本，提高供应链的协同效应。

（三）供应链金融的优势

供应链金融可以为企业带来以下五个方面的优势。

1. 提高资金使用效率

通过供应链金融，企业可以优化供应链管理，提高资金使用效率。在供应链金融的支持下，企业可以获得更多的资金支持，降低资金成本，提高资金使用效率。

2. 降低供应链风险

供应链金融可以降低供应链中的风险，提高对风险控制能力。通过供应链金融，企业可以更好地管理供应链中的风险，避免风险传递，保障供应链的稳定性和可持续发展。

3. 加快资金回笼速度

供应链金融可以加快资金回笼速度，提高企业的资金周转能力。通过供应链金融，企业可以将应收账款等资产快速变现，降低资金占用成本，提高资金利用效率。

4. 提高供应链合作效率

供应链金融可以提高供应链合作效率，促进供应链各方的合作和共赢。通过供应链金融，企业可以建立更加紧密和稳定的供应链合作关系，共同实现供应链效益的最大化。

5. 提高企业融资渠道多样性

供应链金融可以提高企业融资渠道多样性，降低企业融资成本。通过供应链金融，企业可以获得更多的融资渠道选择，降低融资成本，提高融资效率。

总的来说，供应链金融可以帮助企业优化供应链管理，提高资金使用效率和风险控制能力，促进供应链各方合作和共赢，同时还可以提高企业融资渠道多样性，降低融资成本，实现企业的可持续发展。

五、共享经济

共享经济是一种新型的商业模式，强调资源的共享和合作。企业可以采用共享经济模式，通过共享资源和服务，提高经济效益和社会效益。

（一）共享经济模式对企业财务管理的重要性

“共享经济”是指拥有闲置资源的机构或个人有偿让渡资源使用权给他人，让渡者获取回报，分享者利用分享自己的闲置资源创造价值。

随着共享经济模式的不断创新，共享经济已经从虚拟资源向实体资源拓展，运用共享经济模式开展财务管理工作，构建共享财务服务模式对企业财务管理十分重要。

由于共享经济是网络化、信息化、智能化的产物，大力发展共享财务服务模式，有助于改革和创新企业财务管理方法，使企业资源整合得到加强，进而使自身的财务管理更具有系统性和开放性，同时还能够为企业战略发展提供强有力的财务服务；在共享经济模式下，企业财务管理可以不断拓展共享理念，通过利用云计算平台、大数据平台、互联网平台以及电子商务平台，进一步拓展财务管理领域，既可以使财务管理向企业内部管理工作渗透，也可以使财务管理与外部平台进行拓展，比如在“金税三期”快速发展的背景下，可以利用共享理念优化和完善财务管理体系，不断提升财务管理的系统性和效能性；企业通过构建财务共享服务模式，还有利于推动财务管理人性化、便捷化和即时化，最大限度地提高财务管理效能，对于降低财务管理成本、提高财务管理效益都具有十分重要的价值。

（二）共享经济模式下企业财务管理的制约因素

1. 财务管理思路制约思路决定出路

对于推动共享经济模式下企业财务管理转型来说，至关重要的就是要改革和创新财务管理思路，努力使财务管理体系更加完善。但目前一些企业在开展财务管理工作的过程中，共享理念还没有形成，特别是没有深刻认识到新时代财务管理工作与企业管理、战略发展以及外部资源整合的重要价值，因而财务管理工作仍然具有一定的局限性，比如很多企业在开展财务工作的过程中，没有对财务管理体系进行优化和完善，财务管理平台建设相对比较薄弱，财务工作与业务工作还没有形成“一体化”，会计核算工作缺乏集中统一处理，企业的业务管理、战略支持、财务分析、数据监测体系不够完善，财务预算缺乏事前、事中、事后的有效管理和控制，等等。

2. 财务管理流程制约

从当前一些企业财务管理的整体运行情况来看，尽管已经对财务共享服务模式有了一定的理解和认识，但在实施过程中还存在财务管理流程缺乏科学性、规范化的问题，特别是由于财务共享服务模式要求财务管理工作具有可执行性和可延续性，因而必须优化和完善财务管理流程。当前有很多企业在构建财务共享服务模式的过程中，还没有对所有财务流程进行专业化分工和条理化梳理，制度流程还没有传入财务共享服务系统当中，配套业务考核体系不够完善，智能化运行机制不够到位，导致企业内部控制受到一定的影响，同时也使财务管理制度执行力不强。还有一些企业在财务管理软件的应用方面缺乏统一性，甚至由于不同的财务管理软件之间出现冲突而制约财务管理工作的深入开展。

3. 财务管理业务制约

目前大多数企业对财务共享中“财务”的理解较浅显，往往仍停留于费用报销、总账、应收应付等基础性功能，并未实现真正意义上的业务、税务等财务共享，但未来成本、资产、合同、预算等各项业务被企业纳入财务共享范畴的程度会越来越高，国内财务共享服务前景广阔。将共享理念应用到企业财务管理当中，至关重要的就是要不断拓展财务管理业务，但由于企业还没有深刻认识到共享经济模式下财务管理的变革趋势，因而财务管理业务具有一定的局限性，特别是很多企业对财务共享平台的作用没有进行深度开发，仍然基于基础性会计业务工作，而在财务分析、财务决策等方面诸多业务的开展不够到位，特别是大数据技术的应用相对比较滞后，导致无法对国家经济政策、企业市场环境、管理者的风险偏好以及企业经营状况进行系统的分析。

4. 财务管理人员制约

推动共享经济模式下企业财务管理变革，必须有一大批专业化、职业化的财务会计人员队伍，否则企业财务管理转型就会受到极大的制约，甚至出现一些矛盾和问题，因而必须重视财务管理人员队伍建设。但目前很多企业在这方面还没有引起高度重视，财务人员的能力和素质还不适应企业财务共享服务模式，而且也缺乏对财务会计人员在金融风险、税务政策、会计准则等诸多方面的教育培训。从企业财务会计人员的整体情况来看，很多年龄相对较大的财务会计人员由于缺乏信息素养，在应用财务软件方面还存在很多不足之处，需要引起企业的高度重视。

（三）共享经济模式下企业财务管理的转型

1. 创新财务管理思路

共享经济具有很突出的特点，最重要的就是依托互联网以及相应的共享平台，最大限度地提高资源整合力度，进而强化管理工作的系统性、融合性以及效能性。这就需要企业在开展财务管理工作的过程中，牢固树立“共享理念”，着眼于将财务管理工作与企业管理、战略发展、资源开发以及外部资源融合，进一步健全和完善企业财务管理体系，加强对财务管理信息化、网络化、智能化方面的投入，既要大力推动会计电算化系统升级，也要积极推动构建 ERP 系统，为企业实施财务管理转型奠定坚实基础。要着眼于推动财务工作与业务工作“一体化”建设，大力加强“价值链”财务管理体系建设，有条件的企业应当组建专业化的财务中心，并加强财务会计、管理会计、战略会计的应用，不断完善企业的业务管理、战略支持、财务分析、数据监测体系。

2. 改进财务管理流程

企业在运用共享理念改革和创新财务管理工作的过程中，一定要以改进财务管理流程作为重中之重，特别是要运用信息化手段，着力提高财务管理流程的规范化和科学性，努力使财务管理工作既具有共享性，也具有制度化，更具有效能性。这就要求企业在开展财务管理工作的过程中，要把提高财务共享服务模式的可执行性和可延续性作为重中之重，对现有的财务管理流程进行优化和完善，比如要将原有的财务管理流程传入财务管理平台当中，同时还要在专业化分工和条理化梳理方面下建立新型财务管理模块，并使各个模块之间具有紧密的联系。比如在开展业务考核的过程中，应当对业务考核内容进行细化分析，并利用财务管理平台进行系统设计，使其更具有可操作性。

3. 优化财务管理业务

企业要对共享财务服务模式进行深入的研究，深刻认识到“财务”的深刻内涵以及外延拓展性，除了要抓好费用报销、总账、应收应付等基础性功能之外，最重要的就是要对财务管理工作进行业务拓展，使企业各项财务资源实现“完全共享”。要对财务共享平台进行深度开发，将成本、资产、合同、业务、税务、投资、融资、风险管理等纳入财务共享平台当中，强化财务共享平台的系统性，使其更具有资源的整合能力。要大力加强财务分析和财务决策体系建设，为了能够实现财务资源的有效共享，企业应当运用大数据技术和云计算技术，建立云会计平台，既要加强对企业内部和外部相关财务信息的收集与分析，也要加强与上下游企业、行政机关财务系统的有效对接，使各类财务资源能为企业所用。

第二节　新时期企业财务管理数字化的创新策略

随着信息技术的不断发展和普及，数字化转型成为企业管理的重要趋势。在财务管理领域，数字化转型的创新策略主要包括以下几个方面。

一、采用云计算技术

云计算技术可以让企业将财务管理系统、数据存储和处理等工作放到云端进行，减少企业的硬件设备投入和维护成本，并提高数据处理的效率和准确性。

（一）云计算技术在企业财务管理中的应用

云计算技术是指通过互联网将计算资源、存储资源和应用资源进行集中管理和调度的一种技术。在企业财务管理中，云计算技术可以应用于以下几个方面：

1. 财务管理信息化

云计算技术可以为企业提供强大的信息化支持，实现企业财务管理的信息化、智能化和可视化。通过云计算技术，企业可以实现财务管理系统的云化部署、大数据分析和数据可视化展示等功能，提高财务管理的效率和精准度。

2. 财务管理数据安全

云计算技术可以帮助企业加强财务管理数据的安全性。云计算平台可以提供全面的安全防护机制，如数据备份、数据加密、网络安全、访问控制等，可以保障财务管理数据的安全。

3. 财务管理成本控制

云计算技术可以帮助企业降低财务管理成本。传统的财务管理系统需要企业自行购买服务器、软件和维护人员等资源，而云计算技术可以实现财务管理系统的云化部署，减少了企业的投资和维护成本。

4. 财务管理的移动化

云计算技术可以帮助企业实现财务管理的移动化。通过移动端应用和云端服务，企业可以随时随地进行财务管理，提高工作效率和管理灵活性。

5. 财务管理的智能化

云计算技术可以帮助企业实现财务管理的智能化。通过云计算技术，企业可以实现财务管理系统的大数据分析和智能决策等功能，提高财务管理的科学性和精准度。

（二）云计算技术在企业财务管理中的案例

1.HW 云财务

HW 云财务管理模式是指 HW 公司在财务管理方面，采用云计算技术实现财务数据的集中管理、分析、预测和应用的管理模式。该模式的核心是将传统的财务管理模式向云端延伸，实现财务数据的快速处理和分析，提高决策效率和准确性。

（1）HW 云财务管理模式的构成要素

云计算平台。云计算平台是 HW 云财务管理模式的基础。HW 公司利用自身技术和资源优势，建立了基于云计算技术的 HW 云平台，用于财务数据的存储、处理和分析。通过云计算平台，HW 公司实现了财务数据的集中管理和共享，提高了财务管理的效率和准确性。

大数据技术。大数据技术是 HW 云财务管理模式的关键技术之一。HW 公司利用大数据技术，对海量的财务数据进行分析和挖掘，实现财务数据的可视化和预测。通过大数据技术，HW 公司可以更加深入地了解企业的财务状况，优化财务决策，提高企业的运营效率和盈利能力。

人工智能技术。人工智能技术是HW云财务管理模式的又一关键技术。HW公司利用人工智能技术，对财务数据进行深度学习和分析，实现自动化的财务决策。通过人工智能技术，HW公司可以实现对财务风险的预警和管理，提高企业的风险控制能力和财务安全性。

（2）HW云财务管理模式的实践效果

HW云财务管理模式的实践效果表现在以下七个方面。

①提高决策效率。HW云财务管理模式实现了财务数据的集中管理和共享，提高了决策效率。财务部门可以通过云端的财务数据分析和预测，及时发现企业的财务状况，优化财务决策，提高企业的运营效率和盈利能力。

②降低决策风险。HW云财务管理模式通过大数据技术和人工智能技术对财务数据进行深度学习和分析，实现对财务风险的预警和管理，降低决策风险。

③提高工作效率和准确性。HW云财务管理模式将财务数据集中管理和共享，实现了财务信息实时传递和共享，减少了财务部门的重复工作和降低了错误率。同时，财务部门可以通过云端财务数据的自动化分析和处理，提高了工作效率和准确性。

④优化资源配置。HW云财务管理模式可以对企业的资产和负债等财务数据进行实时监控和管理，实现了财务资源的优化配置。通过财务数据的分析和预测，财务部门可以及时调整企业的财务资源，优化企业的资产负债结构和资金运营。

⑤提高企业竞争力。HW云财务管理模式提高了企业的财务透明度和精细化管理水平，提高了企业的竞争力。通过财务数据的实时监控和管理，财务部门可以及时发现和解决企业财务状况的问题，提高了企业的运营效率和盈利能力。

⑥降低成本。HW云财务管理模式降低了企业的IT成本和人力成本。通过将财务管理系统上云，企业可以实现信息化管理和共享，减少了IT硬件和软件的投入成本。同时，云端财务数据的自动化分析和处理，也减少了财务部门的人力投入成本。

⑦促进数字化转型。HW云财务管理模式促进了企业的数字化转型，提高了企业的数字化水平。通过财务管理系统的上云，实现了财务信息化管理和共享，提高了企业的数字化水平。同时，云端财务数据的自动化分析和处理，也促进了企业数字化转型的加速。

2. 腾讯云财务

腾讯云财务是腾讯公司推出的一款企业财务管理系统，该系统可以实现全面的财务管理功能。

（1）腾讯云财务的概述

腾讯云财务是指腾讯云在云计算技术的基础上，结合财务管理的需求和实际情况，开发出的财务管理平台。该平台为企业提供了集成化的财务管理解决方案，包括财务数据的存储、分析和应用等一系列功能。通过腾讯云财务，企业可以实现财务数据的集中管理和实时监控，提高财务管理的效率和准确性。

（2）腾讯云财务的功能

①财务数据的集中管理。腾讯云财务可以将企业的财务数据进行集中管理，实现财务数据的统一存储和管理。企业可以通过该平台对财务数据进行分析和应用，提高财务管理的效率和准确性。

②财务数据的分析。腾讯云财务提供了丰富的财务数据分析功能，包括对企业财务状况、财务风险等方面的分析。通过大数据技术和人工智能技术，腾讯云财务可以对企业的财务数据进行深入学习和分析，帮助企业制定更加科学和准确的财务决策。

③财务数据的应用。腾讯云财务不仅可以对财务数据进行分析，还可以将财务数据应用于企业的日常经营管理中。例如，通过腾讯云财务，企业可以实现财务数据的预测和预警，及时掌握企业的财务状况，为企业经营决策提供有力的支持。

④智能报表生成。腾讯云财务可以智能生成各种财务报表，例如资产负债表、利润表、现金流量表等。企业可以通过腾讯云财务轻松生成各种财务报表，提高财务报表的准确性和效率。

⑤安全可靠的数据存储。腾讯云财务采用了严格的数据安全管理机制，确保财务数据的安全和可靠。同时，腾讯云财务还具备数据备份和恢复等功能，为企业提供可靠的数据保障。

（3）腾讯云财务的优势

①云计算技术的优势。腾讯云财务采用了云计算技术，具有高可靠性、高可扩展性、高安全性等优势。腾讯云提供的云服务是基于全球领先的云计算技术，具有高效、灵活、稳定的特点。企业可以根据实际需求自由选择云计算资源，根据业务规模进行动态调整，从而实现资金和资源的最大化利用。

②智能财务管理的优势。腾讯云财务拥有智能财务管理的优势，通过大数据技术和人工智能技术，对财务数据进行深度分析和预测，提高了决策效率和决策准确性，降低了决策风险。

③互联网金融服务的优势。腾讯云财务作为腾讯旗下的互联网金融服务平台，具有丰富的金融产品和服务，包括资金融通、风险管理、财务顾问等，为企业提供了更加便捷、快速、安全的金融服务。企业可以通过腾讯云财务平台实现资金流通和风险管理，提高资金使用效率和资产负债率。

④数据安全和隐私保护的优势。腾讯云财务具有数据安全和隐私保护的优势。腾讯云采用了多层安全防护体系，包括防火墙、数据加密、访问控制等技术，保障企业数据的安全性和可靠性。同时，腾讯云还遵守相关的隐私保护法规和政策，保护企业和用户的隐私权益。

⑤资源共享和协同管理的优势。腾讯云财务实现了财务数据的集中管理和共享，实现了资源共享和协同管理的优势。财务部门可以通过云端的财务数据分析和预测，及时发现企业的财务状况，优化财务决策，提高企业的运营效率和盈利能力。同时，企业各部门之间可以共享财务数据，实现资源共享和协同管理，提高企业的综合效益。

二、应用大数据方面的分析

企业可以通过大数据分析技术，对财务数据进行深度挖掘和分析，挖掘出潜在的商业机会和风险，并及时采取相应的措施，提高企业的财务决策水平和竞争力。

（一）大数据在财务数据方面的分析

财务数据是企业最基础、最重要的信息之一。通过大数据分析技术，可以将财务数据进行深入挖掘和分析，得到更多的商业信息和洞察。例如，可以通过分析销售数据、成本数据等财务数据，了解企业的盈利情况，识别出利润增长的来源，发现成本增加的原因，并及时采取措施优化成本。

1. 销售数据分析

（1）大数据在销售数据分析中的应用场景

销售数据是企业财务数据分析的重要部分，可以反映出企业的销售情况、市场需求和产品价值等信息。通过大数据技术的应用，可以从以下几个方面对销售数据进行分析：

销售走势预测：通过对历史销售数据的分析和预测模型的建立，可以预测未来销售趋势，为企业提供销售预测和市场需求分析等信息。

客户分析：通过对客户行为数据的分析，可以了解客户购买偏好、购买能力、购买意愿等信息，为企业制定针对性的营销策略提供支持。

产品分析：通过对销售数据和产品数据的分析，可以了解产品的销售情况、市场竞争情况和产品价值等信息，为企业制定产品策略提供支持。

（2）大数据在销售数据分析中的应用方法

基于数据挖掘的分析方法：通过对销售数据进行数据挖掘和分析，发现隐藏在数据中的规律和趋势，为企业提供销售预测、客户分析和产品分析等信息。

基于机器学习的分析方法：通过机器学习模型对销售数据进行分析，提高预测的准确性和效率，为企业提供更加精准的销售预测和市场需求分析等信息。

基于数据可视化的分析方法：通过将销售数据可视化，将抽象的数据转化为直观的图表和报表，帮助企业更好地了解销售情况和趋势，优化销售策略。

2. 成本数据分析

（1）大数据在成本数据分析中的应用场景

成本数据是企业财务数据分析的重要组成部分，可以反映出企业的生产成本、运营成本和利润水平等信息。通过大数据技术的应用，可以更加深入地分析成本数据，了解企业成本状况、成本结构、成本构成等方面的情况，从而为企业优化成本提供依据和方向。大数据在成本数据分析中的应用场景包括以下方面。

①生产设备成本分析。通过大数据技术分析生产设备的使用情况、维护保养成本和更新换代成本等方面的数据，可以有效地评估生产设备的成本水平，并通过优化设备的使用和维护管理，降低企业的生产成本。

②人工成本分析。通过大数据技术分析企业的员工数量、工资水平、社会保险缴纳情况等数据，可以深入了解人工成本的构成和变化趋势，并通过优化薪酬结构、提高员工效率等措施，降低企业的人工成本。

③采购成本分析。通过大数据技术分析采购数据，了解企业采购成本的结构和构成，识别供应商的质量和交货准确性等方面的问题，并采取相应的措施，优化采购成本，提高采购效率。

（2）大数据在成本数据分析中的应用方法

大数据在成本数据分析中的应用方法主要包括以下四个方面。

①数据采集。通过大数据技术，可以采集企业内部和外部的成本数据，如采购数据、销售数据、生产数据、人工成本数据等，对数据进行整合和加工，生成可供分析的数据集。

②数据预处理。对采集到的数据进行清洗、去重、格式化等预处理操作，使得数据具有一定的准确性和可用性，为后续的分析提供基础。

③数据分析。采用数据挖掘技术、机器学习技术等方法，对成本数据进行深入分析，发现数据中的规律和趋势，掌握成本状况和成本变化趋势，为企业提供优化成本的方向和依据。

④数据可视化。通过数据可视化技术，将分析结果以图表、报表等形式进行展示和呈现，提高分析结果的可读性和可理解性，使得决策者更加容易理解分析的结果，并作出相应的决策。

（二）大数据在风险管理方面的分析

企业财务风险是企业经营管理的一大挑战。大数据分析技术可以对企业财务风险进行预警和管理，帮助企业识别风险，降低风险损失。例如，通过分析供应商和客户的财务状况，预测供应链和市场风险，并及时采取措施，减少财务损失。

1. 大数据在风险管理分析中的应用

（1）分析供应商的财务状况

在供应链风险管理中，企业需要对供应商的财务状况进行分析，以判断其是否有能力按时交货，保证供应链的稳定。大数据技术可以帮助企业对供应商的财务数据进行深入分析和预测，发现潜在的风险，并及时采取相应的措施。

（2）分析客户的财务状况

在市场风险管理中，企业需要对客户的财务状况进行分析，以判断其是否有能力按时支付货款。通过大数据技术，企业可以分析客户的财务数据，预测其未来的偿付能力，发现潜在的风险，并及时采取相应的措施，避免财务损失。

（3）预测供应链风险

通过大数据技术的应用，企业可以对供应链中的大量数据进行分析和挖掘，发现供应链中的潜在风险，并及时采取相应的措施。例如，企业可以通过分析供应商的交货记录、库存记录、订单记录等数据，预测供应链的稳定性，并及时采取补救措施。

（4）预测市场风险

通过大数据技术的应用，企业可以对市场中的大量数据进行分析和挖掘，发现市场中的潜在风险，并及时采取相应的措施。例如，企业可以通过分析市场趋势、竞争对手的销售数据、消费者的购买行为等数据，预测市场的变化，并及时采取应对措施。

2. 大数据在风险管理分析中的优势

（1）提高预测精度

通过大数据技术的应用，企业可以对大量的数据进行分析和挖掘，发现潜在的风险，并提高预测精度。大数据分析可以帮助企业建立风险预警模型，及时发现风险因素，提前制定风险应对措施，降低风险造成的损失。

（2）加快风险响应速度

大数据分析可以帮助企业及时掌握市场和供应链的变化，对风险进行监测和预测，提高风险响应速度。在风险出现时，企业可以通过大数据分析，及时调整和优化供应链和市场策略，降低风险影响。

（3）提高风险控制能力

大数据分析可以帮助企业建立全面的风险控制体系，加强对供应商和客户财务状况的监控，提高风险控制能力。通过大数据分析，企业可以实现供应链风险管理和市场风险管理的全面覆盖，保护企业财务安全。

（4）优化决策效率

大数据分析可以为企业提供更加准确的数据支持，提高决策效率。通过对供应链和市场的大数据分析，企业可以获得更准确的风险评估和预测，优化决策过程，提高决策效率和决策质量。

（5）提升竞争力

大数据分析可以帮助企业优化供应链和市场策略，提高供应链效率和市场竞争力。通过大数据分析，企业可以实现对市场趋势、客户需求和供应链状况的全面了解，及时调整和优化供应链和市场策略，提高企业的竞争力。

大数据在风险管理分析中具有提高预测精度、加快风险响应速度、提高风险控制能力、优化决策效率和提升竞争力等优势。这些优势为企业在市场竞争中占据优势提供了强有力的支持。

（三）大数据在成本控制方面的分析

成本控制是企业财务管理的重要环节。通过大数据分析技术，可以实现对成本的准确评估和管理，提高企业的成本控制水平。例如，可以通过分析供应商的价格、交货时间等信息，优化采购成本；通过分析产品生产线的效率、质量等数据，优化生产成本。

1. 供应链成本控制分析

（1）大数据在供应商管理中的应用

供应商管理是供应链成本控制的重要组成部分，通过大数据技术的应用，企业可以更加精细地分析供应商的价格、交货时间、质量等信息，优化采购成本。

首先，企业可以通过大数据技术分析供应商的价格趋势，选择价格相对稳定的供应商，从而避免价格波动给企业带来的成本风险。

其次，通过大数据技术分析供应商的交货时间，企业可以选择交货时间较短、交货准确率较高的供应商，避免因交货延误或交货不准确而导致的成本损失。

最后，通过大数据技术分析供应商的质量水平，企业可以选择质量水平较高的供应商，从而避免因供应商的质量问题导致的成本损失。

（2）大数据在库存管理中的应用

库存管理是供应链成本控制的另一个重要组成部分，通过大数据技术的应用，企业可以更加精细地分析库存数据，优化库存管理策略。

首先，通过大数据技术分析库存数据，企业可以了解库存水平、库龄、周转率等信息，从而优化库存水平，降低库存成本。

其次，通过大数据技术分析销售数据和预测数据，企业可以预测销售量、需求量等信息，从而优化采购计划，降低采购成本。

最后，通过大数据技术分析库存数据和销售数据，企业可以识别出滞销产品和过多库存，及时采取措施进行清货或调整销售策略，避免因滞销产品和过多库存所导致的成本损失。

2. 生产成本控制分析

（1）大数据在生产效率分析中的应用

生产效率分析是生产成本控制的重要组成部分，而大数据技术可以为生产效率分析提供更加精准和全面的支持。具体而言，大数据可以通过以下方式应用于生产效率分析：

物联网技术的应用。物联网技术可以实现生产设备的智能化和互联互通，通过采集和监测生产设备的运行数据，实时监控生产效率和质量，为企业提供数据支持。企业可以通过物联网技术对生产线进行智能化管理，提高生产效率和质量，从而降低生产成本。

大数据分析技术的应用。企业可以通过大数据分析技术，对生产线的各个环节进行深入地分析和挖掘。例如，通过对生产设备的运行数据进行分析，可以发现设备的运行状况和异常情况，及时进行维修和保养，提高设备的使用效率和寿命；通过对生产流程的数据进行分析，可以发现生产线中的瓶颈环节，优化生产流程，提高生产效率和质量。

（2）大数据在产品质量分析中的应用

产品质量是影响生产成本的一个重要因素，而大数据可以通过分析产品质量数据，帮助企业识别出影响产品质量的因素，提高产品质量水平，降低生产成本。

企业可以通过大数据分析技术，对产品的生产过程和质量数据进行深入分析，发现影响产品质量的因素、优化生产流程和产品设计、提高产品质量水平、降低生产成本。同时，企业还可以通过大数据技术实现对产品质量数据的实时监测和反馈，及时发现和解决产品质量问题，降低质量损失和生产成本。

（3）大数据在供应链管理中的应用

供应链管理是企业生产成本控制的关键环节之一，而大数据可以通过分析供应链数据，帮助企业实现供应链的优化和成本控制。

企业可以通过大数据技术对供应商的价格、交货时间等数据进行分析，发现供应链中的潜在风险和机会，制定相应的策略，降低采购成本。同时，企业还可以通过大数据技术对供应链中的物流和库存数据进行分析，优化物流和库存管理，降低存货成本和运输成本。

（四）大数据在业绩评估方面的分析

业绩评估是企业财务管理的重要组成部分，它可以评估企业的财务状况和经营业绩，帮助企业发现问题，制定相应的决策。随着大数据技术的发展，大数据在业绩评估分析中的应用越来越广泛，可以帮助企业更加准确地评估自身业绩和竞争对手的业绩，为企业提供决策支持。

1. 市场份额分析

通过大数据技术分析市场数据、消费者行为等信息，可以评估企业在市场上的地位和竞争力，进而优化产品和服务策略，扩大市场份额。

2. 客户满意度分析

通过大数据技术分析客户的行为和反馈等数据，可以评估客户的满意度和需求，从而优化产品和服务，提高客户满意度，增强客户黏性。

3. 业绩预测分析

通过大数据技术分析历史业绩和市场趋势等信息，可以预测未来业绩的发展趋势和风险，为企业制定相应的决策提供依据。

第三节　新时期企业财务管理智能化的创新策略

智能化技术是企业财务管理创新的重要方向之一，其创新策略主要包括以下四个方面。

一、推进数字化审批

数字化审批可以加快审批流程速度、降低人力成本和风险，并提高审批的准确性和效率。企业可以通过引入审批流程管理系统，实现数字化审批的全面推广和应用。

（一）数字化审批的推进过程

数字化审批的推进过程需要经历以下四个阶段。

1. 审批流程分析

企业需要对审批流程进行分析和优化，确定需要数字化的审批流程，同时建立数字化审批的标准和规范。

2. 技术选型

企业需要根据自身的审批流程和信息系统情况，选择合适的数字化审批技术和系统。可以选择已有的商业化审批流程管理系统，也可以自主开发。

3. 系统开发和集成

如果企业选择自主开发数字化审批系统，需要进行系统开发和集成。系统开发需要涉及前端界面设计、后端系统架构设计、数据存储和传输等方面。集成需要与企业现有的信息系统进行对接，保证数字化审批系统与其他系统的无缝衔接。

4. 测试和上线

数字化审批系统开发和集成完成后，需要进行系统测试和上线。测试需要对系统的各项功能进行测试，确保系统能够稳定运行。上线需要对系统进行部署和配置，同时进行用户培训和推广。

（二）数字化审批的应用效果

数字化审批的应用效果主要表现在以下六个方面。

1. 提高审批效率

数字化审批可以减少审批流程中的人工干预，提高审批效率。审批流程数字化后，相关人员可以通过电子化的方式进行审批，大大缩短审批周期，提高审批效率。

2. 减少审批错误

数字化审批可以降低审批错误率。在数字化审批系统中，审批流程被规范化、标准化，减少了人工干预的可能性，同时，数字化审批系统可以对审批数据进行自动校验和核对，减少了人为错误的发生。

3. 提高审批透明度

数字化审批可以提高审批的透明度，使得相关人员能够随时查看审批进度和审批结果。审批过程中的每一步都被记录在系统中，可以随时查看审批状态和审批记录，减少了审批过程中的不确定性和信息不对称，增加了审批的透明度。

4. 优化审批流程

数字化审批可以优化审批流程，减少人工干预和手动操作，提高审批效率和准确性。通过引入自动化的审批流程管理系统，可以实现审批流程的自动化，包括审批流程的设计、流程节点的设置、审批规则的定义等，从而实现审批流程的优化和提高审批效率。

5. 提高数据安全性

数字化审批可以提高数据安全性，保护企业的信息安全。通过数字化审批系统，审批数据可以得到有效的保护，可以设置审批数据的访问权限和审批权限，避免数据泄露和滥用，提高审批数据的安全性和可靠性。

6. 提高工作效率

数字化审批可以提高工作效率，减少企业的审批成本。通过数字化审批，企业可以减少人工干预和手动操作，减少审批的时间和成本，提高工作效率和审批效率，优化企业的管理和运营。

二、推进智能化记账

智能化记账可以通过自动识别发票、自动生成会计凭证等方式，提高记账效率和准确性，同时减少人工操作和降低错误率。

（一）智能化记账的概念

智能化记账是一种利用人工智能技术，实现会计记账自动化的方式。通过自动识别发票、自动生成会计凭证等方式，提高记账效率和准确性，同时减少人工操作和降低错误率。

智能化记账是数字化财务管理的重要组成部分，可以提高企业财务管理的效率和精度，缩短财务处理周期，降低财务管理成本，是企业数字化转型的必要手段之一。

（二）智能化记账的实现方式

智能化记账的实现方式主要包括以下三个方面。

1. 自动识别发票技术

自动识别发票技术是智能化记账的重要技术之一。通过 OCR（Optical Character Recognition）光学字符识别技术，可以自动识别发票上的文字和数字，从而实现自动记账。

2. 自动生成会计凭证技术

自动生成会计凭证技术可以根据识别到的发票信息，自动生成相应的会计凭证，从而实现自动记账。这种技术可以极大地提高记账的效率和准确性，减少人工操作和降低错误率。

3. 智能化记账系统

智能化记账系统是实现智能化记账的关键。这种系统可以根据企业的财务管理需求，自动完成记账、凭证处理、报表生成等操作，并且可以与企业其他信息系统进行集成，实现信息的自动化共享和流转。

（三）智能化记账的优势

智能化记账可以为企业带来以下五个方面的优势。

1. 提高记账效率和准确性

智能化记账可以自动识别发票信息，自动生成会计凭证，从而大大提高记账效率和准确性。同时，由于自动化操作，还可以减少人工操作和降低错误率，降低企业财务管理成本。

2. 缩短财务处理周期

智能化记账可以自动化完成记账、凭证处理、报表生成等操作，极大地缩短了财务处理周期，提高了财务处理效率。

3. 降低财务管理成本

智能化记账可以减少人工操作和降低错误率，降低企业财务管理成本。同时，自动化操作还可以缩短财务处理周期，进一步降低企业财务管理成本。

4. 提高财务管理精度

智能化记账可以通过自动化操作，减少人为干预和错误，提高财务管理精度。同时，自动识别发票等技术也可以减少数据录入错误，提高数据的准确性。

5. 提高财务数据安全性

智能化记账可以通过系统权限管理、数据加密等技术，保证财务数据的安全性和机密性，防止数据泄露和损失。

（四）智能化记账的实践方法

要实现智能化记账，需要以下四个方面的实践方法。

1. 引入智能记账软件

企业可以引入智能记账软件，实现自动化的发票识别、凭证生成、报表制作等功能，提高记账效率和准确性。

2. 建立合理的财务流程

企业需要建立合理的财务流程，明确每个环节的职责和操作流程，确保智能记账系统能够正常运转。

3. 完善数据管理体系

企业需要完善数据管理体系，确保财务数据的安全和机密性。同时，还需要建立完善的数据备份和恢复机制，保证数据的可靠性和完整性。

4. 监测系统运行情况

企业需要对智能记账系统的运行情况进行监测和管理，及时发现问题并解决，确保系统稳定运行。

三、应用智能化财务分析

企业可以通过智能化财务分析技术，对财务数据进行深度挖掘和分析，以预测企业未来的财务趋势和风险，并及时采取相应的措施。

（一）智能化财务分析的概念

智能化财务分析是一种利用人工智能、大数据、机器学习等技术进行财务数据分析的方法。它可以对企业的财务数据进行深度挖掘和分析，帮助企业了解自身的财务状况、预测未来的趋势和风险，从而提高决策的准确性和效率。

（二）智能化财务分析的应用场景

智能化财务分析可以应用于以下四个方面：第一，财务预测。通过对历史财务数据的分析，结合市场和经济环境等因素，可以预测企业未来的财务趋势，为企业制定合理的财务策略提供参考。第二，风险管理。通过对财务数据的深度分析，可以发现潜在的风险和问题，及时采取相应的措施，降低企业的风险。第三，绩效评估。通过对财务数据的分析，可以评估企业的绩效水平，发现问题并采取相应的措施，提高企业的绩效；第四，资金管理。通过对财务数据的分析，可以优化企业的资金管理，提高资金使用效率和控制风险的能力。

（三）智能化财务分析的技术手段

智能化财务分析主要采用以下四个技术手段：第一，数据挖掘技术。数据挖掘技术可以从大量的财务数据中挖掘出潜在的模式、关联性和趋势，并根据这些模式和趋势预测未来的财务趋势。第二，机器学习技术。机器学习技术可以让计算机自动学习和适应新的财务数据，从而能够在财务分析中提高准确性和效率。第三，自然语言处理技术。自然语言处理技术可以将财务报表中的非结构化数据转换为结构化数据，并且能够自动识别并提取出报表中的关键信息。第四，人工智能技术。人工智能技术可以在财务数据分析中应用自然语言处理、数据挖掘、机器学习等技术，从而实现对财务数据的深度学习和分析。

（四）智能化财务分析的优势

智能化财务分析可以为企业带来以下四个方面的优势：第一，提高决策效率和准确性。通过智能化财务分析技术，企业可以快速获取财务数据，并进行深度挖掘和分析，从而提高决策效率和准确性。智能化财务分析可以帮助企业更快地发现和识别问题，并提供更全面、更准确的数据支持，帮助企业做出更精准的决策。第二，降低风险。智能化财务分析可以帮助企业更好地了解财务风险，并及时采取相应的措施。通过分析历史数据、预测未来趋势和风险，企业可以更好地了解市场变化和行业趋势，减少财务风险，降低企业的经营风险。第三，提高工作效率。智能化财务分析可以帮助企业提高工作效率，减少人工操作和人力资源成本。通过自动化处理财务数据，企业可以更快速地进行财务分析和决策，同时减少了人工处理财务数据的时间和工作量。第四，增强竞争力。智能化财务分析可以帮助企业更好地了解自身的财务状况和市场趋势，优化财务决策，提高企业的运营效率和盈利能力，增强企业的竞争力。

四、推广智能化报销

智能化报销可以通过自动审批、自动报销等方式，提高报销效率和准确性，同时减少企业的管理成本和风险。

（一）智能化报销的概念

智能化报销是指通过信息化技术手段，实现报销流程的自动化和智能化管理。智能化报销系统可以通过自动审批、自动报销、自动生成财务凭证等应用，提高报销效率和准确性，减少人为干预和降低错误率，同时降低企业管理成本和风险。

（二）智能化报销的实施步骤

1. 建立智能化报销系统

企业需要引入智能化报销系统，并对系统进行相应的配置和调试，以确保系统能够顺利运行。

2. 确定报销规范和流程

企业需要明确报销规范和流程，制定相应的报销标准和流程，并对员工进行相关的培训和指导，以确保员工能够正确操作系统和遵守报销规范。

3. 实现报销信息的自动化收集和录入

企业需要实现报销信息的自动化收集和录入，可以通过扫描仪、移动设备等方式将报销凭证进行数字化处理，减少人工录入和降低错误率。

4. 实现报销流程的自动化审批和报销

企业需要将报销流程实现自动化审批和报销，通过预设的规则和条件，对报销单进行自动审批和报销，从而提高报销效率和准确性。

5. 实现财务凭证的自动生成

企业需要实现财务凭证的自动生成，将报销信息自动转换为财务凭证，降低人工处理成本和错误率。

（三）智能化报销的优势

1. 提高报销效率和准确性

智能化报销可以自动化完成报销流程，提高报销效率和准确性，同时减少人工干预和降低错误率。

2. 降低管理成本和风险

智能化报销可以减少人工处理和管理成本，同时降低企业财务管理风险，提高财务管理精度和效率。

3. 提高员工满意度

智能化报销可以提高员工的报销体验和满意度，降低员工的报销压力和工作负担，提高企业的人力资源效率和管理水平。

4. 加强报销监管

智能化报销可以加强报销监管，实现报销流程的可视化和可追溯性，从而提高企业的内部控制和风险管理能力。

第四节　新时期企业财务管理人才创新的创新策略

随着经济全球化和信息化的加速发展，企业财务管理面临着更加复杂和多样化的挑战，对财务管理人才的素质和能力提出了更高的要求。在这种情况下，企业需要创新财务管理人才的培养模式和培养策略，以适应新时期财务管理的要求。

一、注重跨领域学习和交流

在新时期，企业财务管理需要具备跨领域的综合素质和能力，这要求财务管理人才不仅要掌握财务知识和技能，还要了解经济、法律、信息技术等多个领域的知识。因此，企业需要注重财务管理人才的跨领域学习和交流，鼓励财务管理人才参与跨部门的项目和活动，提高其对企业全局的理解和认识，增强其综合素质和能力。

（一）跨领域学习

跨领域学习是指通过学习和了解其他领域的知识和技能，来拓展和提高自己的专业能力和素质。在企业财务管理领域中，跨领域学习可以带来以下三个方面的好处。

1. 拓宽视野

跨领域学习可以让财务管理人员了解更多的行业发展趋势、政策法规、管理模式等，从而更好地把握企业经营环境和市场趋势，为企业决策提供更加全面的参考。

2. 提升专业素养

跨领域学习可以让财务管理人员了解其他领域的知识和技能，拓展自己的专业素养，提高综合素质。例如，学习市场营销、人力资源管理等相关领域的知识和技能，可以帮助财务管理人员更好地处理企业经营中的相关问题，进而提升企业的竞争力。

3. 促进创新

跨领域学习可以促进财务管理人员的创新能力，提供新思路和新方法。通过了解其他领域的管理模式和创新实践，财务管理人员可以运用相关的经验和思想，为企业财务管理提供新的思路和方向。

（二）跨领域交流

跨领域交流是指财务管理人员与其他领域的人员进行交流和合作，共同解决企业的问题。在企业财务管理领域中，跨领域交流可以带来以下四个方面的好处：

1. 拓展人脉

跨领域交流可以让财务管理人员与其他领域的人员建立联系和沟通，拓展人脉。这些人脉可以提供更广泛的信息和资源，为企业决策提供更全面的参考。

2. 促进合作

跨领域交流可以促进企业内部的合作和协作。财务管理人员可以与其他部门的人员一起合作解决企业面临的问题，形成合力，提高企业的综合竞争力。

3. 获得新的思维和方法

由于不同领域的人员具有不同的思维方式和解决问题的方法，所以跨领域交流可以让财务管理人员获得新的思维和方法，更加全面和深入地了解企业的问题和挑战，并提供更多的解决方案。

4. 提高专业素养

跨领域交流可以让财务管理人员了解其他领域的专业知识和技能，拓展自己的知识和技能范围，提高自己的专业素养，为企业财务管理提供更全面的服务。

在跨领域交流方面，财务管理人员可以通过参加行业会议、研讨会、专业讲座等方式，与其他领域的人员进行交流和合作。此外，企业也可以组织内部交流活动，鼓励不同部门之间的交流和合作，提高企业的综合竞争力。

二、提高数字化和信息化素质

随着信息化和数字化技术的广泛应用，财务管理人才需要具备一定的数字化和信息化的素质。企业需要通过开展培训和教育，提高财务管理人才的数字化和信息化的素质，引导其熟练掌握财务软件和信息系统的应用，提高其数据分析和处理能力，为企业提供更加准确的财务管理支持。

（一）学习数字技术和信息技术知识

财务管理人员需要学习数字技术和信息技术知识，掌握计算机基础知识和财务软件、信息系统的应用方法。可以通过自学、参加培训、参加专业课程等方式来学习相关知识。以下是具体的学习内容：

1. 学习基础知识

财务管理人员需要掌握数字技术和信息技术的基础知识，包括计算机基础、数据库基础、网络基础等。这些基础知识是进一步学习和应用数字技术和信息技术的基础。

2. 学习数据分析工具

数据分析是数字技术和信息技术在财务管理中的重要应用。财务管理人员需要学习数据分析工具，如 Excel、SPSS、Tableau 等，掌握数据处理、数据分析和数据可视化等技术，以提高财务数据的分析能力。

3. 学习云计算和大数据技术

云计算和大数据技术已经成为现代企业管理的重要工具，也在财务管理中得到了广泛的应用。财务管理人员需要学习云计算和大数据技术的相关知识，如云计算基础、大数据分析技术、Hadoop 等，以提高财务管理的效率和精度。

4. 学习人工智能和机器学习技术

人工智能和机器学习技术正在成为财务管理的重要工具。财务管理人员需要学习人工智能和机器学习技术的相关知识，如自然语言处理、深度学习、神经网络等，以提高财务管理的智能化程度。

5. 学习信息系统管理

财务管理人员需要了解企业信息系统的管理，如 ERP、CRM 等，以熟悉企业信息系统的架构和功能，并掌握信息系统的配置和使用技巧，以提高财务管理的效率和精度。

学习数字技术和信息技术知识可以帮助财务管理人员提高工作效率和决策水平，为企业财务管理提供更多的支持和帮助。

（二）掌握数字思维和信息思维能力

数字思维和信息思维是指从数字化和信息化的角度看待问题，掌握信息的收集、整理、分析和利用的能力。财务管理人员需要具备数字思维和信息思维的能力，能够从海量的数据中找到有用的信息，并运用信息技术分析和处理数据，为企业提供有价值的意见和建议。

1. 数字思维和信息思维的概念

数字思维是指将数字技术应用于解决问题和实现目标的能力。数字思维需要财务管理人员具备数据分析和处理的技能，并能够运用数字技术进行信息的获取、分析和利用，从而为企业的决策提供支持。

信息思维是指将信息技术应用于解决问题和实现目标的能力。信息思维需要财务管理人员具备信息处理和管理的技能，并能运用信息技术进行数据的收集、整理、分析和利用，从而为企业的决策提供支持。

2. 企业财务管理人员掌握数字思维和信息思维能力的策略

（1）加强培训和学习

企业可以加强对财务管理人员的数字化和信息化培训，提高其数字思维和信息思维的能力。培训内容可以包括数字技术和信息技术的基础知识、数据分析和处理技能、信息管理和利用等方面，帮助财务管理人员掌握数字思维和信息思维的基本能力。

（2）建立数字化和信息化交流平台

企业可以建立数字化和信息化交流平台，鼓励财务管理人员与其他领域的人员进行交流和合作，共同解决企业的问题。交流平台可以包括内部员工互动平台、外部合作伙伴协作平台等，为财务管理人员提供更广泛的信息和资源。

（3）推广数字化和信息化工具

企业可以推广数字化和信息化工具，如数据可视化工具、财务软件、信息管理系统等，提高财务管理人员的数字化和信息化工具的应用能力。这些工具可以帮助财务管理人员更好地进行数据的收集、整理、分析和利用，提高其数字思维和信息思维的能力。

（4）提供实践机会

企业可以为财务管理人员提供实践机会，例如组织数据分析和处理项目、参与数字化和信息化项目等，提高其数字思维和信息思维的实践能力。这些实践机会可以帮助财务管理人员更好地将数字技术和信息技术应用于实际工作中，提高其数字思维和信息思维的能力。

（5）培养团队合作精神

数字化和信息化的应用需要财务管理人员具备良好的团队合作精神，与其他领域的人员进行协作。企业可以通过以下五个方面来培养团队合作精神：第一，制定团队目标和任务。企业可以为财务管理团队制定明确的目标和任务，并激励团队成员一起努力实现。通过共同的目标和任务，可以增强团队凝聚力和合作精神。第二，建立交流渠道。企业可以建立交流渠道，促进团队成员之间的交流和沟通。这些渠道可以是日常例会、交流分享会、团队建设活动等，帮助团队成员更好地了解彼此，增进信任和理解。第三，鼓励分享和学习。企业可以鼓励团队成员分享自己的经验和知识，帮助其他成员提升技能和能力。同时，也可以鼓励团队成员学习其他领域的知识和技能，拓宽视野，增强跨领域协作的能力。第四，建立团队文化。企业可以建立团队文化，以增强团队凝聚力和合作精神。团队文化可以体现在共同的价值观、共同的行为规范等方面，让团队成员具有共同的认知和共识。第五，奖励优秀的表现。企业可以通过奖励制度，激励团队成员积极参与团队合作和创新，鼓励团队成员发挥自己的潜力和才能。这可以帮助团队成员感受到自己的价值和贡献，增强团队合作的积极性和主动性。

（三）熟练运用财务软件和信息系统

财务管理人员需要熟练运用财务软件和信息系统，以提高工作效率和准确性。财务软件包括会计软件、财务管理软件、预算软件等；信息系统包括企业资源计划（ERP）系统、客户关系管理（CRM）系统、供应链管理（SCM）系统等。财务管理人员需要掌握这些软件和系统的应用方法和功能，以提高财务管理的效率和准确性。

1. 会计软件

会计软件是财务管理的核心工具之一，可以帮助企业完成财务核算、账务处理、财务报表编制等工作。常见的会计软件有用友、金蝶、SAP 等。

财务人员需要掌握会计软件的基本操作技能，如账户管理、凭证录入、科目设置、报表编制等，以提高工作效率和准确性。

2. 财务管理软件

财务管理软件可以帮助企业实现预算管理、成本控制、资产管理、风险管理等方面的工作。常见的财务管理软件有用友、金蝶、SAP 等。

财务人员需要掌握财务管理软件的操作技能，如预算编制、成本分析、资产管理、风险评估等，以提高企业财务管理水平。

3. 预算软件

预算软件可以帮助企业编制和管理预算，包括收入预算、支出预算、现金流量预算等。常见的预算软件有 Excel、金蝶、SAP 等。

财务人员需要掌握预算软件的基本操作技能，如数据输入、公式计算、数据分析、预算控制等，以保证预算的准确性和实效性。

4. 企业资源计划系统（ERP）

ERP 系统是一种集成化的信息系统，可以帮助企业实现生产、采购、销售、库存、财务等方面的管理。常见的 ERP 系统有 SAP、Oracle、用友等。

财务人员需要掌握 ERP 系统的基本操作技能，如数据录入、数据分析、财务管理、成本控制等，以保证企业各项管理工作的协调性和高效性。

5. 客户关系管理系统（CRM）

CRM 系统是一种帮助企业管理客户关系的信息系统，可以帮助企业进行客户维护、销售管理、市场营销等方面的工作。常见的 CRM 系统有 Salesforce、SAP、微软等。

财务人员需要掌握 CRM 系统的基本操作技能，如客户资料管理、销售记录管理、市场营销分析等，以提高企业客户关系管理水平。

6. 供应链管理系统（SCM）

SCM 系统是一种帮助企业管理供应链的信息系统，可以帮助企业进行供应商管理、采购管理、库存管理等方面的工作。常见的 SCM 系统有 SAP、Oracle、IBM 等。企业财务人员需要掌握 SCM 系统的基本原理和使用方法，以实现对供应链的有效管理和控制。

在使用 SCM 系统时，财务人员需要关注以下四个方面：第一，供应商管理。财务人员需要掌握如何建立供应商档案，记录供应商信息，评估供应商绩效等内容。第二，采购管理。财务人员需要掌握如何进行采购计划制订、采购订单生成、采购付款等工作，并及时跟进采购进度和付款情况。第三，库存管理。财务人员需要掌握如何进行库存管理，包括库存调拨、库存盘点、库存预警等工作，以保证库存的安全性和有效性。第四，成本控制。SCM 系统可以帮助企业进行成本控制，财务人员需要掌握如何进行成本核算、成本分析和成本控制等方面的工作，以保证企业的成本效益。

总之，熟练运用财务软件和信息系统是企业财务人员的基本技能之一，只有掌握了相关技能，才能更好地实现企业财务管理的目标。

（四）提高数据分析和处理能力

财务管理人员需要具备良好的数据分析和处理能力，可以从数据中发现有价值的信息，提供决策支持。数据分析和处理包括数据收集、清洗、整理、分析和呈现等过程，财务管理人员需要掌握相关技术和方法。

1. 数据收集

数据收集是数据分析和处理的第一步，数据的质量和准确性直接影响到后续分析的结果。为了获得高质量的数据，企业财务管理人员需要掌握以下技能：第一，确定数据需求。企业财务管理人员需要明确自己需要什么数据，以及需要使用什么方法来收集数据。第二，确定数据源。企业财务管理人员需要确定数据的来源，例如内部系统、外部数据服务提供商等。第三，设计数据采集计划。企业财务管理人员需要设计数据采集计划，明确采集的时间、地点、方式等。第四，选择采集工具。企业财务管理人员需要选择合适的采集工具，例如问卷调查、访谈、在线调查等。第五，进行数据采集。企业财务管理人员需要根据数据采集计划，使用采集工具对数据进行采集。

2. 数据清洗与整理

数据清洗与整理是数据分析和处理的重要步骤，它们可以帮助企业财务管理人员发现数据中的问题和异常，进一步提高数据的质量和准确性。数据清洗与整理的主要任务包括：第一，清除重复数据。企业财务管理人员需要清除重复的数据，以保证分析结果的准确性。第二，清除缺失数据。企业财务管理人员需要清除缺失的数据，以避免分析结果出现偏差。第三，清除异常数据。企业财务管理人员需要清除异常的数据，例如错误数据或超出正常范围的数据，以保证分析结果的准确性。第四，整理数据格式。企业财务管理人员需要整理数据的格式，例如，标准化日期格式、金额格式等。第五，将数据转换成合适的形式。企业财务管理人员需要将数据转换成可以进行进一步分析的形式，例如将数据转换成矩阵形式或透视表形式。第六，合并数据。企业财务管理人员需要合并多个数据源，以生成更全面、更准确的分析结果。第七，数据归档。企业财务管理人员需要对数据进行归档，以便后续的查询和使用。

为了实现数据清洗和整理的目标，企业财务管理人员需要掌握相关的技术和方法，例如 Excel、Python、R 等数据处理工具和语言以及数据清洗和整理的最佳实践和流程。同时，企业财务管理人员需要根据具体业务场景和数据特点，选择合适的数据清洗和整理方法，以提高数据分析和处理的效率和准确性。

（五）学习新技术和方法

随着数字化和信息化的技术不断发展和更新，财务管理人员需要不断学习新技术和方法，以应对不断变化的市场和业务环境。同时，财务管理人员也需要加强自身的专业知识和技能，保持与时俱进。

以下是具体的学习策略：第一，关注行业和市场的最新趋势和发展，了解新技术和方法的应用情况和优缺点。第二，参加培训和研讨会，学习最新的财务管理理论和实践经验，了解行业最新发展动态，与业内专家交流分享。第三，阅读财务管理相关的书籍、杂志和论文，积累专业知识和技能，拓展思路和视野。第四，利用在线学习资源，例如MOOC、网课等，学习最新的财务管理知识和技能。第五，积极参与企业内部的培训和学习活动，例如内部讲座、知识分享会等，与同事交流学习，提高团队整体水平。第六，定期参加职业认证考试，例如注册会计师、管理会计师等，不断提升自身的专业水平和认可度。第七，保持对新技术和方法的敏感度和开放性，接受新事物并尝试运用到实践中，不断创新和提高工作效率。

企业财务管理人员需要不断提高数字化和信息化的素质，引导其熟练掌握财务软件和信息系统的应用，提高数据分析和处理能力，并基于数字化和信息化的视角参与决策，学习新的技术和方法，以适应数字化时代的财务管理要求。

三、倡导创新思维和实践

创新是企业发展的关键，财务管理人才需要具备创新思维和实践能力，能够在财务管理中提出新的理念和方法，解决实际问题。企业需要鼓励财务管理人才创新思维和实践，提供创新平台和机会，引导财务管理人才参与创新项目和活动，培养其创新能力和实践经验。

（一）创新思维的培养

1. 拓展思维方式

财务管理人员可以通过拓展自己的思维方式，如思考问题的角度、逻辑和思维路径等，来培养创新思维。例如，可以从不同的角度出发思考同一个问题，以获得不同的解决方案。

2. 积累多元知识

财务管理人员需要积累不同领域的知识和经验，以更好地理解企业运作的全局和细节，从而提出创新的理念和方法。例如，可以学习市场营销、供应链管理等领域的知识，以更好地了解企业运营的各个方面。

3. 鼓励团队合作

团队合作可以促进创新思维的培养。财务管理人员可以组织团队进行创新思维训练，或者鼓励团队成员分享自己的创新思维和实践经验，以激发更多的创新思维和灵感。

（二）创新实践能力的培养

1. 注重实践经验的积累

财务管理人员需要通过实践经验的积累来培养创新实践能力。例如，可以参与企业的创新项目，或者主动寻找解决企业实际问题的机会，通过实践来锤炼自己的创新能力。

2. 学习创新方法和工具

财务管理人员需要学习一些创新方法和工具，如设计思维、头脑风暴、SWOT 分析等，来帮助自己更好地进行创新实践。

3. 鼓励创新实践

企业可以鼓励财务管理人员进行创新实践，例如设立创新奖励制度、提供资源支持等，以激励财务管理人员更多地参与创新实践，从而推动企业财务管理的创新发展。

4. 跨领域学习和交流

财务管理人员可以通过跨领域学习和交流，拓展思路和视野，获得不同领域的创新思维和实践经验。例如，可以参加行业会议、参观其他企业、与其他领域的专业人士进行交流等方式，从而获取新的灵感和思路。

5. 创造创新文化

企业可以通过创造创新文化，激发财务管理人员的创新思维和实践能力。例如，可以开展创新文化建设活动、鼓励员工提出创新建议、设立创新实验室等方式，营造出良好的创新氛围。

6. 鼓励尝试失败

创新实践中难免会出现失败的情况，财务管理人员需要具备勇于尝试、敢于失败的精神。企业可以鼓励财务管理人员尝试新的创新实践，同时也要允许失败的发生，从失败中吸取教训，不断调整和改进。

第五节　新时期企业财务管理模式的创新策略

随着经济社会的发展和竞争的加剧，企业财务管理模式不断地面临着新的挑战。如何创新企业财务管理模式，提高财务管理效率和质量，成为企业必须面对的问题。以下是新时期企业财务管理模式创新的几个策略。

一、强化数据分析能力

财务管理人员需要具备较强的数据分析能力，通过对财务数据的深入分析，可以帮助企业发现问题、预测趋势，为企业决策提供支持。因此，企业应该加强对财务人员的数据分析能力的培训和提升，同时可以引入先进的数据分析工具，提高分析的准确性和效率。

（一）数据分析工具的选择

要强化数据分析能力，企业财务管理人员需要掌握各种先进的数据分析工具。以下是一些常用的数据分析工具：

Excel：Excel 是一款功能强大的电子表格软件，可用于数据分析、报表制作、图表绘制等方面。

SPSS：SPSS 是一种统计软件，可以用于数据分析和统计建模等方面，主要用于社会科学领域的数据分析。

Python：Python 是一种流行的编程语言，可以用于数据处理、分析和可视化等方面，具有灵活性和可扩展性。

R 语言：R 语言是一种流行的统计分析软件，可以用于数据处理、统计建模、机器学习等方面，具有强大的统计分析能力。

企业财务管理人员可以根据自己的需求选择合适的数据分析工具，并在使用过程中不断探索和学习新的工具和技术。

（二）数据分析能力的提升

要提高数据分析能力，企业财务管理人员可以从以下六个方面入手。

1. 加强数据收集和整理的能力

数据分析的准确性和有效性很大程度上取决于数据的质量。因此，企业财务管理人员需要加强数据收集和整理的能力，确保数据的准确性和完整性。

2. 学习统计学知识

统计学是数据分析的基础，企业财务管理人员需要掌握基本的统计学知识和方法。

3. 掌握数据可视化技术

数据可视化可以帮助企业财务管理人员更好地理解数据，并从中发现有价值的信息。因此，企业财务管理人员需要掌握数据可视化技术，如图表绘制和仪表板制作等。

4. 探索机器学习和人工智能技术

机器学习和人工智能技术在数据分析领域具有广泛的应用前景，企业财务管理人员可以探索这些新技术，提高数据分析的准确性和效率。

5. 使用先进的数据分析工具

企业财务管理人员可以使用先进的数据分析工具，如 SPSS、Tableau、Power BI 等，来帮助自己更快更准确地进行数据分析和处理。

6. 不断学习和更新知识

数据分析领域的知识和技术日新月异，企业财务管理人员需要不断学习和更新自己的知识，以跟上时代的步伐。

二、加强合规管理

合规管理是企业财务管理的重要组成部分。企业需要遵守相关法律法规、会计准则和财务规范，确保企业财务合规，财务管理人员需要掌握相关的法律法规和财务规范知识，建立健全的财务制度和流程，确保企业财务管理的合规性。

（一）合规管理的意义及作用

1. 合规管理的意义体现

在财务共享运行体制下，财务合规管理是管理者掌握各项信息过程中的重要环节，每名财务人员都要熟练掌握《会计法》及相关财经法规的具体内容，详细分类上级公司及本公司财务制度及规章流程，将涉及财务管理规定的所有执行标准熟记于心并适用于日常具体业务管控，通过财务管理手段对公司各项业务运行的合法性、合理性和有效性进行监督。通过规范的流程建立有效的财务合规管理，遵循公正客观全面原则，选取核心财务评价指标与辅助性财务评价指标进行分析，重点是财务经营分析和业务专项分析的融合，提出合理建议，以督促企业各方面的经营活动符合内控流程管理要求，促进企业各项业务活动运行合法、管理科学。有效的财务合规管理在严格财务制度、严肃财经纪律、改善提升财务管理工作、保证资金收支平衡、保障资产有效完整、确保预算指标实现等方面具有重要意义。

2. 共享体制下合规管理发挥的作用

在财务共享后，分公司财务人员所履行的财务合规管理主要是通过对财务收支及业务全流程进行鉴证，严肃《会计法》及财经纪律执行，规范公司财务规章制度及财务管理流程，以督导公司各部门严格落实计划，严控预算方案的执行，以确保出具的财务报告及相关财务核算凭证正确可靠，杜绝违法乱纪、损失浪费、无效低效的行为，从而纠错揭弊，保障法律法规、方针政策的有效执行，保护公司资产安全完整，促使公司以尽可能低的成本创造更大的效益。

（1）保证国有资产的安全和完整

通过财务合规管理加强国有资产管理，保证资产合理配置及有效使用，有效防止资产流失，维护企业利益、国家利益。

（2）提升整体财务管理工作质量

通过财务合规管理及时发现各业务流程中存在的问题及不足，查摆财务管理中存在的薄弱环节，并有针对性地提出改进意见及措施，从而提升财务管理水平，提高财务管理的工作质量。

（3）强化预算管理确保指标完成

通过财务合规管理促使各业务环节加强预算管理，拿出切实可行的预算方案，促使各业务活动按预算进度执行，通过日常监管及时发现预算执行过程的问题，出具整改措施及时解决，保证预算收支平衡，确保预算指标顺利完成。

（4）强化经营分析促进增收节支

通过财务合规管理强化对经营活动的全面分析，让决策者能够及时掌握人力、财力、物力等运行情况，督促各级人员深入挖掘内部潜力，实现降本增效增收节支，将提质增效目标落实到生产经营活动的各个环节中去，从源头规范成本费用标准，从而使各级管理者创新理念、方法，以有效的决策致力于公司效益最大化发展，各业务单元发展均步入良性轨道，持续提升公司价值创造力与核心竞争力。

（5）严格执行财务制度及财经纪律

通过财务合规管理实现一切活动严格遵守财务制度及财经纪律，及时了解各项活动是否符合有关法律法规及制度的规定，有无违法乱纪现象，以促使经营规范化合法化，保证财务管理合规、资金安全有效使用。同时，通过财务合规管理，找出财务管理中的薄弱环节，加大对红线行为的监督力度，促使公司人员增强法律意识，严格遵纪守法。

（二）合规管理工作要点

财务合规管理贯穿于公司经营管理的各个环节，工作范围涉及整个财务活动，是全流程、全面合规管理。

1. 内部监督与外部监督并存

《会计法》规定“会计人员对不真实、不合法的原始凭证有权不予接受”。这是对财务人员监督履职的法规条款，单位报销所归集的报销原始凭证大部分是由外部取得，外部单位开具发票的合规性体现在报销单位的监管中，公司财务人员应依法审核审查公司所有员工提报的报销发票及其附件，认真履行财务的监督职权，对于不相符、不真实、不合规的报销单据要退回不予报销，财务人员审核的权限在于报销发票同时关联报销单位与票据开具单位，这样在执行内部财务合规管理的同时也具有了外部财务合规管理的关联职责。

2. 财务合规管理的据实原则

财务人员应按照《会计法》及财务规章制度认真履行工作职责，根据实际的经营活动相关事项据实列支相关会计科目，每名会计人员按岗位职责分工据实录入凭证、登记账簿、编制报表、汇总经营分析、出具盘点报告等；财务人员应对原始凭证及附件对应的实际业务进行审核，编制记账凭证应当根据经过审核无误的原始凭证及核对相符的附件进行编制，凭证审查后据实登记账簿，确保账证相符、账账相符、账表相符、账实相符；公司经营活动分析和财务收支报告应当根据审核无误的财务数据及相关资料汇总编制，财务部门要牵头定期开展财务分析报告汇报，为公司决策提供实时的动态分析支持。

3. 财务合规管理的纠正原则

财务人员要对经办事项认真审查，对于不符合财务准则及相关法律法规的事项有权拒绝办理，财务对于审核不符单据有纠正的职责，例如，在差旅费报销中，报销单据与行程有关附件不相符的，财务人员有权及时退回，如果确认业务人员出差属实，应按票据审核要求进行修改提报单据。财务合规管理对经营活动全流程依据财务管理制度进行督导并出具报告，对公司提质增效有益的经营方式继续推广，对公司管理中不合理的方面提出整改要求，并限期要求执行人员提出解决措施和办法，以便进一步改进管理方法，提高工作效率。

（三）目前开展财务合规管理的重点内容

在财务共享后，分公司财务人员目前财务合规管理重点内容主要包括预算管理监督、收支情况监督、资金使用监督、资产管理与使用监督、专项计划监督以及其他专项监督等。预算编制是否符合国家有关方针政策及公司财务制度规定，是否符合上级下达计划目标任务要求，是否保证经营重点统筹；预算执行情况是否按规定进行全面分析，对发现的问题是否及时处理；预算会议是否按期召开及决算分析内容等；收支情况监督是否按规定对收入进行管理核算，收入是否都纳入了并表，有无账外账，是否存在私设“小金库”问题；加强资产管理与使用的监督，资产的管理能否得到有效使用，财产是否安全完整及使用合理有效；物资采购是否合规开展，是否有违规采购现象；专项投资是否提高了资本运作效率，降低了运营成本等。

（四）合规管理的措施与对策

1. 完善制度体系建设为财务合规管理提供有力保障

公司要根据会计法及相关的法律法规完善财务合规管理制度体系建设，首先要明确各级人员的监督职能，监督职责要一级一级地落实到最小单元；其次结合制度准则完善员工违规违纪处理条例，加大关联处罚力度，特别是人为违反公司制度的行为，要形成违规违纪连带责任处理制度，除了严肃追责责任人，所涉及管理人员的处理也要明确；再者，要强化日常法律法规的培训工作，为财务合规管理的有效实施提供保障。强化公司内部相关法律监督职责，以督导全体人员严格自律、遵守会计法、维护会计法、依法办实事，通过强有力的财务合规管理落实促进公司廉洁廉政建设。

2. 明确主体责任加强财务合规管理履职

明确企业各级人员在财务合规管理中的主体责任，通过各级人员职责落实到位确保会计信息真实。主体责任要基于内控制度及风险管理理念，梳理公司全流程管理风险点，在公司经营的各个流程节点上，各级人员均负有相应的管理责任，树立“谁主管谁负责”的管理理念，主管人员对所分管业务真实性负责；强化各级监督运行保障机制，形成责任到人、流程规范的高效监督模式。

3. 关注专业人才培养提升监督质量

财务共享体制下财务人员转型已成必然，要求财务人员转变自身观念，突破传统财务会计局限性，站在企业发展战略的高度分析问题、解决问题。不断加强自身学习，打造财务方面的专业型团队，要定位于公司战略决策的管理人才，转变以往的财务管理模式，提升财务风险管控能力，不断加强对信息数据的深度分析和利用，在企业内部重大经营决策中发挥支持作用。在提高财务专业水平的同时，还要加强与其他部门的融合、不断拓展专业的广度深度，不断夯实财务精细化管理水平，真正在企业决策中发挥作用。

4. 关注业财融合在财务合规管理

工作中的作用目前销售企业业务变化较快，无论从经济快速发展趋势，还是日益激烈的市场竞争，都会带来许多新增的企业管理风险点，在财务共享体制下，财务合规管理的着力点依然在基层。所以，财务人员要加强业财融合，学会从管理者的角度看问题，查找方法措施。加强财务合规管理的密度和深度，提高财务分析的广度和宽度，将管理触角向业务前端延伸，通过业务发展效果决策方向，验证财务数据科学性、准确性、合理性，通过财务合规管理发现的问题提供管理信息，从而完善业务环节管控，形成业财融合良性互动，提升企业经营质量和经营效益，促进企业健康稳健发展。

5. 财务合规管理要由事后管控向全方位监督转变

建立企业全方位财务合规管理体系，将事后监督转为事前、事中监督，同步开展财务专项检查与财务合规检查并行，使企业借助内控和审计等专业机构检查结果，对企业财务状况和经营情况做出客观评价，全力强化企业经营体制机制风险点管控，全面跟进重点部位及关键环节的监督，强化企业重点岗位人员的监督责任，促使监督责任界定明确清晰，通过内外协同监督促进公司的财务合规管理延伸到业务前端。

三、创新财务管理思维

企业财务管理人员应该具备创新的思维，能够从不同的角度出发，提出新的财务管理理念和方法。例如，可以运用互联网技术，探索新的财务管理模式，提高企业财务管理效率和质量。

（一）利用互联网技术创新财务管理模式

互联网技术可以帮助企业财务管理人员实现财务管理的自动化、信息化和智能化。以下是具体实践策略。

1. 建立基于互联网的财务管理系统

互联网技术可以帮助企业实现财务管理系统的建立和运营。企业可以选择成熟的财务管理软件，如 SAP、Oracle 等，也可以选择云端财务管理系统，如阿里云财务、腾讯云财务等，建立一个基于互联网的财务管理系统。这样可以实现财务数据的集中管理、自动化处理和实时监控，提高财务管理效率和准确性。

2. 建立基于大数据和人工智能的财务分析系统

企业可以运用大数据和人工智能技术，建立一个基于大数据和人工智能的财务分析系统，帮助企业实现财务数据的深度挖掘和分析。该系统可以帮助企业财务管理人员预测企业未来的财务趋势和风险，提高财务决策的准确性和及时性。

3. 利用互联网平台开展财务服务

企业可以利用互联网平台，如蚂蚁金服、京东金融等，开展财务服务。这样可以让企业的财务服务覆盖更广泛的用户群体，提高服务效率和质量。

（二）创新财务管理思维

创新财务管理思维可以帮助企业财务管理人员更好地应对新时代的挑战和机遇。以下是具体实践策略。

1. 强调风险管理

新时代的财务管理要注重风险管理，避免财务风险的发生。财务管理人员需要关注企业的财务风险，并采取相应的措施进行防范和应对。

2. 注重战略规划

财务管理人员需要注重战略规划，从企业战略的角度出发，制定符合企业发展方向的财务管理策略，从而提高财务管理的有效性和质量。

3. 运用互联网技术

互联网技术的应用可以帮助企业财务管理人员实现更高效、更准确的财务管理。例如，可以通过互联网平台实现在线审批和报销，降低企业的管理成本和风险，提高报销效率和准确性。

4. 注重人才培养

企业需要注重财务人员的培养和发展，提高财务人员的素质和能力，包括财务知识、管理技能、沟通协调能力、团队合作精神等。同时，企业也需要加强对财务管理人员的激励和培养，提高他们的工作积极性和增强创新意识。

5. 创新财务管理模式

企业可以通过创新财务管理模式来提高财务管理效率和质量。例如，可以探索共享财务服务、外包财务管理等新的财务管理模式，实现更加灵活、高效的财务管理。

总之，创新财务管理思维可以帮助企业财务管理人员更好地适应新时代的财务管理要求，提高财务管理效率和质量，为企业的发展提供强有力支持。

第八章　新时期企业财务管理模式的未来发展趋势

第一节　企业财务管理模式的未来发展趋势和特点

一、企业共享模式的未来发展趋势和特点

财务共享模式是指企业通过内部协调，将财务资源、技术和人力资源共享给其他部门或业务单位，以实现企业的战略目标和增加整体效益的一种管理模式。该模式在企业内部逐渐得到推广和应用，已成为一种趋势。财务共享模式的特点主要有以下两个方面。

（一）财务分析方面

现代社会经济发展中，企业的经营管理形式需要与时俱进，并根据自身的经营特点和发展优势，集中做好企业管理工作，财务管理对于企业的财务信息分析和大数据应用等具有重要影响。其中，财务分析是财务共享服务的重要组成部分，具有以下特点。

1. 集中化管理

财务共享服务中的财务分析通常是由专门的团队或机构进行集中化管理，以确保分析结果的准确性和可靠性。

2. 多元化数据源

企业财务共享服务中的财务分析通常涉及多个企业和多种数据源，包括企业内部的财务数据和外部的市场、竞争等数据。

3. 定制化需求

企业财务共享服务中的财务分析通常是根据企业的具体需求进行定制化分析，以满足企业的战略和经营需求。

4. 应用广泛

企业财务共享服务中的财务分析不仅应用于财务管理领域，还可以应用于市场营销、供应链管理等多个领域，具有广泛的应用价值。

5. 实时更新

企业财务共享服务中的财务分析通常是通过互联网和云计算等技术实现实时更新，以及时反映企业的财务状况和经营情况。

6. 数据安全性高

企业财务共享服务中的财务分析通常需要涉及敏感的财务数据，因此，数据安全性

是财务共享服务的重要考虑因素之一。企业需要采取有效的安全措施来保护数据安全性。

企业财务共享服务中的财务分析具有集中化管理、多元化数据源、定制化需求、应用广泛、实时更新和数据安全性高等特点，为企业提供了更加有效的财务分析服务，支持企业战略发展。

（二）管理转型方面

企业在运营管理的实践中，需要对内部的财务、资源和人力情况充分把握，利用企业财务共享服务管理手段，对这些运行信息进行集中分析，令其从单一化财务管理形式转变为多元化的财务管理。具有以下四个特点。

1. 面向全局，强化统筹管理

财务共享服务将企业不同部门的财务数据和信息进行整合，实现了全局财务数据的统一管理。这种模式使得企业管理者可以通过一张综合性的财务报表对整个企业的财务状况进行全面了解，并且能够针对不同的管理需求进行灵活分析和调整。在实践中，企业可以通过财务共享服务将不同业务部门的财务数据、风险信息、成本管理等数据进行整合，提高了财务管理的综合效益，使得财务管理可以更加精细化、智能化。

2. 强调效率和精准管理

财务共享服务可以通过先进的信息化技术，实现财务数据的实时更新和交换，以此提高财务处理的效率和精准度。这种模式使得企业可以在较短的时间内完成财务处理，快速响应市场变化和业务需求。同时，财务共享服务还可以对企业的财务管理进行精准化管理，实现对财务数据的高度分析和预测，为企业的战略决策提供有力支持。

3. 突出灵活性和可持续性

财务共享服务模式为企业提供了一种灵活性较高的财务管理方式，可以根据不同业务部门的需求进行相应的财务管理。这种模式还可以为企业提供可持续性的财务管理支持，能够快速响应市场变化，调整财务管理策略，并且能够实现数据的长期积累和分析，提高财务管理的智能化水平。

4. 加强数据安全和隐私保护

财务共享服务模式在信息化程度较高的情况下，财务数据的安全和隐私保护问题备受关注。因此，企业在开展财务共享服务的过程中，需要加强对数据的安全保护措施，实现财务数据的有效保护。此外，还需要对数据的合规性进行检查，确保财务共享服务的合法性和合规性。

财务共享服务模式具有综合性、高效性、灵活性和可持续性等特点，可以为企业提供全面、精准的财务管理支持，实现企业管理转型的顺利推进。

二、企业财务管理协调性发展趋势及特点

企业财务管理协调性发展模式，是指在现代企业财务管理中，通过协调各个财务管

理领域的工作，建立全面、高效、稳定的财务管理体系，从而促进企业的可持续发展。

（一）企业财务管理协调性发展模式的特点

1. 全面性

企业财务管理协调性发展模式强调全面性，需要考虑企业财务管理的各个领域，包括财务会计、财务分析、预算管理、资金管理等，从而建立起完整的财务管理体系。

2. 协同性

企业财务管理协调性发展模式强调各个财务管理领域之间的协同作用，需要建立有效的协作机制，使各个领域之间能够有效沟通和协调。

3. 高效性

企业财务管理协调性发展模式强调高效性，需要建立高效的工作流程和管理体系，使财务管理工作能够高效进行，从而提高企业的运营效率。

4. 稳定性

企业财务管理协调性发展模式强调稳定性，需要建立稳定的财务管理体系和规范的工作流程，使企业财务管理工作能够稳定进行，从而保障企业的财务安全。

5. 灵活性

企业财务管理协调性发展模式强调灵活性，需要根据企业的发展需要和市场环境的变化，及时调整财务管理体系和工作流程，以保持企业的竞争优势。

6. 创新性

企业财务管理协调性发展模式强调创新性，需要不断探索新的财务管理模式和工作方法，以适应企业发展的需要和市场环境的变化。

（二）企业财务管理协调性发展趋势

随着市场竞争的加剧，企业财务管理协调性发展成为未来的趋势。企业财务管理协调性发展的趋势分析有以下五条：第一，数据共享和集成。企业财务管理协调性发展的趋势之一是数据共享和集成。企业需要整合各部门的财务数据，建立财务共享平台，通过共享和集成数据来实现财务管理协调性的发展。第二，智能化财务管理。智能化财务管理是企业财务管理协调性发展的另一个趋势。企业需要采用一些智能化财务管理软件和工具，例如机器学习、人工智能等，来提高财务管理的效率和准确性，从而实现财务管理协调性的发展。第三，合规管理。合规管理是企业财务管理协调性发展的重要方向之一。企业需要遵守相关法律法规、会计准则和财务规范，建立健全财务管理制度，通过合规管理来实现财务管理协调性的发展。第四，数字化转型。数字化转型是企业财务管理协调性发展的重要手段之一。企业需要将传统财务管理方式转型为数字化财务管理方式，例如采用电子发票、电子支付等数字化工具来实现财务管理协调性的发展。第五，风险管理。风险管理是企业财务管理协调性发展的重要保障。企业需要加强风险管理，从战略、组织、流程等多方面入手，确保企业财务管理的稳定和可持续发展。

总的来说，企业财务管理协调性发展的趋势是数字化转型、智能化财务管理、数据共享和集成、合规管理和风险管理。企业需要根据自身情况，有针对性地采取相应的措施，实现财务管理协调性的发展

三、企业财务管理模式的文化建设发展趋势及特点

随着经济全球化和企业竞争的日益激烈，企业财务管理模式的文化建设也逐渐成为一个重要的议题。

（一）企业财务管理模式的发展趋势

随着市场经济的发展和国家宏观调控的不断加强，企业财务管理的模式也在不断发展变化。在新的时代背景下，企业财务管理模式的发展趋势主要表现为以下三个方面。

1. 信息化程度不断提高

随着信息技术的飞速发展，企业财务管理的信息化程度不断提高，信息化手段不断丰富。财务管理信息系统的普及，使得企业能够更加高效地完成财务管理工作，提高财务管理的精度和准确性。

2. 风险管理成为重要的管理工作

随着经济环境的不稳定和市场竞争的加剧，企业财务管理面临的风险也越来越多。因此，风险管理成为企业财务管理中不可或缺的一部分。企业需要通过完善风险管理机制来控制风险，以保证企业的财务稳定和发展。

3. 财务决策的科学化和定量化

随着企业经营规模的不断扩大和市场竞争的加剧，企业的财务决策不再是单纯的主观臆断，而是越来越需要科学化和定量化。企业需要通过完善的财务决策模型来实现财务决策的科学化和定量化。

（二）企业财务管理模式的文化建设的内在特点

企业财务管理模式的文化建设具有以下三个内在特点。

1. 高度的责任感和自我约束意识

财务管理是企业中最为核心和敏感的管理领域之一，财务管理人员必须具备高度的责任感和自我约束意识，才能够有效地执行企业的财务管理任务。企业财务管理模式的文化建设中，强调对财务活动的规范和自我约束，包括对财务数据的保密、对财务决策的科学性和合理性的把握，以及对财务管理结果的评估和反思，这些都需要企业财务管理人员具备高度的责任感和自我约束意识。

2. 强调精益求精和创新思维

企业财务管理模式的文化建设也强调精益求精和创新思维，这是因为财务管理领域的要求不断提高，财务管理人员必须具备不断学习和提升的能力，才能适应市场的变化和企业的需求。企业财务管理模式的文化建设中，鼓励财务管理人员具备创新思维和创

造性地解决问题的能力，同时也要求财务管理人员精益求精，做到精准、高效、可靠，不断提高财务管理的水平和质量。

3. 注重协作和沟通

企业财务管理模式的文化建设中，也强调协作和沟通，这是因为财务管理涉及多个部门和人员的协作和配合，需要建立有效的沟通机制和协调机制。企业财务管理模式的文化建设中，注重团队协作和集体智慧，鼓励各部门之间的相互配合和交流，建立有效的信息沟通渠道，提高财务管理的协作效率和质量。

（三）企业财务管理模式的文化建设的外部影响

企业财务管理模式的文化建设不仅受到企业内部因素的影响，也受到外部因素的影响，主要有以下三点。

1. 国家政策和法律法规的影响

国家政策和法律法规对企业财务管理模式的文化建设有着重要的影响。例如，会计准则的改变、税法的修订等都会对企业财务管理的文化建设产生影响。企业需要根据国家政策和法律法规的要求，制定相应的财务管理制度和流程，实现对财务管理的规范化。

2. 市场经济的影响

市场经济的发展和竞争的加剧也对企业财务管理模式的文化建设产生影响。市场经济的竞争要求企业在财务管理上更加注重效率和成本控制，同时也需要更加注重质量和信誉的建设，这也要求企业财务管理人员具备高度的责任感和创新能力。市场竞争还要求企业财务管理人员具备敏锐的市场洞察力和预测能力，及时了解市场动态和变化，为企业的财务管理决策提供参考。

3. 行业特点和企业文化的影响

不同行业和企业的特点和文化也对企业财务管理模式的文化建设产生影响。例如，金融行业对财务管理的监管要求比较严格，需要具备更高的风险控制能力和资金管理能力，生产制造业则需要注重生产成本和质量控制等方面的管理。同时，企业的文化也会影响到企业财务管理模式的文化建设，企业要根据自身的文化和价值观念，建立适合自己的财务管理模式和文化。

（四）企业财务管理模式的文化建设的发展趋势

随着时代的发展和市场的变化，企业财务管理模式的文化建设也在不断发展。未来企业财务管理模式的文化建设的发展趋势主要表现为以下四个方面。

1. 数字化、智能化和自动化

随着信息技术的不断发展和应用，企业财务管理的数字化、智能化和自动化程度将不断提高，财务管理将更加依赖于信息系统和技术的支持，实现对财务管理的智能化和自动化。这也要求企业财务管理人员具备更高的信息技术水平和数据分析能力。

2. 全球化和国际化

随着全球化和国际化的趋势不断加强，企业财务管理也面临着更多的国际化需求和挑战。企业需要根据不同国家和地区的法律法规和财务管理规范，建立适应不同国家和地区的财务管理体系和文化。

3. 注重社会责任和可持续发展

未来企业财务管理模式的文化建设还将更加注重社会责任和可持续发展。企业需要根据社会需求和市场趋势，注重环境保护、社会责任、员工福利等方面的财务管理，实现可持续发展。企业财务管理模式的文化建设将更加强调社会责任和可持续发展的理念，积极履行企业社会责任，提高社会形象和声誉。

4. 强调人文关怀和员工发展

未来企业财务管理模式的文化建设也将更加强调人文关怀和员工发展。企业财务管理人员作为企业中的核心人员之一，他们的发展和职业生涯规划也将成为企业财务管理文化建设的一部分。企业将更加注重员工的培养和发展，为员工提供更加广阔的职业发展空间和机会，以实现企业和员工的共同发展。

总之，企业财务管理模式的文化建设在企业财务管理中具有非常重要的作用，它不仅反映了企业财务管理的价值观念和行为规范，也对企业的财务管理效率和质量产生重要的影响。未来企业财务管理模式的文化建设将不断发展和完善，实现财务管理的数字化、智能化、全球化和可持续发展，为企业的健康发展和可持续发展提供更好的支持和保障。

第二节　企业财务管理模式的发展趋势对企业的影响

一、财务共享服务及管理对企业的影响

（一）支持企业战略发展

大数据时代，企业进行财务共享服务的建设，是为了更好地进行资金的统计，了解实际的内部财务情况，并针对相应的内容，做出有效调整，确保企业的发展符合实际的需求。总体来说，企业财务共享服务的作用之一就是能支持企业的战略发展。在企业战略设计过程中，其核心的问题在于，企业的战略决策中考虑的内容不全面，对目前企业的实际情况了解程度不够，导致实际的财务情况和企业领导层所知道的财务情况有所不符。尤其是一些亏空的部分内容，是每一个部门都在极力隐藏的，一旦企业战略决策步伐过大，将导致各部门恐怕难以配合企业领导完成相关建设。而企业财务共享服务的出现，会让内部财务信息一目了然，从而提升实际的决策效果。

1. 提高财务管理效率和准确性

通过引入财务共享服务，企业可以将分散在各个部门的财务信息整合起来，实现财务数据的共享和集中管理。这样一来，企业可以更加准确和快速地获取财务数据，从而

提高财务管理效率和准确性，为企业的战略决策提供更加准确和可靠的数据支持。

2. 提高财务风险管理能力

财务共享服务还可以帮助企业加强财务风险管理。通过对财务数据的分析和监测，企业可以及时发现和处理财务风险，从而有效降低因财务风险带来的损失和影响。此外，财务共享服务还可以帮助企业制定更为科学和有效的财务管理政策，提高企业的财务风险管理能力。

3. 支持企业的战略发展

财务共享服务可以为企业的战略发展提供有力的支持。通过对财务数据的分析和挖掘，企业可以更好地了解自身的财务状况和发展趋势，制定更为科学和有效的发展战略。同时，财务共享服务还可以帮助企业提高财务管理水平，优化业务流程，降低成本，提高效益，从而推动企业战略发展。

（二）降低企业运行成本

随着市场竞争的加剧和企业规模的扩大，企业的财务管理面临着更为复杂和繁琐的挑战。传统的财务管理模式已经不能满足现代企业的需要，因此，越来越多的企业开始转向财务共享服务模式，以支持企业战略发展。以下将从财务共享服务及管理的角度，探讨其对企业战略发展的支持作用，并分析其特点和未来发展趋势。

1. 财务共享服务支持企业战略发展的作用

（1）提高财务管理效率和准确性

通过引入财务共享服务，企业可以将分散在各个部门的财务信息整合起来，实现财务数据的共享和集中管理。这样一来，企业可以更加准确和快速地获取财务数据，从而提高财务管理效率和准确性，为企业的战略决策提供更加准确和可靠的数据支持。

（2）提高财务风险管理能力

财务共享服务还可以帮助企业加强财务风险管理。通过对财务数据的分析和监测，企业可以及时发现和处理财务风险，从而有效降低财务风险带来的损失和影响。此外，财务共享服务还可以帮助企业制定更为科学和有效的财务管理政策，提高企业的财务风险管理能力。

2. 财务共享服务支持企业战略发展的表现

（1）数据共享和集中管理

财务共享服务的核心特点是数据共享和集中管理。通过建立财务共享服务平台，企业可以将分散在各个部门的财务数据整合起来，并实现数据共享和集中管理。这样一来，企业可以更加方便和快速地获取财务数据，从而提高财务管理效率和准确性。

（2）优化财务流程

企业需要优化财务流程，避免烦琐的手工操作和冗余的环节，提高财务流程的效率和准确性，从而降低企业的运行成本。例如，采用自动化财务处理工具，减少人工操作，优化企业的财务流程。

（3）精简财务人员

财务共享服务可以使企业的财务管理更加高效，从而减少财务人员的工作量。企业可以通过财务共享服务来精简财务人员，减少财务管理的人力成本，从而降低企业的运行成本。

（4）加强财务风险管理

财务共享服务可以帮助企业更好地管理财务风险，减少财务风险的发生。这样可以降低企业的运行成本，并提高企业的竞争力。

（5）提高数据分析能力

企业需要提高财务数据分析能力，采用先进的数据分析工具和技术，优化财务分析结果，从而降低企业的运行成本。例如，采用数据挖掘技术、大数据分析技术等，提高财务分析的准确性和效率。

二、财务管理协调性发展模式对企业的影响

企业财务管理协调性模式是企业在发展中，通过协调不同部门之间的财务管理活动，提高整体财务管理水平，从而实现更好地发展。下面将详细阐述企业财务管理协调性模式对企业发展的影响。

（一）提高财务管理效率

企业财务管理协调性模式可以将各部门之间的财务管理活动有机地结合起来，避免重复投入和资源浪费，提高财务管理效率。同时，协调性模式还可以减少因信息不对称而引起的问题，提高决策的准确性和可靠性。

（二）降低运营成本

企业财务管理协调性模式可以协调企业内部各部门之间的财务管理活动，避免重复投入和资源浪费，降低企业运营成本。此外，通过协调财务管理活动，企业还可以更好地规避财务风险，减少因风险导致的损失和额外成本。

（三）优化资源配置

企业财务管理协调性模式可以实现企业内部各部门之间财务资源的优化配置，避免重复投入和资源浪费。通过对财务管理活动进行协调，企业还可以更好地利用有限的财务资源，提高资源利用效率。

（四）促进战略决策

企业财务管理协调性模式可以为企业的战略决策提供支持。通过对财务管理活动的协调，企业可以获得更为准确和全面的财务信息，帮助企业制定更为科学的战略决策。此外，企业财务管理协调性模式还可以为企业提供更多的财务资源，促进企业战略发展。

（五）提高企业核心竞争力

企业财务管理协调性模式可以通过提高财务管理效率、降低运营成本、优化资源配置等方面，提高企业的核心竞争力。通过协调财务管理活动，企业可以更好地利用有限的财务资源，提高企业的财务管理水平，从而提高企业的核心竞争力。

三、新时期财务管理模式的文化建设发展对企业的影响

（一）企业财务管理模式的文化建设发展对企业的内部影响

1. 提高企业的财务管理效率和质量

企业财务管理模式的文化建设对企业的内部影响首先体现在提高企业的财务管理效率和质量方面。建立健全的财务管理制度和文化，可以规范企业的财务管理流程，提高财务管理的科学性和规范化水平。此外，对财务数据的保密、准确性和可靠性的要求，也可以避免财务风险和误判，从而提高企业的财务管理效率和质量。

2. 增强企业的风险防控能力

企业财务管理模式的文化建设还可以增强企业的风险防控能力。建立健全的财务管理制度和文化，可以规范企业的财务管理流程，减少财务风险和误判的可能性。此外，企业财务管理人员具备高度的责任感和自我约束意识，可以有效地防范和控制财务风险，保障企业的财务安全。

3. 提高企业的市场竞争力

企业财务管理模式的文化建设还可以提高企业的市场竞争力。建立健全的财务管理制度和文化，可以帮助企业更好地掌握市场信息和趋势，及时进行市场调整和决策，提高企业的市场竞争力。

此外，企业财务管理模式的文化建设也可以提高企业的信誉和形象，增强消费者对企业的信任和好感，从而提高企业的市场竞争力。

4. 促进企业的创新发展

企业财务管理模式的文化建设还可以促进企业的创新发展。建立健全的财务管理制度和文化，可以为企业的创新提供支持和保障，帮助企业更好地进行财务决策和投资规划，实现企业的创新发展。

此外，企业财务管理模式的文化建设也可以激发企业财务管理人员的创新意识和创造力，为企业的创新发展提供源源不断的动力。

（二）企业财务管理模式的文化建设发展对企业的外部影响

1. 提高企业的社会形象和声誉

企业财务管理模式的文化建设对企业的外部影响主要体现在提高企业的社会形象和声誉方面。企业的财务管理制度和文化建设反映了企业的管理理念和行为规范，对于外部社会的认可和支持有着重要的影响。建立健全的财务管理制度和文化，可以提高企业

的透明度和信誉度，增强消费者和投资者对企业的信任和好感。同时，注重企业社会责任和可持续发展的财务管理模式和文化建设，也可以帮助企业建立良好的社会形象和声誉，为企业的可持续发展提供良好的社会基础和支持。

2. 提高企业的国际竞争力

企业财务管理模式的文化建设还可以提高企业的国际竞争力。国际化的财务管理规范和标准不断升级和更新，企业需要根据不同国家和地区的法律法规和财务管理规范，建立适应不同国家和地区财务管理的体系和文化。建立健全的财务管理制度和文化，可以为企业在国际市场上提供更加标准化、规范化的财务管理服务，提高企业的国际竞争力。

3. 增强企业的可持续发展能力

企业财务管理模式的文化建设还可以增强企业的可持续发展能力。注重环境保护、社会责任、员工福利等方面的财务管理，可以帮助企业实现可持续发展。建立健全的财务管理制度和文化，可以规范企业的财务管理流程，减少财务风险和误判的可能性，从而为企业的可持续发展提供保障。

4. 提高企业的投资价值

企业财务管理模式的文化建设还可以提高企业的投资价值。建立健全的财务管理制度和文化，可以提高企业的财务透明度和财务稳定性，增强企业的吸引力和投资价值。此外，注重企业社会责任和可持续发展的财务管理模式和文化建设，也可以提高企业的社会价值和文化价值，增加企业的长期投资价值。

总之，企业财务管理模式的文化建设对企业的影响不仅局限于企业内部，也具有重要的外部影响。通过建立健全的财务管理制度和文化，企业可以提高财务管理效率和质量。

第三节　企业财务管理模式的未来发展方向和建议

一、财务数字化转型的路径及要点探析

随着数字化信息技术的兴起与企业从线下业务快速向线上转移，驱动着企业经营管理方式加速进入数字化转型，而作为企业管理核心环节的财务管理也将在信息技术的推动下，经历着从“核算反应型”向“智能决策型”转变，从“管理控制型”向“决策支持型”转变，快速进入数字化转型期。所谓企业财务管理数字化转型就是企业在财务管理中充分运用大数据、互联网、人工智能、云计算等新兴信息技术来重塑与再造财务管理流程，在不断提升财务管理效率的同时，也不断综合开发利用财务信息资源，实现物质流、价值流、信息流为一体的实时、可控的生产模式，更好地服务于企业全产业链项目管理，为企业的发展提供决策依据。

（一）企业财务管理数字化转型的必然趋势

1. 政策出台驱动企业财务管理数字化转型

党的十八大以来，我国数字经济迅猛发展，大数据、云计算、人工智能等新兴技术不断创新，日益融入企业生产管理的各个环节、全过程，而企业财务管理作为企业的关键领域与核心部门，将成为企业数字化转型的先行者，迎来新一轮的转型升级。为了从顶层设计的高度为企业财务管理数字化转型指明方向，国家先后出台一系列政策文件，为企业财务管理数字化转型保驾护航。2021 年 11 月，财政部在《会计改革与发展"十四五"规划纲要》中强调，以数字化技术为支撑，以推动会计审计工作数字化转型为抓手，不断拓展会计职能管理的新格局。2022 年 1 月 6 日，财政部在《会计信息化发展规划（2021—2025）》中回顾了"十三五"时期财务管理数字化以及财务机器人自动化取得的重要成绩，提出了财务管理数字化的新标准和新要求。2022 年 1 月 12 日，国务院印发的《"十四五"数字经济发展规划》中强调，要不断引导企业数字化的思维，提升员工数字化管理能力，全面推动企业包括财务管理在内的管理数字化转型。2022 年 2 月 18 日，国资委发布的《关于中央企业加快建设世界一流财务管理体系的指导意见》也指出，财务管理是企业实现基业长青的重要基础和保障，要以数字技术与财务管理深度融合为抓手，加快构建世界一流财务管理体系，有力支撑起建设世界一流企业。综上所述，高频率地强调财务管理的数字化，无疑为企业进行财务管理数字化转型指明了方向。同时也加快了企业财务管理数字化的进程。

2. 新技术应用驱动企业财务管理数字化转型

在人类社会发展过程中，每一次技术的重大变革都将极大改变人类的生产生活方式，也对经济社会的发展产生深远的影响。随着 5G、大数据、物联网、云计算、人工智能等信息技术的广泛应用，将不断驱动企业重新审视企业内部的管理流程和模式。而作为企业核心的财务管理，将更好地运用数字化技术与传统财务管理相融合，将 OCR 识别、RPA、机器学习、知识图谱等新兴技术与财务管理深度融合，确保数据更加准确，确保数据响应更加快捷高效，确保财务管理应用更加灵活可扩展，从而实现从业务端到财务端的实时数据传递，覆盖生产、研发、生产、研发、销售、售后以及项目管理等全产业链的海量运营数据储备，通过自动化的数据抓取和智能化的数据分析，从而实现以财务管理推动其他业务的创新发展。

3. 产业革命驱动企业财务管理数字化转型

随着数字信息技术的高速发展，越来越多的企业将数字化转型作为企业变革的重要发展方向，而企业的财务管理作为掌控企业发展命运的重要核心资源成为企业变革的先行者和突破口，将迎来新一轮的发展机遇。就大型企业组织框架来说，企业组成部门之间，团队之间的数据组成及数据分析都是彼此孤立的，容易造成部门之间的信息脱节，形成信息孤岛，这样就降低了整个团队运行效率，进一步削弱了企业的执行力。为了解决上述问题，企业财务管理要跳出传统“记账员式的管理”，从传统的“管钱管账”转向企业整个发展战略的影响者、制定者以及实施者。企业财务管理通过大数据的应用不断整合数据资源，通过大数据的分析来挖掘数据背后的企业发展方向和趋势，提前研判行业未来的风险与挑战，为企业高效地决策、抓住转瞬即逝的市场发展机遇提供了可能。

4. 税务改革驱动企业财务管理数字化转型

2021 年 3 月 24 日，国务院印发《关于进一步深化税收征管改革的意见》中提出：全面推进税收征管数字化升级和智能化改造，加强智能化税收大数据分析，不断强化税收大数据在经济运行研判和社会管理等领域的深层次应用。为了贯彻落实改革意见，税务总局将对企业涉税风险的监管水平进一步提高，这样将倒逼企业加快财务管理数字化转型，改变以往应对税务检查稽查时的被动局面。企业通过财务管理数字化转型，实现税务信息与企业实际业务操作有效对接。企业可以根据自身特点和行业发展的需求，加强税务测算和分析的能力，不断提高税收筹划的灵活性。企业还可以通过财务管理数字化转型，建立起企业内部税务活动与税务征收机关征管平台的信息共建共享路径，实现企业全税种、全主体、全业务、全流程的税务管理应用，解决企业纳税主体多、税种多、涉税业务多、数量大、各地税收口径存在差异化等诸多困难。

（二）企业财务管理数字化转型的路径选择

1. 建立企业财务管理数字化转型发展规划

企业财务管理数字化转型，涉及很多部门，涉及很多方面，整个数字化转型的过程也不可能是一蹴而就的。在数字化转型过程中，企业应结合自身实际，做好企业财务管理数字化转型发展规划，做到有目标、有计划、有重点，稳步的推进和实施。从理念上，要不断树立数字化转型的思维，不断提升员工数字化转型的理念，通过让员工在工作中接触到数字化管理的快捷，循序渐进地让员工体会到数字化技术带来工作效率的提升，进而改变员工对于财务管理数字化的抵触情绪，凝聚全体员工的共识。从设施上来讲，需要在原有财务管理系统的基础上进行替换，建设基础财务数据管理平台，并关联企业其他业务上的数据资源，构建企业全产业链的动态财务数据分析模式。从人才队伍上来讲，要自上而下地对企业员工进行数字化财务管理培训，包括业财融合，数字化财务报账，数字化财务管理平台的操作等，从发票获取、扫描报账、凭证等技术环节开始逐步提升员工的能力。

2. 构建企业财务管理数据信息安全保障体系

数据安全是企业财务管理数字化转型的头等大事。对于大型企业来讲，由于企业内部部门较多，用户较大，数据处理量较多等原因，企业应当在前期投入资金建立一套独立的硬件设备系统作为企业后台的支撑，并在用户终端建立相对独立的外界软件和硬件设备，实现内部管理程序与外部互联网物理隔离，从而保证企业的信息安全。而规模较小的企业，在选择第三方财务管理数字化系统时，要实地考察第三方的数据运营场所，重点审查第三方的运营资质及相关手续，并同第三方运营公司签订好数据安全保管的责任，最大限度地来约束第三方平台的行为，保证企业的数据安全。此外，企业要对关键财务管理人员进行必要的培训，建立企业数字化平台操作规则和规范，从顶层设计的角度，明确企业员工对于企业信息安全的责任，并签署好保密责任协议，保证人员使用数据的安全性。

3. 建立企业财务管理数字化管理标准

企业在日常的经营管理过程中，不同的业务部门每天都会产生大量的业务数据，这就需要在企业财务管理数字化转型的过程中，对企业产生的业务数据以及财务数据建立统一的分类标准，避免数据信息在不同的业务部门存在信息孤岛，如果相互之间的数据标准不统一，或者数据更新不能保持同步，那么就会造成数据信息在不同部门之间的信息孤岛，那么数据资源的开发和应用将面临很多的障碍。因此，企业财务管理数字化转型中要构建统一的数据资源体系，建立统一的数据资源标准，并采用现代化的信息技术手段对数字资源进行维护和管理。在制定数字化标准的过程中，应从体系层面确立数字化推动企业发展的战略意识，并在此基础上对数字化体系的各个应用及要素之间的关系进行具体设计，并根据实际的需求和用户的反馈，不断完善企业的数字化体系与制度，建立动态的、长期的、稳定的、可靠的数字化标准，从而使企业的各个部门在同一套数据系统下进行沟通，减少信息核对和解决分歧的时间，提升数据管理的效率。

4. 打造企业财务管理数字化共享平台

在企业财务管理数字化转型过程中，企业通过大数据、云计算等信息技术，实现对业务部门产生的实时数据的整合利用，实现财务共享理念，为企业决策提供依据，这种财务共享理念将成为财务管理数字化转型的核心价值。因此，企业在建立数字化标准的基础上，要重点打造财务共享平台，促进业财融合，实现对业界边界的重塑。一是重塑管财边界，将财务管理的思路融入财务共享平台，将财务管理的意图融入项目管理的流程规则，实时反馈项目管理过程中财务价值数据，扩大财务共享平台的业务范围和职能范围；二是重塑业财边界，实现业务系统和财务系统的高效集成，打通流程断点和数据壁垒，实现财务端和业务端的自动化流转，使财务共享平台的能力在多个业务环节延展；三是重塑人机边界，实现新技术与财务管理深度融合。基于大数据等新兴技术，推动数字员工、智能助手进入企业财务管理环节，代替传统的、基础的、重复的财务管理工作，实现数据交互交融拓展，提升财务共享平台在知识赋能、风险预警、数据洞察等方面的能力。

二、移动支付模式及未来方向分析

移动支付已经成为越来越多消费者的首选支付方式，企业可以通过推广移动支付的方式，提高财务管理的效率和便捷性，同时降低运营成本和风险。

（一）移动支付的重要性

移动支付是一种越来越受欢迎的支付方式，它将传统的支付方式转化为一种更加快捷、安全、方便的支付方式。在企业中推广移动支付的重要性主要体现在以下三个方面。

1. 提高财务管理的效率

传统的财务管理方式往往需要耗费大量的时间和人力成本，而移动支付可以大大提高财务管理的效率。通过移动支付，企业可以在手机上直接完成支付、收款和结算等操作，减少人工干预，提高财务处理的速度和准确性。

2. 降低运营成本

采用移动支付可以大大降低企业的运营成本。传统的财务管理方式需要大量的人力和物力投入，而移动支付可以实现自动化操作，减少人力成本，同时也减少了物流和存储成本。

3. 降低风险

传统的支付方式存在很多安全隐患，例如，货币流转不透明、假冒伪劣等问题，而移动支付具有更高的安全性。移动支付使用加密技术、身份验证等措施来保证支付的安全性，有效降低了企业支付的风险。

（二）推广移动支付的实现方法

企业推广移动支付可以通过以下七个方面实现。

1. 建立移动支付体系

企业需要建立自己的移动支付体系，包括与支付宝、微信等支付平台的对接以及建立自己的移动支付平台。企业可以通过建立自己的移动支付平台来实现移动支付的自主化，从而更好地掌控支付流程和风险。

2. 提供移动支付方式

企业可以提供多种移动支付方式，例如，支付宝、微信、银联等，以便更好地满足不同用户的支付需求。同时，企业还可以通过开发自己的移动支付应用程序，提供更为便捷的支付方式。

3. 提高用户体验

企业需要提高用户的移动支付体验，包括支付速度、支付安全、支付便利性等方面。可以通过优化支付页面、提供更快速的支付通道、加强支付安全措施等方式来提高用户体验，从而促进移动支付的推广。

4. 营销和推广

企业可以通过各种方式来宣传和推广自己的移动支付服务，例如，在线广告、线下推广、参加展会等。同时，企业还可以通过营销策略，例如，推出优惠活动、赠送礼品等方式来吸引更多用户使用移动支付。

5. 合理定价

企业在推广移动支付服务的同时，需要进行合理的定价，以满足用户需求的同时，也要保证企业的收益。可以通过制订不同的支付方案和价格策略，来满足不同用户的需求和承受能力。

6. 强化安全措施

移动支付涉及用户的资金安全和隐私保护，因此，企业需要采取一系列安全措施，以保障用户资金安全。这些措施包括采用加密技术、监控交易行为、建立安全评估机制等。同时，企业还需要加强对支付过程中可能发生的风险的识别和控制，提高移动支付的安全性。

7. 完善售后服务

企业需要提供完善的售后服务，包括问题咨询、投诉处理等，以提高用户的满意度。同时，企业还需要加强对支付服务的监督和管理，确保支付服务的稳定性和安全性，从而保障用户权益和企业利益。

（三）移动支付的业务方向

移动支付的应用范围广泛，涵盖了各行各业。下面介绍五个移动支付的业务方向。

1. 电商行业

电商行业是移动支付的主要应用领域之一。随着电商的不断发展，越来越多的人选择在网上购物。移动支付的出现为消费者提供了一种更为便捷的支付方式，可以通过手机轻松完成支付，节省时间和精力。

2. 零售行业

移动支付也被广泛应用于零售行业。消费者可以通过移动支付方式购买商品，而商家也可以通过移动支付方式收取款项。相比传统的现金和刷卡支付方式，移动支付更加快捷、安全和方便，能够提高商家和消费者的支付体验。

3. 餐饮行业

在餐饮行业，移动支付也被广泛应用。消费者可以通过移动支付方式完成餐费支付，避免了携带现金和刷卡的麻烦。同时，餐饮企业也可以通过移动支付方式提高餐饮收益和客户体验。

4. 旅游行业

旅游行业也是移动支付的重要应用领域之一。消费者可以通过移动支付方式购买旅游服务和门票，方便快捷。旅游企业可以通过移动支付方式收取款项，同时也可以提供一些优惠和促销活动来吸引更多消费者。

5. 公共交通行业

在公共交通领域，移动支付也被广泛应用。消费者可以通过移动支付方式购买公共交通车票，并且可以在地铁、公交等场景使用移动支付来完成支付，提高支付速度和方便性。

总的来说，移动支付的业务方向非常广泛，未来随着移动支付技术的不断升级和普及，移动支付将在更多的领域得到推广和应用。

综上所述，企业可以通过建立移动支付体系、提供多种支付方式、提高用户体验、营销和推广、合理定价、强化安全措施、完善售后服务等方式来推广移动支付，从而提高财务管理的效率和便捷性，同时降低运营成本和风险。

三、企业财务共享模式未来的发展方向

随着数字化转型的不断推进，企业财务共享模式也将不断发展和完善。在未来，企业财务共享模式的发展方向将主要体现在以下五个方面。

（一）深入拓展财务共享范围

当前的财务共享范围主要局限在企业内部的财务管理，未来将逐步拓展到企业外部的财务合作领域，例如企业与金融机构、供应商之间的财务信息共享。通过拓展财务共享范围，可以实现更加全面和深入的财务管理，提高企业财务管理的效率和质量。

（二）引入人工智能和大数据技术

人工智能和大数据技术在财务管理领域具有广泛的应用前景，未来企业财务共享模式将会引入更多的人工智能和大数据技术，以实现更精准、更高效的财务管理。例如，通过机器学习算法对财务数据进行分析，可以发现更多的财务风险和机会，提高财务决策的精准度和效果。

（三）探索区块链技术

区块链技术可以实现去中心化的信息共享和安全存储，未来企业财务共享模式将会探索区块链技术在财务管理中的应用。例如，通过区块链技术实现多方信息共享和安全验证，可以提高财务信息的安全性和可信度。

（四）强化财务共享服务管理

财务共享服务的管理将会成为未来企业财务共享模式发展的重要方向。企业需要建立更为完善的财务共享服务管理体系，包括管理流程、数据安全、服务标准等方面。通过强化财务共享服务的管理，可以更好地保障企业财务信息的安全性和有效性。

（五）加强与国际财务共享的合作

随着经济全球化的不断加深，企业需要加强与国际财务共享的合作。通过与国际财务共享平台的合作，可以更好地获取海外财务信息，拓展海外市场，提高企业的国际竞争力。

四、新时期企业财务管理模式实现自身战略部署的发展方向与途径

随着市场环境的不断变化和企业内部管理的不断优化，企业财务管理模式也在不断发展。新时期的企业财务管理模式应该如何实现自身战略部署的发展方向？主要有以下四个模式。

（一）数据驱动的财务管理模式

随着信息技术的不断发展和普及，数据已经成为企业管理的重要资源。新时期的企业财务管理模式应该是数据驱动的，即通过数据的收集、分析和利用，提高财务管理效率和质量。企业应该注重财务数据的采集和整合，构建一套完整的财务管理信息系统，实现财务数据的快速、准确和全面地统计和分析。此外，企业还需要加强数据分析能力的建设，提高财务数据的挖掘和应用能力，从而实现对财务管理的精准化和智能化。

（二）风险管理为核心的财务管理模式

在当前的商业环境下，企业面临的风险和挑战不断增加，特别是在全球化的背景下，企业的风险和挑战更加多样化和复杂化。新时期的企业财务管理模式应该以风险管理为核心，通过风险识别、评估、控制和预警等手段，实现对财务风险的有效管理。企业应该加强财务风险管理能力的建设，制定完善的风险管理制度和流程，建立风险防控机制和应急预案，提高企业应对风险的能力和反应速度。

（三）战略性财务管理模式

企业财务管理应该是企业战略的有机组成部分。新时期的企业财务管理模式应该具有战略性，即财务管理与企业战略相互融合，财务管理的重点是为企业的战略决策服务。企业应该加强财务规划和预算管理，建立财务管理与企业战略的衔接机制，将财务管理与企业战略有机结合起来，实现财务管理的战略性转型。

（四）创新型财务管理模式

创新是企业发展的重要动力。新时期的企业财务管理模式应该是创新型的，即通过财务管理的创新和改进，实现企业发展的创新和提高。企业应该注重财务管理模式的创新，不断探索新的财务管理思路和方法，开展创新性的财务管理实践，推动财务管理的转型和升级，以下是创新型财务管理模式的发展方向。

1. 智能化的财务管理模式

随着信息技术的不断发展和应用，企业财务管理的智能化程度将不断提高。新时期的财务管理模式应该更加注重智能化的应用，通过大数据、云计算、人工智能等技术手段，实现财务管理的智能化和自动化。企业需要加强信息技术建设，提高财务管理的数字化和智能化水平，实现财务管理的高效化和精细化。

2. 跨界合作的财务管理模式

新时期的财务管理模式应该更加注重跨界合作，通过与其他领域的企业、机构和个人合作，实现财务管理的优化和升级。例如，与银行、保险、投资等机构的合作，实现资金融通和风险共担；与科技公司、咨询公司等机构合作，实现技术创新和管理优化；与社会组织、公益机构等机构合作，实现企业社会责任和可持续发展等目标。

3. 社会化的财务管理模式

新时期的财务管理模式应该更加注重社会化的应用，即通过社会力量和资源的参与，实现财务管理的共享和开放。企业可以通过建立财务管理平台、开放财务数据等方式，实现财务管理的社会化应用，让更多的人参与财务管理，提高财务管理的透明度和公开度。

4. 可持续发展的财务管理模式

新时期的财务管理模式应该更加注重可持续发展的实现，即通过财务管理的规范化和创新，实现企业可持续发展的目标。企业应该注重环境保护、社会责任、员工福利等方面的财务管理，实现企业的可持续发展。同时，企业应该加强财务管理的规范化和透明化，减少财务风险和误判的可能性，提高企业的财务稳定性和安全性。

总之，创新型财务管理模式是企业财务管理的重要发展方向。企业应该注重财务管理模式的创新和改进，不断推动财务管理的转型和升级，以适应市场环境和企业发展的需要。企业应该通过数据驱动、风险管理、战略性财务管理等方式，实现财务管理的创新和提升。同时，企业还应该加强智能化、跨界合作、社会化、可持续发展等方面的财务管理，实现财务管理的全面升级和创新。只有在不断创新和改进的基础上，企业才能在激烈的市场竞争中立于不败之地，实现可持续发展的目标。

第九章　结论与展望

第一节　研究结论和贡献

一、研究结论

在本研究中，我们探讨了新时期企业财务管理模式的创新策略，旨在为企业在竞争激烈的市场环境下提供更好的财务管理方案，增强其市场竞争力和发展实力。通过对相关文献的梳理、案例分析、专家访谈等研究方法的运用，我们得出了以下结论。

（一）新时期企业财务管理的发展趋势

随着时代的变迁和科技的发展，企业财务管理也在不断的发展和变革。未来企业财务管理的发展趋势主要包括数字化、智能化和服务化。数字化是未来企业财务管理的重要方向，可以提高财务管理的效率和准确性。智能化则是指利用人工智能等技术提高财务管理的智能化程度，使财务管理更加智能化、高效化和精细化。服务化则是指将财务管理转变为服务型的财务管理，注重服务质量和客户体验，增强企业的客户关系和品牌价值。

（二）企业财务管理模式的创新策略

企业财务管理模式的创新策略主要包括数字化、智能化和服务化。数字化是企业财务管理模式创新的重要方向，可以提高财务管理的效率和准确性，减少人力成本和错误率。智能化则是指通过人工智能、大数据等技术实现财务管理的自动化和智能化，提高决策的准确性和效率。服务化则是注重财务管理的客户体验和服务质量，提高企业的客户满意度和品牌价值。

（三）企业财务管理模式的实践应用

企业财务管理模式的实践应用是企业财务管理创新的关键环节。在实践应用过程中，需要注意财务管理的数字化、智能化和服务化。具体来说，需要实现财务管理的信息化和自动化，优化财务管理流程，提高财务数据的准确性和时效性；需要通过人工智能等技术实现财务管理的自动化和智能化，提高决策的准确性和效率；需要注重财务管理的客户体验和服务质量，提高企业的客户满意度和品牌价值。

（四）企业财务管理模式的创新策略

企业财务管理模式的创新是企业长期发展的重要保障，也是适应新时代发展需求的必然选择。本研究提出了以下四点创新策略。

①强化数字化建设。随着信息技术的快速发展，企业财务管理应逐步向数字化、信息化、智能化转型，提高管理效率和精度。企业可以通过引入新技术和软件，建立数字化会计制度、数字化报表制度等，实现全流程数字化管理。

②加强内部控制。内部控制是企业财务管理的重要保障，可以有效避免财务风险和损失。企业可以通过完善自身内部控制制度、加强内部审计和监督等方式，提高内部控制水平和管理效果。

③推行成本管理。成本管理是企业财务管理中重要的环节，可以有效控制成本、提高效益。企业可以通过推行成本管理制度、加强成本核算和分析等方式，提高成本管理水平，优化企业经营结构。

④建立风险管理机制。风险管理是企业财务管理中必不可少的一环，可以有效避免财务风险和损失。企业可以通过建立风险管理制度、加强风险评估和预警等方式，提高风险管理水平和应对能力。

（五）企业财务管理模式的未来发展趋势

随着新时代的发展和变化，企业财务管理模式也在不断演变和发展。未来企业财务管理模式的发展趋势主要表现在以下三个方面。

①更加数字化和智能化。企业财务管理将更加数字化、智能化、自动化，利用大数据、云计算、人工智能等技术手段实现高效管理和智能决策。

②更加注重风险管理。随着经济全球化和复杂化程度的加剧，企业面临的风险也越来越多样化和复杂化，未来企业财务管理将更加注重风险管理和应对能力的提升。

③更加注重社会责任和环境保护。未来企业财务管理将更加注重社会责任和环境保护，实现经济效益、社会效益和环境效益的统一。

二、研究贡献

本研究在探究新时期企业财务管理模式创新策略方面，做出了以下贡献。

首先，本研究系统地分析了新时期企业财务管理模式的基本特点、发展和创新，从理论和实践的角度阐述了企业财务管理模式的创新路径和方法，为企业财务管理的理论与实践提供了新的视角和思路。

其次，本研究探讨了新时期企业财务管理数字化新的创新策略，指出数字化对企业财务管理的重要性和未来趋势，为企业财务管理数字化转型提供了具体的建议和措施。

再次，本研究提出了新时期企业财务管理人才创新的创新策略，探究了企业财务管理人才的现状和问题，提出了人才培养和引进的建议，为企业财务管理人才的培养和发展提供了参考。

最后，本研究提出了新时期企业财务管理模式的未来发展趋势和建议，为企业财务管理者提供了更加全面和深入的思路和方向。

综上所述，本研究在新时期企业财务管理模式创新方面做出了较为全面和深入的研究，为企业财务管理的理论与实践提供了新的思路和方向，具有一定的学术和实践价值。

第二节 研究的局限性和未来研究方向

一、研究的局限性

本研究主要关注新时期企业财务管理模式的创新策略，虽然在研究方法上采用了多种方式进行论证和分析，但仍然存在一些局限性。

（一）数据来源有限

本研究的数据主要来源于文献资料和专家访谈，虽然这些数据来源具有代表性和权威性，但仍然无法涵盖全部的新时期企业财务管理实践案例和经验，因此，可能存在一定的局限性。

（二）时间跨度较短

本研究的时间跨度仅限于新时期，虽然能够针对当前的财务管理模式和趋势进行深入探讨，但无法涵盖历史上的财务管理实践经验和教训，因此，可能存在一定的局限性。

（三）研究视角有限

本研究的研究视角主要集中在企业内部的财务管理方面，虽然对企业的外部环境和市场需求进行了一定的分析，但仍然无法全面反映企业财务管理的复杂性和多元性，因此，可能存在一定的局限性。

（四）样本选择偏差

在专家访谈的过程中，本研究选择了一定数量的专家进行访谈和交流，但仍然可能存在样本选择偏差的情况，可能存在一定的局限性。

（五）主观因素影响

在本研究的过程中，研究者的主观因素可能会对研究结果产生一定的影响，可能存在一定的局限性。

因此，本研究的结论和建议仅供参考，需要在实践中加以考量和验证。未来研究者可以在本研究的基础上，进一步拓展研究视角和样本范围，增加数据来源，提高研究可信度和可靠性。

二、未来的研究方向

基于本研究的结果和局限性，未来的研究可以从以下几个方向展开。

深入研究企业财务管理数字化的实践应用，包括在不同行业和企业规模的应用情况，以及数字化应用带来的影响和效果。

探究新时期企业财务管理模式的创新路径和方法，寻找更具针对性和实用性的创新策略，并通过实践应用来验证其有效性。

进一步研究企业财务管理模式的可持续发展，探索如何在满足企业发展需求的同时，实现财务管理模式的可持续性和创新性。

结合国内外财务管理模式的发展趋势，分析其对我国企业财务管理模式的影响，为我国企业财务管理模式的创新和发展提供参考和借鉴。

研究企业财务管理模式与企业绩效之间的关系，探讨财务管理模式对企业绩效的影响机制和作用路径，为企业提高绩效和实现可持续发展提供支持和指导。

第三节　企业财务管理模式的总体评价

企业财务管理模式的发展是企业发展的重要组成部分，可以说在新时期，随着市场经济体制的深入发展和科技进步的快速推进，企业财务管理模式的创新已经成为提高企业运营效率和经济效益的重要手段。通过对新时期企业财务管理模式的研究和分析，我们可以得出以下总体评价。

一、模式创新对企业财务管理的促进作用明显

新时期企业财务管理模式的创新，旨在提高企业的运营效率、降低成本和提升竞争力。在实际应用中，创新的企业财务管理模式已经带来了显著的经济效益和管理效果。例如，数字化财务管理模式的应用，可以实现财务信息的集中管理和快速获取，从而提高企业财务决策的精准性和效率。而风险管理模式的创新，也能够帮助企业有效地防范风险，避免资金损失。

二、企业财务管理模式的多样性和复杂性增加

随着企业财务管理模式的创新和发展，现实中存在着多样性和复杂性增加的现象。不同的企业采用不同的财务管理模式，如数字化财务管理、风险管理、全面成本管理等等，这也使企业财务管理模式的选择变得更为复杂和多样化。因此，企业需要根据自身的特点和需求，灵活选择适合自己的财务管理模式。

三、问题和挑战仍然存在

尽管新时期企业财务管理模式的创新已经取得了一定的成效，但是在实践过程中，仍然存在着一些问题和挑战。例如，技术和人才的不足、管理理念和机制的滞后、企业文化和员工素质等等，都会制约企业财务管理模式的创新和发展。

综上所述，新时期企业财务管理模式的创新是一个不断探索和改进的过程，在创新的同时也面临着挑战和问题。因此，企业需要加强对新时期企业财务管理模式的研究和实践，不断探索和完善适合自身的财务管理模式，从而更好地适应市场经济发展的需求，提高企业的运营效率。

参考文献

[1] 汪金燕．公司治理结构背景下企业财务管理目标的选择 [J]. 老字号品牌营销，2022（6）：147-149.

[2] 王雪琛．公司治理结构背景下财务管理目标的选择 [J]. 企业科技与发展，2021（11）：126-128.

[3] 赵冬梅．公司治理结构背景下企业财务管理目标的选择 [J]. 中国商论，2021（17）：147-150.

[4] 杨志慧，马晓双，杜攀．公司治理结构背景下企业财务管理目标的选择 [J]. 财会通讯，2016（11）：48-50，129.

[5] 唐于．基于财务管理目标的企业财务核心能力提升策略探讨 [J]. 企业改革与管理，2019（16）：204-205，222.

[6] 钟金凤．企业财务管理目标与财务核心竞争力研究 [J]. 商讯，2019（15）：89，91.

[7] 王换玲．财务管理目标与财务核心能力对企业发展的影响 [J]. 商场现代化，2019（8）：161-162.

[8] 刘艳清．财务风险控制与企业财务核心能力提升探究 [J]. 黑龙江科学，2019，10（3）：126-127.

[9] 覃雪婵．绿色经济发展模式和会计财务 [J]. 纳税，2021，15（2）：71-72.

[10] 余华，彭程甸．中国绿色发展的理论逻辑与实践路径探索 [J]. 湖南财政经济学院学报，2018，34（1）：18-28.

[11] 彭容，贺曲夫，徐习景．“十三五”规划下开展环境会计对绿色生态发展的影响 [J]. 河北地质大学学报，2017，40（4）：37-41.

[12] 刘雨泓．现代低碳经济下环境会计现状及发展 [J]. 中国管理信息化，2021，24（15）：38-39.

[13] 张嘉欣．社会责任视角下绿色会计的核算制度分析 [J]. 中国市场，2021（29）：139-140.

[14] 彭宜霞．绿色会计在中小企业实施中存在的问题及对策 [J]. 全国商情（经济理论研究），2015（14）：87-88.

[15] 周守华，陶春华．环境会计：理论综述与启示 [J]. 会计研究，2012（2）：3-10，96.

[16] 赵天燕，孙涛，郭文．企业环境责任度量——基于绿色投入产出的视角 [J]. 技术经济，2013，32（10）：87-92.

[17] 张良．新会计准则下企业财务管理理念的创新分析 [J]. 中国商论，2019（24）：160-161.
[18] 孙伟年．新会计准则下的企业财务管理创新研究 [J]. 商讯，2019（35）：49.
[19] 焦丽群．新会计准则下的企业财务管理实务研究 [J]. 现代经济信息，2018（24）：41.
[20] 路正．基于管理会计视角的企业财务分析方法优化研究 [J]. 商场现代化，2019（4）：180-181.
[21] 李惠君．浅谈企业财务分析方法的改进与优化 [J]. 中国总会计师，2015（7）：118-119.
[22] 钟缘，梁宵纶，卢银阁，等．大数据和区块链下财务会计和管理会计的融合探究 [J]. 管理观察，2018（17）：161-162.
[23] 李波．大数据时代下企业财务管理信息化建设措施研究 [J]. 商业观察，2022（33）：49-52.
[24] 费达．央企财务管理信息化建设现状和对策分析 [J]. 财会学习，2022（33）：61-63.
[25] 熊素宜．大数据时代企业财务管理信息化模型构建及优化策略 [J]. 数字技术与应用，2022（11）：110-112.
[26] 庄火木．福建高速公路财务管理信息化实践探讨 [J]. 交通财会，2023（1）：50-55.
[27] 郝钰倩．大数据环境下对财务管理信息化建设的探讨 [J]. 中国管理信息化，2022（24）：58-60.
[28] 陈群．企业财务管理信息化建设问题分析 [J]. 中国管理信息化，2022（24）：55-57.
[29] 孔令明．高职财务管理信息化专业课程体系再设计 [J]. 科教文汇（上旬刊），2015（4）：91-92.
[30] 丁燕．探讨企业财务管理信息化存在的问题和对策 [J]. 财经界，2023（4）：102-104.
[31] 刘连连．论企业财务管理信息化建设的问题、成因及对策建议 [J]. 老字号品牌营销，2023（4）：115-117.
[32] 刘大红．财务管理信息化在业财融合中的作用探析 [J]. 商讯，2023（3）：33-36.
[32] 徐佳，崔静波．低碳城市和企业绿色技术创新 [J]. 中国工业经济，2020（12）：178-196.
[33] 李戎，刘璐茜．绿色金融与企业绿色创新 [J]. 武汉大学学报（哲学社会科学版），2021，74（6）：126-140.
[34] 孙莹，孟瑶．绿色金融政策与绿色技术创新——来自绿色金融改革创新试验区的证据 [J]. 福建论坛（人文社会科学版），2021（11）：126-138.
[35] 曾学文，刘永强，满明俊，等．中国绿色金融发展程度的测度分析 [J]. 中国延安干部学院学报，2014，7（6）：112-121，105.
[36] 王玉林，周亚虹．绿色金融发展与企业创新 [J]. 财经研究，2023，49（1）：49-62.

[37] 康卫国，李梓峻 . 数字普惠金融与技术创新——来自企业生命周期的新视角 [J]. 宏观经济研究，2022（12）：21-42.

[38] 徐冶 . 国有企业融资融入绿色金融发展理念的研究探讨 [J]. 全国流通经济，2019（30）：164-165.

[39] 周华莹 . 我国中小型企业融资担保问题分析及应对策略 [J]. 中国科技投资，2021（2）：112-113.

[40] 万国娟，潘晨菲，朱彦蓉，等 . 绿色金融理念下企业融资路径分析 [J]. 财富时代，2020（3）：235.

[41] 聂艳明，夏梁省 . 绿色金融政策影响企业融资吗？——来自重污染企业的经验证据 [J]. 新经济，2022，549（1）：77-82.

[42] 刘丹 . 企业融资风险与控制研究 [J]. 现代商业，2021（21）：187-189.

[43] 李文蓓 . 中小型企业融资如何融入绿色金融发展理念 [J]. 商场现代化，2019（19）：102-103.

[44] 中田敦．变革：制造业巨头 GE 的数字化转型之路 [M]．李会成，康英楠，译．北京：机械工业出版社，2018.

[45] 周武英．疫情下多国企业破产数量大幅上升 [N]．经济参考报，2020-05-15.

[46] 陈春花，朱丽，钟皓，等．中国企业数字化生存管理实践视角的创新研究 [J]．管理科学学报，2019，22（10）：1-8.

[47] 杨宇华．数字经济时代的企业财务管理转型研究 [J]．会计之友，2020（18）：60-66.

[48] 丁平．大数据思维与企业财务管理转型的几点思考 [J]．财务与计，2020（6）：76-77.

[49] 代荣杰．数字经济时代中国建筑财务管理转型的路径选择 [J]．国际商务财会，2020（7）：60-61，80.